Dominikanische Republik

Dominikanische Republik

Fotos von Erich Tönspeterotto
Text von Robert Hein

Artcolor Verlag

Titelbild:
Blick von der Cayo Levantado in die Bucht von Samaná.

Frontispiz:
Ruhepause im Schatten eines Baumes.

Rückseite:
In der Bucht von Samaná liegt der Naturpark Los Haitises.

Bildnachweis:
Robert Hein: 14, 24, 25 o., 27 o., 27 M., 28, 30, 31 u., 32, 33 u., 38/39, 40, 41, 42, 43 u., 50, 51, 53 o., 55, 56, 57 o., 58, 59, 60, 61, 70, 72/73, 78/79, 87 o., 94, 95 o., 96/97, 100 u., 101 u., 102/103, 106, 107 o., 114, 115 o., 116/117, 119 o., 120, 123, 124, 125, 129, 139, 144/145, 151 o., 153

© Artcolor Verlag, D-4700 Hamm, 1992
Alle Rechte an Bild und Text vorbehalten.
Nachdruck, auch auszugsweise, nur nach vorheriger schriftlicher Genehmigung des Verlages.
Lektorat: Friederike Wappler
Gesamtherstellung: Artcolor Verlagsservice, 4700 Hamm
Printed in Germany 1992
ISBN 3-89261-059-2

Inhalt

Karte   6

Vorwort   7

Geschichte der Dominikanischen Republik   9
Von der Entdeckung Hispaniolas bis heute

Ein Staat im Wandel   15
Vom Goldrausch zum Massentourismus

Santo Domingo   29
Ein Stadtrundgang

Faszination einer Karibikinsel   65
Nicht nur Sonne, Sand und Meer

Kaleidoskop der Farben und Formen   121
Eine kulturelle Spurensuche

»Nimm's leicht!«   127
Über die Mentalität der Dominikaner

Divertimiento   133
Alltag in der Dominikanischen Republik

Von der Leichtigkeit des Seins   141
Veränderungen durch den Tourismus

Reisetips und praktische Hinweise   156

Literaturhinweise   160

Die Autoren   160

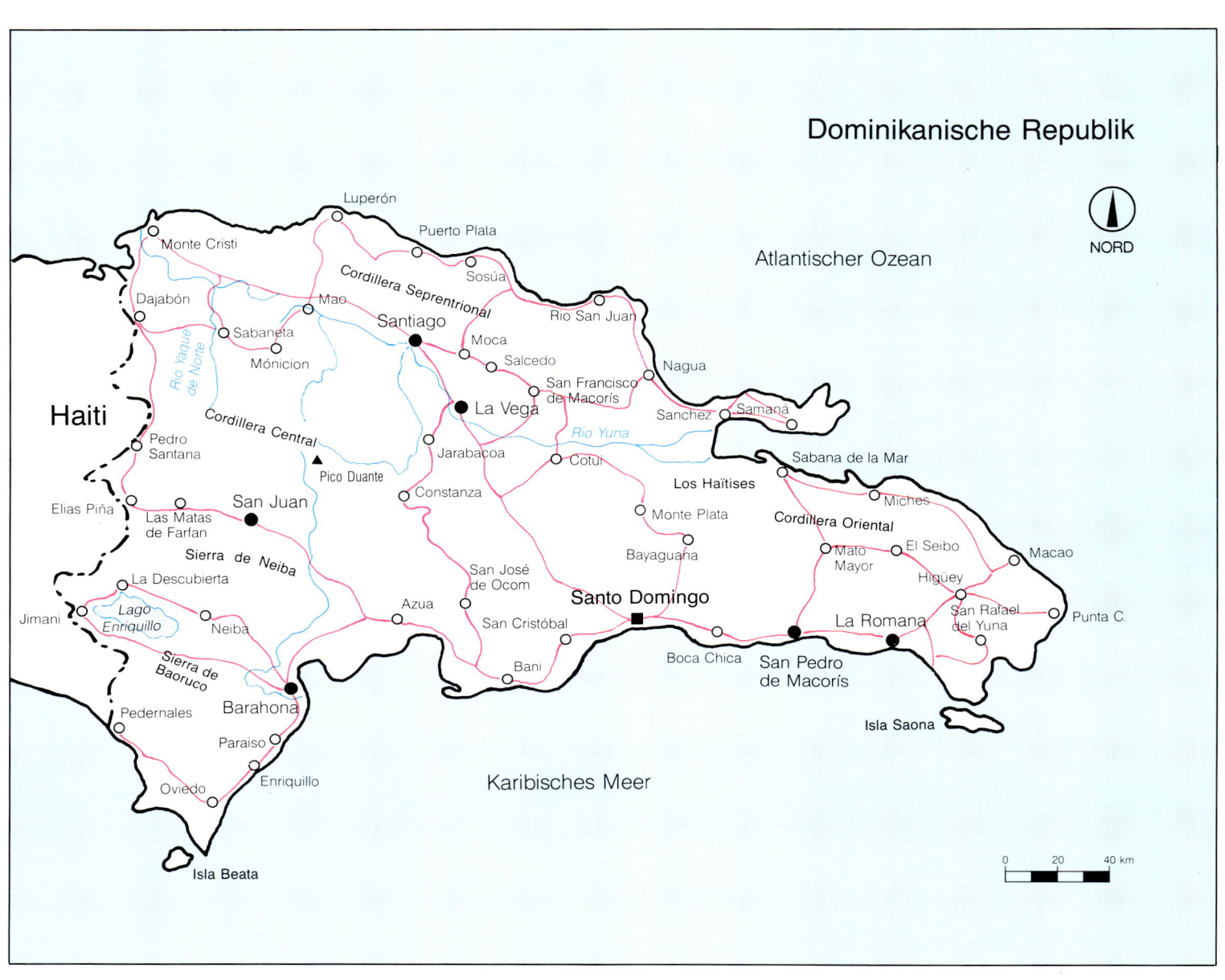

Vorwort

Kontrastreich heben sich die goldgelben Sandstrände von Puerto Plata bis Sosúa in der Nachmittagssonne von dem königsblauen Atlantik ab, im Landesinnern weiten sich unendlich groß erscheinende Zuckerrohrfelder in sattem Grün. Über die ersten Palmen hinweg setzt das Flugzeug zur Landung auf der kurzen Piste an, die direkt an den Ufern des Atlantiks endet. Von diesem Flughafen aus erreicht man mit einem Taxi in wenigen Minuten den nur 15 Kilometer entfernten Ort Sosúa.

In Sosúa hat sich in den letzten Jahren vieles verändert. Große Hotelanlagen schossen wie Pilze aus dem Boden, unzählige Restaurants und Bars säumen die Hauptstraße im Touristenviertel El Batey. Diese Gegend steht beispielhaft für den rasanten Wandel, den die Dominikanische Republik in ihrer jüngsten Vergangenheit erlebte. Im Zeitalter der Kommunikation und des Tourismus scheint es fast unmöglich geworden zu sein, isoliert auf einer Insel der Glückseligkeit leben zu können.

Die Dominikanische Republik unternimmt gerade den Versuch, ihren Inselstatus auch wirtschaftspolitisch aufzugeben. Die damit verbundene Öffnung bringt erhebliche Veränderungen mit sich. Jahrhundertelang war die Dominikanische Republik Spielball der Kolonialmächte, die das Land durch Sklavenarbeit ausbeuteten. Bis heute zeugen die prunkvollen Villen der Großgrundbesitzer, die den kargen Holz- und Wellblechhütten gegenüberstehen, von einer gesellschaftlichen Zerrissenheit, deren Wurzeln in der Geschichte des Landes liegen.

Kulturelle Kontinuität ist kaum auszumachen. Die Kultur der einstigen Ureinwohner, der Taíno-Indianer, wurde von den Kolonialmächten verschüttet, die sich gegenseitig so lange bekämpften, bis die Spuren des jeweiligen Gegners zerstreut waren. Auf der Suche nach einer historischen und kulturellen Identität muß sich die Dominikanische Republik bis heute mit den noch sichtbaren Spuren des kolonialen Erbes auseinandersetzen.

Zu Recht sind die dort lebenden Menschen stolz auf die wenigen erhaltenen Traditionen volkstümlicher Kultur wie den Karneval oder den Merengue, die so manche geschichtliche und soziale Erfahrung kompensieren. Gegenwärtig vollzieht sich durch den zunehmenden Tourismus ein gesellschaftlicher Wandel, dessen Konsequenzen noch nicht ganz abzusehen sind. Dieses Buch zeigt die Dominikanische Republik im Umbruch.

Geschichte der Dominikanischen Republik

Von der Entdeckung Hispaniolas bis heute

Feuchtwarme Hitze lag drückend über dem Land, kaum ein Windhauch regte sich unter der brennenden, steilen Sonne. Tropische Vogellaute mischten sich in das eintönige Rauschen der Meeresbrandung. Die karibische See spülte einige kunstvoll bemalte und verzierte Kanus, verharzte Einbäume, an den feinen Sandstrand. Ihnen entstiegen kleinwüchsige, zierlich gebaute und kaum bekleidete Menschen, deren Haut bronzefarben schimmerte: Taíno-Indianer betraten im ersten Jahrhundert nach Christus erstmals den Boden Hispaniolas. Einige von ihnen trugen Pfeile und Speere, deren Spitzen aus Knochen und Schildkrötenpanzern gefertigt waren, andere farbenprächtigen Feder- und Goldschmuck. Die zu den Arawak-Indianern gehörenden Taínos kamen von der Nordküste Südamerikas. Sie beschlossen, sich hier niederzulassen und nannten ihre neue Heimat *Quisqueya,* was soviel heißt wie unsere Mutter Erde oder *Aíti,* bergiges Land. Die früheren Bewohner der Insel, die Hatepe, verdrängten sie in die Randzonen und in Richtung Nordamerika.

Die Taínos, so erzählen die Überlieferungen, lebten in hierarchisch organisierten Stammesverbänden, die jeweils von einem Kaziken, einem Häuptling, und einem Ältestenrat regiert wurden. Dem Kaziken standen die Nitaino, eine privilegierte Führungsschicht, zur Seite, die als religiöse Herrscher zugleich politische und ökonomische Macht besaßen. Im Gefolge dieser Häuptlinge gab es freie Stammesmitglieder und schließlich die Naboria, die als Sklaven den Nitainos dienten.

Die Religion prägte das öffentliche Leben der Taínos. Sie verehrten Naturgötter, konkreter, die *zemis,* die Sinnbilder himmlischer Mächte: der Sonne, des Mondes, des Windes und der Erde. Sie unterschieden gute und böse Geister. Zu den letzteren zählte Huracán, der bis heute als Inbegriff der zerstörenden Kraft von Wirbelstürmen gilt; als guter Gott wurde Yocahu verehrt. Eines der wichtigsten Rituale, mit denen die Taínos in Kontakt zu ihren Göttern traten, war der Cohabu-Kult, bei dem sich der Kazike und der Medizinmann mittels berauschender Pflanzen in Trance versetzten. Zu solchen Anlässen versammelte sich die Dorfgemeinschaft auf dem zentralen Platz, dem *batey,* auf dem auch das Areyto-Fest gefeiert wurde. Hier wurde zu Ehren der Götter getanzt und gesungen. Folgt man den Erzählungen, so waren die Taínos ein friedliebendes Volk.

Sie wohnten in aus Holz und Pflanzenteilen erbauten, rechteckigen Hütten in kleinen Dörfern und lebten vorwiegend vom Ackerbau. Durch Brandrodung schufen sie sich landwirtschaftliche Nutzflächen und begannen mit dem Anbau von Yucca, Mais, Bohnen, Ananas und Tabak. Noch heute wird aus dem Mehl der kartoffelartigen Yucca-Wurzel das in der Dominikanischen Republik allseits beliebte Casabe-Brot auf einer runden Ton- oder Blechplatte über einem Holzfeuer gebacken. Außerdem ernährten sie sich weitgehend vom Fischfang und der Jagd auf kleines Niederwild, aber auch von Flußkrebsen, Muscheln, Schlangen, Schildkröten und Schnecken.

Mit der Entdeckung der Neuen Welt durch den Seefahrer und Eroberer Christóbal Colón, so nannte sich Christoph Kolumbus in seiner Wahlheimat Kastilien, begann 1492 für die zweitgrößte Insel der Karibik ein neues Zeitalter. Kolumbus segelte mit dem Flaggschiff Santa María und einer kleinen Flotte die Nordküste entlang und taufte die entdeckte Insel in Erinnerung an seine Heimat Española, kleines Spanien. Obwohl sie nicht das erste Eiland der westlichen Welt war, das er auf seiner Suche nach Indien entdeckt hatte, so war es doch das Land, in dem er die erste spanische Siedlung errichten ließ.

Spanische Chroniken erzählen vom Leben der Taíno-Indianer. Ihr durch die Religion geprägtes soziales und kulturelles Leben spiegelt sich in den alten Stichen.

Dies geschah, nachdem ein Schiff seiner Flotte im Dezember 1492 unweit vom heutigen Cap Haitien auf ein Riff gelaufen und gesunken war. Aus den Schiffsplanken erbauten die Spanier mit Hilfe der Taínos, die sie freundlich empfangen hatten, das Wehrdorf La Navidad. Doch von den 39 Seeleuten, die Kolumbus hier zurückließ, lebte bei seiner Rückkehr 1493 keiner mehr. Auseinandersetzungen mit den Taínos, an deren Frauen sie sich vermutlich vergangen hatten, Habsucht und Goldgier werden als Grund für ihren Untergang genannt.

So ließ Christoph Kolumbus westlich vom heutigen Puerto Plata an der Nordküste von seinen rund 1000 Gefolgsleuten eine neue Siedlung errichten, die den Namen der spanischen Königin Isabella erhielt. Die Rolle einer ersten Hauptstadt der Neuen Welt war dem von großen Sumpfgebieten umgebenen La Isabela jedoch ebensowenig beschieden. Erst 1496 ließ Bartholomäus Colón, der Bruder des großen Entdeckers, an der Südküste der Insel die Stadt Santo Domingo an der Mündung des Río Ozama erbauen. Der Fluß führte Gold; die Hauptschifffahrtsstraße verlief entlang der Südküste der Insel. Hierher verlegte Christoph Kolumbus seine Residenz, als er 1498 zum Vizekönig der Spanischen Krone ernannt wurde.

Das Schicksal der Taíno-Indianer auf Hispaniola ist auf tragische Weise mit der Eroberung der Insel durch die spanischen Kolonisatoren verbunden. Als Vertreter der Alten Welt Quisqueya zum ersten Mal betraten, sollen hier etwa 300 000 Indios gelebt haben. Sie wurden von den Spaniern verfolgt, da sie sich nicht widerstandslos unterwarfen. Die gnadenlose Jagd und eingeschleppte Infektionskrankheiten dezimierten ihre Zahl innerhalb weniger Jahre. 1518 zählte man nur noch etwa 4000 Taínos. Der Kazike Enriquillo, der die letzten Indios zum Krieg gegen die Unterdrücker aufrief, führte 14 Jahre lang einen erbitterten Kampf. An dessen Ende stand 1533 ein Friedensschluß, der allerdings nur noch rund 500 Taínos zugute kam. In der Region von Azua angesiedelt, verloren die Taínos jedoch bald ihre kulturelle Eigenständigkeit. Auf der Seite der Spanier war es der Benediktinerpater Bartolomé de las Casas, der sich unbeirrbar für die Rechte der Unterdrückten einsetzte und ihnen mit seinem lesenswerten Zeitzeugnis »Die Geschichte der Indianer« ein Denkmal setzte. Heute erinnern nur noch einige Namen und Höhlenmalereien auf der Insel an die Taínos und ihre Geschichte und Kultur. So trägt der große Salzsee im Südwesten der Dominikanischen Republik zum Beispiel den Namen des Sklavenführers Enriquillo.

Als auf dem mittelamerikanischen Festland neue Kolonien gegründet wurden, weil man dort, im Reich der Inkas und Azteken, riesige Goldvorkommen entdeckt hatte, wurde Santo Domingo zunehmend bedeutungslos. 1535 wurde Ciudad de Mexiko neue Hauptstadt des Vizekönigreichs Spanien. Von nun an gaben Schmuggler und Piraten den Ton an, so auch der Freibeuter Sir Francis Drake, der 1586 Santo Domingo plünderte und ganze Stadtteile in Schutt und Asche legte. Ende des 16. Jahrhunderts und im 17. Jahrhundert wurde die Insel zum kolonialpolitischen Spielball Frankreichs, Spaniens und Englands. So erhielt Frankreich 1697 das westliche Drittel, 1795 im Frieden von Basel auch den Ostteil Hispaniolas. Der Zuckerrohranbau, der bereits 1519 begonnen hatte, expandierte in dieser Zeit, da die Franzosen unzählige Sklaven aus Afrika importiert hatten. Einer kleinen Zahl von Großgrundbesitzern standen Hunderttausende schwarzer Arbeitssklaven zur Verfügung. Der »Code Noir«, eine gesetzliche Grundlage der französischen Machthaber, ist bis heute ein bitteres Zeugnis dieser Zeit: »Wir erklären, daß die Sklaven als Mobiliar betrachtet werden und als solches ins gemeinschaftliche Erbe gehören...«, heißt es dort. Entfliehenden Sklaven drohte die Verstümmelung oder sogar der Tod: »Einem entflohenen Sklaven, welcher einen Monat abwesend geblieben ist, sollen die Ohren abgeschnitten werden, und er soll auf einer Schulter gebrandmarkt werden; bei einer wiederholten Flucht sollen ihm die Kniekehlen zerschnitten werden und die andere Schulter gebrandmarkt werden; das dritte Mal wird er mit dem Tode bestraft.« Auch die Französische Revolution veränderte daran zunächst nichts. 1821 okkupierte Haiti das Gebiet der heutigen Dominikanischen Republik; 1822 besetzte Jean Pierre Boyer, der Präsident von Haiti, mit seinen Truppen Santo Domingo und erklärte, daß Hispaniola »eins und unteilbar« sei. Doch unter der Führung von Juan Pablo Duarte konstituierte sich dann im Juli 1839 die Geheimgesellschaft »La Trinitaria«, die eine unabhängige Dominikanische Republik forderte. Am 27. Februar 1844 stürmten dominikanische Patrioten die französische Garnison in Santo Domingo und riefen die Unabhängigkeit aus. Einen Tag später kapitulieren die Haitianer und die Erste (Dominikanische) Republik (1844–1861) wurde gegründet.

Diese Ära, die Zeit der Ersten Dominikanischen Republik, scheiterte jedoch schon kurze Zeit später. Und nach der abermaligen Befreiung von Spanien durch Gregorio

Christoph Kolumbus entdeckte Hispaniola 1492 und gründete dort La Navidad, die erste europäische Siedlung der Neuen Welt. Der alte Stich zeigt, daß er von den Indianern wohlwollend empfangen und beschenkt wurde. Solch zuvorkommende Behandlung wurde der karibischen Urbevölkerung nicht immer zuteil. Das Bild oben zeigt eine angekettete Kazikenfrau.

Der Entdeckung Hispaniolas folgten Eroberungszüge mit grauenvollen Exzessen. Die spanischen Kolonien wurden rücksichtslos ausgebeutet und die Taíno-Indianer barbarisch vernichtet.

zung des Landes durch die USA 1916 spitzte sich die amerikanische Einflußnahme, die bis 1924 währte, problematisch zu. Sie war die Folge eines Abkommens, das der US-Präsident Theodore Roosevelt 1905 mit der Dominikanischen Republik abgeschlossen hatte. Dabei hatten die Dominikaner den Vorschlag akzeptiert, die Vereinigten Staaten im Tausch gegen die Zollhoheit für sämtliche Schulden bürgen zu lassen. Auf diese Weise wollten die Amerikaner ihre ausstehenden Schulden eintreiben. Der wirtschaftliche Aufschwung, der sich in der Zeit nach dem Abkommen und auch während der Okkupation einstellte, kam jedoch vorwiegend den Großgrundbesitzern zugute. Nach Abzug der amerikanischen Truppen sorgten die USA dafür, daß das dominikanische Militär von proamerikanischen Offizieren geführt wurde. Zu den Günstlingen zählte auch der 1891 in der Kleinstadt San Cristóbal geborene Rafael Leonidas Trujillo. Zunächst Aufseher in einer Zuckerraffinerie, dann Polizeikommandant in Santiago, wurde er 1924 zum Chef der Nationalpolizei und Oberbefehlshaber der Armee ernannt. Die weltweite Wirtschaftsrezession 1929 sowie katastrophale Zerstörungen durch einen Hurrikan im September 1930 erleichterten es Trujillo, die Macht zu ergreifen und die totalitärste Diktatur Lateinamerikas zu errichten. Durch nationalistische Propaganda und die Verteilung von Nahrungsmitteln an die einfache Bevölkerung gelangte er zu großer Popularität. Er bezeichnete sich als Benefactor de la Patria, als Wohltäter des Vaterlandes, und taufte Santo Domingo in Ciudad de Trujillo um. Mit der Zeit gelang es ihm auch, alle wichtigen Positionen in Politik und Wirtschaft durch Familienmitglieder zu besetzen, um sich so eine optimale Kontrolle zu sichern. Ungeachtet seiner haitianischen Abstammung schürte er den Rassismus, plädierte für eine weiße Republik und ließ im Oktober 1937 ein Massaker veranstalten, dem über 20 000 Schwarze, vorwiegend Haitianer, zum Opfer fielen. Auch wenn Trujillo 1938 von den Nazis verfolgte Juden aufnahm und in Sosúa ansiedelte, so geschah diese Aktion keineswegs aus ethischen Gründen. Er versprach sich vielmehr die Aufwertung seines angeschlagenen Images und zugleich eine Belebung der dominikanischen Gesellschaft. Die brutale Ausschaltung der politischen Gegner, Intrigen und

Luperón ging auch die darauffolgende Zweite Republik (1865-1924) wegen Mißwirtschaft korrumpierter Politiker bankrott.

In kurzen Abständen folgten nach der Ermordung des ersten Diktators der Dominikanischen Republik, Ulises Heureaux (1845–1899), neue Regierungen. Das Land hatte eine Schuld von rund 30 Millionen Dollar geerbt und geriet zudem durch wirtschaftliche Probleme zunehmend in Abhängigkeit von den Vereinigten Staaten. Amerikanische Unternehmen waren die Hauptgläubiger der Dominikanischen Republik. Mit der Beset-

eine persönliche Bereicherungspolitik forderten jedoch den bewaffneten Widerstand heraus. Mit Hilfe des amerikanischen Geheimdienstes gelang es 1961 einigen seiner engeren Mitarbeiter, wie den Generälen Luis Amiama Tio und Antonio Imbert Barreras, durch ein Attentat die dreißigjährige Schreckensherrschaft des Diktators zu beenden.

Die politische Stabilität war damit allerdings auch verlorengegangen. Joaquín Balaguer, der erste Präsident nach Trujillo und der Begründer der Partido Reformista Social Cristiano (PRSC), einer christlich-sozialen Reformpartei, mußte nach einem Militärputsch das Land verlassen. Auch sein Kontrahent Juan Bosch, der Begründer der Partido Revolucionario Dominicano (PRD), der Dominikanischen Revolutionspartei, ging nach einem Militärputsch im September 1963 ins Exil, nachdem er die ersten freien Wahlen 1962 gewonnen hatte. 1965 kam es nach der Herrschaft eines Triumvirats zu einem Bürgerkrieg. Anhänger Boschs organisierten Streiks und Demonstrationen gegen die Drei-Mann-Junta, welche die Macht an sich gerissen hatte. Als sich 1965 unter Führung des Generals Francisco Caamaño Deño Teile der Armee dem Aufstand anschlossen, intervenierten die Vereinigten Staaten von Amerika aus Angst vor einem »zweiten Kuba«. Präsident Johnson entsandte 12 000 Marinesoldaten. Im Juli 1966 wurden Neuwahlen ausgeschrieben, die ein vorläufiges Ende der politischen Wirren mit sich brachten. Der aus dem Exil zurückgekehrte Joaquín Balaguer ging mit der PRSC als Sieger aus den Wahlen hervor. Unter seiner bis 1978 währenden Präsidentschaft konnte sich das Land vorübergehend stabilisieren. Seit 1966 ist auch die Verfassung, nach der die Dominikanische Republik eine zivile, republikanische und repräsentative Demokratie – nach französischem und amerikanischem Muster – ist, nicht mehr geändert worden. Die Regierung Balaguers stützte sich innenpolitisch erneut auf die Landoligarchie der Großgrundbesitzer und versäumte es, eine wirkliche Landreform durchzuführen. Ende der 70er Jahre war die Auslandsverschuldung der Dominikanischen Republik übermäßig angestiegen, das Vertrauen in die Regierung Balaguers war verlorengegangen. Nach dem Verfall des Zuckerpreises auf dem Weltmarkt wollte der 1978 neu gewählte Präsident Antonio Guzmán (PRD) die hohen Auslandsschulden und die Inflationsrate durch eine Wirtschaftsreform bekämpfen. Doch anstatt die Plantagenwirtschaft und den Großgrundbesitz wirklich zu reformieren, vergrößerte er das Haushaltsdefizit und die Armut im Lande. Sein Nachfolger Jorge Blanco (PRD) zeichnete sich während seiner Regentschaft von 1982 bis 1986 durch mehrere Korruptionsaffären aus, für die ihn das Gericht schließlich zu 20 Jahren Haft verurteilte. Somit konnte Balaguer (PRSC), der als unbestechlich und in jeder Hinsicht als integer gilt, 1986 die Wahlen erneut gewinnen. Durch geschickte Beteiligung von Vertretern der Oberschicht an der Regierung konnte er die ineffektiv gewordene öffentliche Verwaltung und die zerrütteten Wirtschaftsverhältnisse wieder verbessern. Nach einem Generalstreik im Frühjahr 1988 erhöhte Balaguer die Mindestlöhne um 33% und versuchte, durch strengere Devisenkontrollen der galoppierenden Entwertung des dominikani-

schen Pesos entgegenzuwirken. Im Juni 1990 ist er mit knapper Mehrheit gegenüber seinem abermaligen Gegenkandidaten Juan Bosch (PRD) von den Wählern im Amt bestätigt worden. Balaguer konnte die Konjunktur durch zahlreiche errichtete Freihandelszonen für ausländische Investoren wiederbeleben; doch auch der Touristenboom der letzten Jahre hat zweifellos zur Aufbesserung der dominikanischen Wirtschaft beigetragen. Die Regierung bekämpfte außerdem mit sozialen Wohnungsbauprogrammen die Slumbildung in den Großstädten.

Im Bereich der Großen Antillen entwickeln sich häufig tropische Wirbelstürme mit vernichtender Wirkung. Hier schlägt ein Hurrikan die Konquistadoren und die Taíno-Indianer in die Flucht.

Ein Staat im Wandel

Vom Goldrausch zum Massentourismus

Im Restaurant herrscht Hochbetrieb. Plötzlich sitzen alle Gäste im Dunkeln. Ein Wort macht die Runde: *apagón* – Stromausfall! Nach wenigen Minuten beendet ein knatterndes Dieselaggregat im Hinterhof die Situation. Die Lampen flammen wieder auf, und der Betrieb geht routinemäßig weiter.

Diese Stromausfälle wiederholen sich allabendlich zwei- bis dreimal, häufig zum gleichen Zeitpunkt. Die Vermutung liegt nahe, daß diese Unterbrechungen nicht auf das überlastete Stromnetz zurückzuführen sind, sondern auf staatliche Sparmaßnahmen. Der Regierung fehlen die Devisen für ausreichende Mengen Dieselöl, das zur Verbrennung in den staatlichen Generatoren benötigt wird. Mehrere dieser Generatoren sind über das ganze Land verteilt. Sie bilden die einzige Grundlage für die Stromerzeugung, auch wenn an der Nordküste bei Nagua bereits ein erstes Gezeitenkraftwerk in Betrieb genommen worden ist. Da man im Land selbst keine förderungswürdigen Erdgas- und Erdölvorkommen kennt, müssen bislang Brennstoffe importiert werden. Unbestätigten Gerüchten zufolge sollen in jüngster Vergangenheit geringe Erdölmengen entdeckt worden sein, doch diesen Verlautbarungen haftet bis heute der Beigeschmack politischer Propaganda an. Der Versuch der Regierung, die Nutzung von Wasserkraft, die heute rund 15% der Stromerzeugung ausmacht, auszubauen, scheiterte bislang am Rückgang der Wasserstände – und nicht zuletzt an dem Versiegen der Flüsse wegen der abgeholzten Wälder.

Auf einem speziellen Kanal des Dominikanischen Fernsehens versucht der Staat ausländische Investoren anzuwerben, um auf der Insel Solarkraftwerke zu installieren. Doch nicht zuletzt wegen der immensen Kosten ist die Dominikanische Republik immer noch sehr weit von dieser hochkomplizierten Energietechnologie entfernt.

Die hohe Verschuldung der Dominikanischen Republik stieg mit dem drastischen Preisverfall des Rohrzuckers auf den internationalen Agrarmärkten sprunghaft an und beläuft sich heute auf etwa 5 Milliarden US-Dollar. Als die Industriestaaten den Rübenzucker entdeckten, ging es mit den Erträgen aus den Rohrzucker-Monokulturen sofort steil bergab. Der Zuckerpreis auf dem Weltmarkt verfiel, zudem verringerte sich nach der Flucht von »Baby Doc« Duvalier die Zahl der haitianischen Hilfsarbeiter in der Dominikanischen Republik, die zu Niedriglöhnen Feldarbeit geleistet hatten. Und schließlich kündigten auch die Vereinigten Staaten, deren Getränkehersteller Hauptabnehmer des dominikanischen Zuckers waren, Anfang 1987 ihr Abkommen mit den Entwicklungsländern auf, jährlich eine garantierte Quote Zucker zu festen, vom Weltmarkt unabhängigen Preisen abzunehmen.

Seit dieser wirtschaftlichen Krise ist die Regierung bemüht, mit wirtschaftspolitischen Maßnahmen den Preisschwankungen entgegenzuwirken. Sie beabsichtigt, die monokultivierten Zuckerrohrplantagen zum Teil auf andere landwirtschaftliche Güter umzustellen, doch dem staatlichen Consejo Estatal de Azúcar (CEA) fehlen die notwendigen Investitionsmittel. Der CEA verpachtet oder verkauft daher einen Teil seiner Plantagen an Privatunternehmen mit der Auflage, andere Agrarprodukte anzubauen. So werden seitdem beispielsweise bei Villa Altgracia auf weitläufigen Plantagen Ananas und Orangen zur Saftherstellung angebaut. Bei Azua im Südwesten erstrecken sich riesige Tomatenfelder, deren Erträge zum Großteil an einen nahmhaften Ketchup-Hersteller in die Vereinigten Staaten geliefert werden. Riesige Zuckerrohrplantagen überziehen die weiten Landstriche. Kaffee und Südfrüchte, Limonen, Ananas und Bananen werden angebaut. Doch der Rückgang der haitianischen

Bild linke Seite:
Die über zwei Meter hohe Zuckerrohrpflanze wird mit der Machete geerntet.

Bilder rechte Seite:
Auf dem Lande sind Esel und Maultiere bis heute unverzichtbare Transportmittel.

Nachfolgende Doppelseite: In San Francisco de Macorís wird Reis angebaut.

Feldarbeiter wirkt sich bis heute verheerend auf die Plantagenwirtschaft aus. Es fehlt an einheimischen Hilfskräften, die bereit und in der Lage wären, die harte körperliche Arbeit der Zuckerrohrernte zu leisten. Daher kam es paradoxerweise Anfang 1991 – zum wiederholten Male – zur Zuckerknappheit im Inland. Auch Reis mußte die Regierung in der Vergangenheit mehrfach importieren; wegen der exportorientierten Landwirtschaft ist es bislang nicht möglich gewesen, die Bevölkerung lückenlos mit Grundnahrungsmitteln zu versorgen.

Um die Wirtschaftslage des Landes zu verbessern, schafft die Regierung zudem immer häufiger sogenannte *Zonas Francas.* Diese Freihandelszonen stellen für ausländische Investoren einen nahezu zoll- und steuerfreien Wirtschaftsraum dar, der durch das niedrige Lohnniveau zusätzlich begünstigt wird. In den fast 20 über das ganze Land verteilten Freihandelszonen haben heute über 100 000 Menschen einen Arbeitsplatz gefunden.

Mehr als die Hälfte der landwirtschaftlichen Nutzfläche gehört heute zu dem Eigentum von etwa 2% dominikanischen und ausländischen Besitzern, etwa ein Drittel ist Staatseigentum, den Rest der Anbauflächen bewirtschaften rund 250 000 Kleinbauern, die noch vorwiegend vom Tauschhandel leben. Mit Eseln und Maultieren bringen sie ihre Waren zu der nächstgelegenen Straße, wo ihnen Zwischenhändler Früchte oder Fleischerzeugnisse zu billigen Preisen abnehmen. Die ungeklärten Besitzverhältnisse, die zum großen Teil auf Gewohnheitsrecht beruhen, tragen bis heute dazu bei, daß die Landbevölkerung aus den Bergregionen, wo der Ackerboden durch Brandrodung und versiegende Flüsse zunehmend schlechter wird, in die Großstädte ziehen. In den Armenvierteln, den Slums lebend, hoffen sie auf eine zukünftige Tätigkeit in der Industrie oder Verwaltung.

Für die Viehhaltung wird rund die Hälfte der verfügbaren Landfläche genutzt, die andere steht dem Ackerbau zur Verfügung. Um die Viehwirtschaft jedoch weiter ausbauen zu können, fehlt es an Weideland. Dennoch gehört die Rinderzucht zu den wichtigen landwirtschaftlichen Standbeinen der Dominikanischen Republik. Reist man durch das Land, so sieht man auf den Weiden allerorts Rinderherden, im Südosten des Landes Zebus, aber auch Ziegen, insbesondere in den Trockengebieten um Azua. Daneben spielt die Geflügel- und Schweinezucht eine nicht zu unterschätzende Rolle; die Aufzucht von Schweinen hat in den letzten Jahren zunehmend an Bedeutung gewonnen. Dies trifft im wesentlichen auch auf die traditionelle Rinderzucht zu. Hühner werden von jedermann nebenbei großgezogen; die besten Hähne benötigt man für den Volkssport *pelea de gallos,* den Hahnenkampf.

Auf die Viehzucht, einen Erwerbszweig, dessen Anfänge in die Kolonialzeit zurückreichen, griffen auch die aus dem Nazi-Deutschland emigrierten Juden zurück, die Trujillo in den 30er Jahren im Norden der Republik in der Kleinstadt Sosúa ansiedelte. Bis heute haben die Molkerei- und Fleischprodukte aus Sosúa einen großen Anteil am Binnenmarkt.

Gold lockte einst die Konquistadoren, heute sind es die Bodenschätze, deren Abbau einen erheblichen Wirtschaftsfaktor darstellt und von der Regierung verstärkt gefördert wird. Hier finden einige der Arbeitslosen, deren Quote derzeit bei rund 30% liegt, eine neue Beschäftigung. Bei Bonao, das sich – weitgehend in kanadischer Hand – rasch zum größten Bergwerkszentrum des Landes entwickelte, werden Ferronickel, Bauxit sowie Gold und Silber gewonnen. Da die Gewinnung der Edelmetalle schon heute eng mit ökologischen Problemen verbunden ist, konzentriert man sich inzwischen bereits auf den Abbau nichtmetallischer Rohstoffe. Bei San Cristóbal werden Sand und Kalksteine abgebaut, bei Barahona, Las Salinas und Monte Christi gibt es Gipslagerstätten.

Edelsteine wurden bislang nicht gefunden. Doch zwei Rohstoffe, welche in der Schmuckindustrie verwendet werden, machen einen nicht zu unterschätzenden Anteil an der Wirtschaft aus. Die Dominikanische Republik besitzt nach der Sowjetunion das zweitgrößte Bernsteinvorkommen der Welt. Das fossile Harz, entstanden vor etwa 30 Millionen Jahren, schürfen Familienbetriebe in der Cordillera Septentrional in der Nähe von Santiago; außerdem wird es in den südlichen Teilen der Cordillera Central abgebaut. In besonders wertvollen Stücken des *ámbar,* des Bernsteins, findet man Moskitos, Fliegen und Spinnen.

Den blauen Larimar, einen Halbedelstein, der in der Sierra de Baoruco bei Barahona

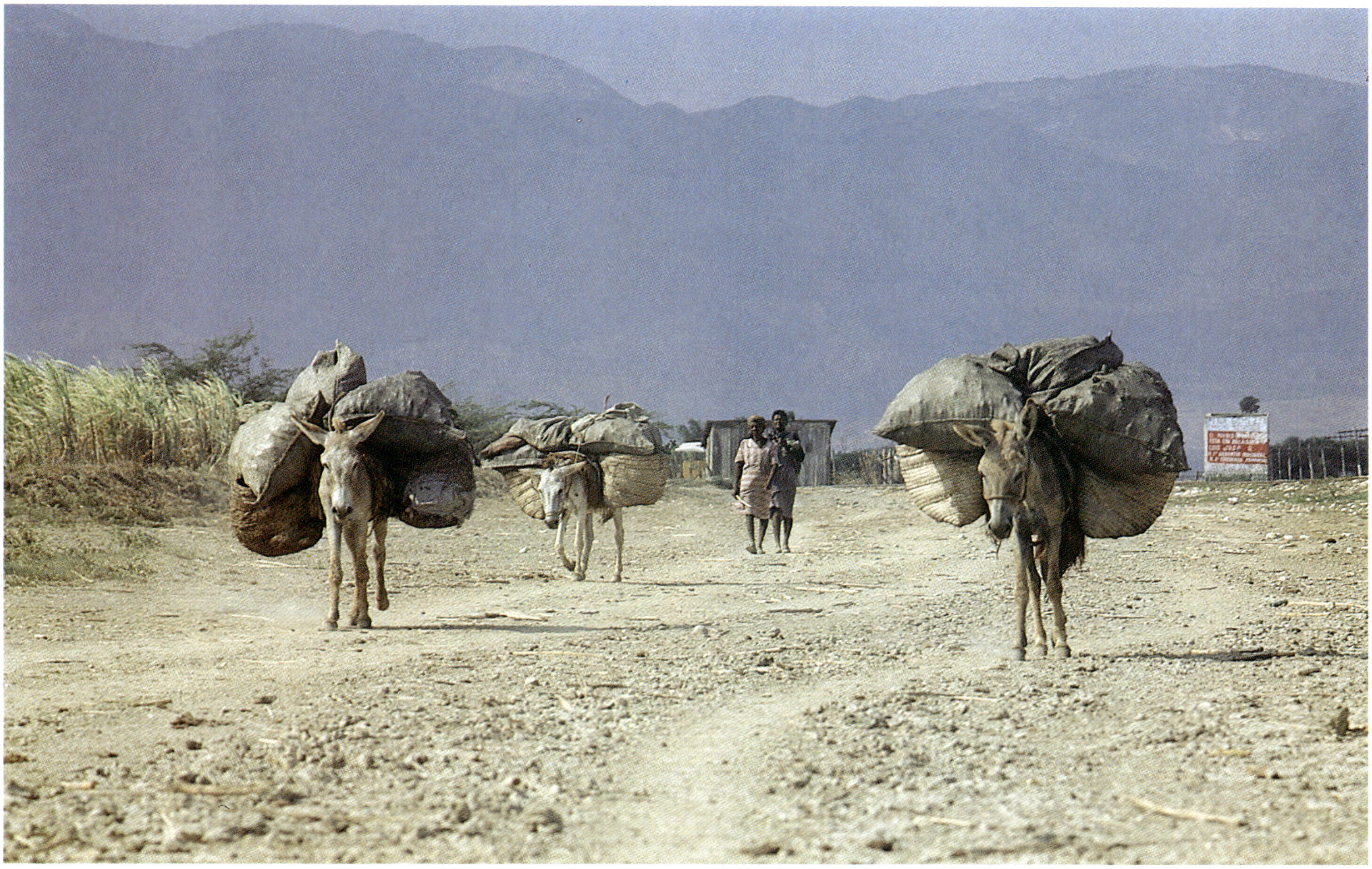

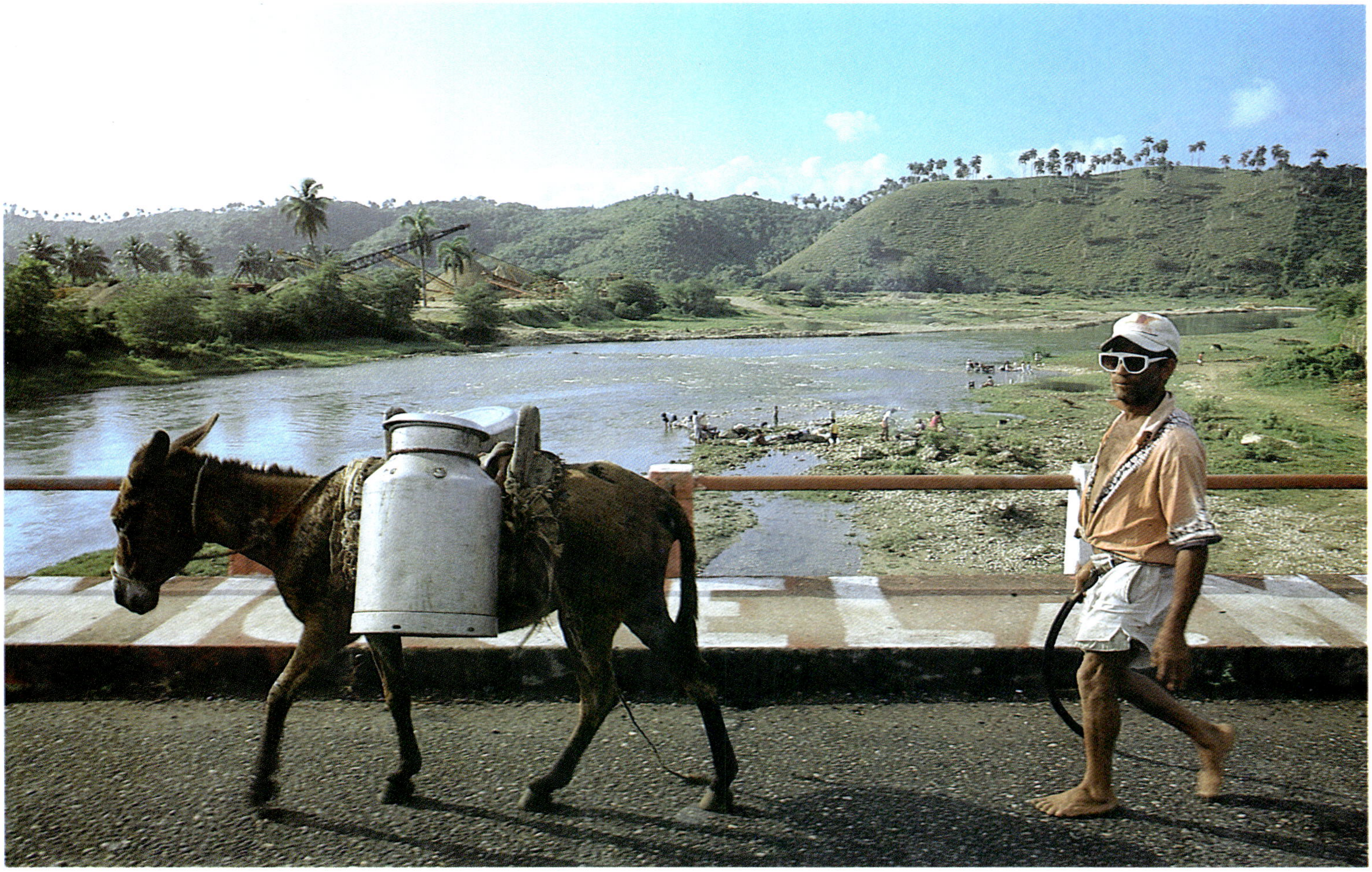

Der Zuckerrohranbau im karibischen Raum ist untrennbar mit der Versklavung von Millionen deportierter Afrikaner verknüpft. Als Feld- und Fabrikarbeiter standen sie den Kolonialherren als billige Arbeitskräfte zur Verfügung.

Vorhergehende Doppelseite:
Unendlich weit erstrecken sich die Zuckerrohrfelder bei Higüey: Vor einem fast vollständig abgeernteten Gebiet steht ein haitianischer Saisonarbeiter, dessen Lohn sich nach den von ihm geschlagenen Tonnen bemißt.

gefördert wird, hat man bislang nur in der Dominikanischen Republik gefunden. Er darf nur zu Schmuck verarbeitet ausgeführt werden.

Auch die Tourismusbranche befindet sich hauptsächlich in der Hand ausländischer Investoren, doch der sprunghafte Anstieg der Bauaufträge in den letzten Jahren hat Arbeitsplätze geschaffen; die Tourismusbranche erweist sich heute als wichtigster Devisenbringer der Republik.

Auf einer Reise in den Südosten des Landes lernte ich die traditionellen Bereiche der dominikanischen Wirtschaft aus der Nähe kennen. Bereits auf der gut ausgebauten Strecke nach La Romana konnte ich anschaulich erleben, daß Rinderherden – meist von kleinen Jungen auf Maultieren oder Pferden – über die Straße getrieben wurden. Die motorisierten Verkehrsteilnehmer warnten die Kinder mit roten Tüchern, die sie den Autofahrern entgegenschwenkten.

Mein Weg führte entlang der endlos erscheinenden Zuckerrohrfelder zu einer der größten Raffinerien des Landes. Noch bevor ich mir die industrielle Zuckerverarbeitung ansah, hielt ich am Rande eines Zuckerrohrfeldes. Obwohl der Anteil des Rohzuckers am Export in den letzten Jahren erheblich zurückgegangen ist, bestimmen noch heute Zuckerrohr-Monokulturen die Landschaft.

Die Anfänge des einst prosperierenden Erwerbszweiges geht auf die Zeit der Kolonialisierung der Insel zurück. Unter französischer Herrschaft entwickelte sich das Land zum reichsten Überseebesitz, eine Entwicklung, die ohne die unzähligen Sklaven aus Westafrika nicht denkbar gewesen wäre. Heute sind es die Haitianer, die als billige Arbeitskräfte mit beschränkter Aufenthaltsgenehmigung in der befristeten Zeit der Zuckerrohrernte die über zwei Meter hohe *caña dulce,* das Zuckerrohr, mit der Machete ernten. Der Lohn der Saisonarbeiter bemißt sich nach den geschlagenen Tonnen Zuckerrohr; er ist außerordentlich gering. Teilweise werden die Arbeiter sogar mit Naturalien entlohnt. Bei einer anderen Weise des Erntens wird das Zuckerrohrfeld in Brand gesteckt. Die zuckersafthaltige *caña* bleibt unversehrt, nur die Blätter verbrennen. Das Zuckerrohr wird nach dieser Prozedur eingesammelt und mit Ochsengespannen, Lastwagen oder der eigens für diesen Zweck gebauten Eisenbahn in die nächstliegende Raffinerie transportiert.

Heute gibt es in der Dominikanischen Republik 18 Zuckerfabriken. Bei der Besichtigung einer Raffinerie kann man beobachten, wie Zuckerrohr verarbeitet wird. Hohe Luftfeuchtigkeit, enorme Hitze und der Lärm der Maschinen, die an den Beginn des Indu-

Nachfolgende Doppelseite: Die Ernte des Zuckerrohrs findet in der Trockenzeit, von Februar bis Juli, statt. Die Felder werden angezündet, um das Blattwerk vom Rohr zu entfernen (rechts oben). Dort, wo keine Maschinen eingesetzt werden, schlagen Saisonarbeiter die Blätter mit der Machete ab (links oben). Der Abtransport geschieht auf Mauleseln (links unten) und mit der Eisenbahn (rechts unten).

striezeitalters erinnern, schaffen eine drückende Atmosphäre. Ich beobachte, wie das Zuckerrohr auf Fließbändern transportiert, von rotierenden Messern mehrfach geschnitten wird und anschließend zwei Mühlvorgänge durchläuft. Durch mehrfaches Spülen mit Wasser entsteht ein hellbrauner Brei, der sogenannte Rohsaft, über verschiedene Filter und Verdampfstationen trennt man die feinen, holzigen Fasern von dem goldgelben Dicksaft, der in Eindampfkristallisatoren gefüllt wird. So entsteht die aus Muttersirup und Kristallen zusammengesetzte Maische, deren Zuckerkristalle unter ständiger Überwachung wachsen. Nach mehrstündiger Abkühlung wird der Muttersirup von den Zuckerkristallen in Schleudertrommeln bei hoher Geschwindigkeit durch feine Siebe getrennt. Als Endprodukte erhält man braunen Rohzucker und Melasse, die nach erneuter Wasserlösung und Reinigung durch Aktivkohle, dem Prozeß der Raffination, zurückbleibt und zur Weiterverarbeitung in eine der fünf ansässigen Rumfabriken geliefert werden.

Wie aus der braunen Restmelasse Rum gewonnen wird, schaue ich mir in der traditionsreichen Rumfabrik Bermudez in Santiago de los Caballeros an, der mit etwa 400 000 Einwohnern zweitgrößten Stadt der Insel. Der 1852 von Don Erasmo Bermudez gegründete Familienbetrieb besitzt heute das größte Rumlager.

In acht Hallen mit je 22 000 Fässern lagern verschiedene Rumsorten, 56 Liter pro Faß. In den Lagerhallen verschlägt mir die alkoholhaltige Luft den Atem. Ein Schlauch- und Rohrleitungssystem führt die Rumsorten verschiedener Jahrgänge aus den Lagerhallen in das Zentralgebäude. Dort werden unter strengsten Kontrollen die zum Verkauf angebotenen Sorten gemischt und abgefüllt. Hergestellt wird das landesübliche Getränk in einem anderen Gebäude.

Eine Mitarbeiterin der Rumfabrik führt mich deshalb in die einige Autominuten entfernte Destillationsanlage. Hier wird aus dem Abfallprodukt der Zuckerproduktion, der Restmelasse, nach einem Gärungsprozeß durch ein ausgeklügeltes, streng geheimes Destillationsverfahren bis zu 96prozentiger Alkohol gewonnen. Auf dem Hauptgelände der Fabrik beobachte ich, daß Holzfässer ausgebessert werden; in der Abfüllhalle transportieren Fließbänder leere Flaschen, die zunächst gespült, dann gefüllt, später verschlossen und etikettiert werden. Zum Abschied erhalte ich eine Kostprobe der neuesten Sorte, dem braunen Rum Don Armando, der nach dem derzeitigen Oberhaupt des Familienunternehmens Don José Armando Bermudez benannt wurde. Ein

Blick in die breite Angebotspalette zeigt, daß es hier eine Vielzahl Rumsorten gibt, vom hochprozentigen weißen bis zu dem weinbrandartigen braunen Rum; für jeden Geschmack ist etwas dabei.

Diese Rumfabrik steht in Santiago, einer Universitätsstadt, die viele Menschen in der Dominikanischen Republik ihre *Capital Secreta*, heimliche Hauptstadt, nennen. Nur wenige Querstraßen von der Rumfabrik entfernt befindet sich die Zigarrenmanufaktur La Tabacalera, die 1902 gegründet wurde. Unter dem bekannten Markennamen La Habanera produziert dieses Unternehmen eine Reihe verschiedenartiger Zigarren.

Wie Tabak verarbeitet wird, macht ein Besuch deutlich: Nach der Ernte hängt man die Blätter der Tabakpflanze zum Trocknen in die Sonne, um sie später zu entstielen und nach Größen und Sorten zu ordnen, denn die Geschmacksrichtungen der Zigarren hängen von der Komposition der Blätter ab. Aus den kleineren Blättern entsteht der Kern der Zigarre, der anschließend zwischen Holzplatten etwa 15 bis 20 Minuten gepreßt wird, um dann in einem weiteren Arbeitsgang mit einem Deckblatt versehen zu werden. Anschließend rollt man sie in ein weiteres Blatt, das an der abgerundeten Spitze mit einem winzigen Tropfen Naturharz verklebt wird. Für den letzten Arbeitsgang – dem Zuschneiden des oberen Tabakblattes bis zum Verkleben der Spitze – benötigt ein Arbeiter etwa eine Minute. Dreht er am Tag zwischen 300 und 400 Deckblätter, so verdient er mit einer Sechs-Tage-Woche zwischen 1000 und 1300 Pesos im Monat. Die fertigen Zigarren werden mit einer Banderole versehen, verpackt und ausgeliefert.

Wie man mir hier versichert, will man zukünftig auch den europäischen Markt verstärkt beliefern, denn dadurch, daß Präsident Joaquín Balaguer im November 1989 das Lomé-Abkommen unterzeichnet hat, ist der EG-Markt auch für dominikanische Zigarren wesentlich leichter zugänglich geworden. Und deren Qualität, so versichern Kenner, steht den kubanischen Zigarren keineswegs nach, und wer weiß, daß sich die beiden Länder gegenseitig mit Tabakblättern beliefern, ist auch nicht überrascht. So stammt der Kern einer Zigarre derweil aus dominikanischem Tabak, das untere Deckblatt aus Kuba und das obere aus Connecticut in den USA.

Santo Domingo

Ein Stadtrundgang

La Capital, so nennen die rund 7 Millionen Dominikaner ihre Hauptstadt Santo Domingo, in der 1991 geschätzte 2,4 Millionen Einwohner lebten. 1502 wurden die hölzernen Gebäude Santo Domingos von einem Hurrikan zerstört und am gegenüberliegenden Ufer des Río Ozama erneut aufgebaut. Seitdem ist der Name Santo Domingo de Guzmán nachweisbar. Bereits 1504 wurde die Stadt zum Bistum erhoben. Fünf Jahre später wurde sie zur Hauptstadt des neu gegründeten Vizekönigreiches Neuspanien. Diego Colón, der Sohn Christoph Kolumbus', wurde Vizekönig. Santo Domingo gewann zunehmend an Bedeutung, ihr gitterförmiges Stadtbild bekam Vorbildcharakter für andere Städte in den Kolonialgebieten. Zunehmendes Interesse erlangte der Ort jedoch erst später, als wichtiger Brückenkopf für diejenigen, welche die Eroberung des amerikanischen Kontinents vorantrieben. Doch im Laufe der Kolonialisierung von Mittel- und Südamerika wurde Santo Domingo wieder bedeutungslos. Erst im vergangenen Jahrhundert gelangte die Stadt wegen des Zuckerbooms zu raschem Aufstieg. Doch ein Hurrikan zerstörte 1930 große Teile der Stadt. Trujillos Wiederaufbau geschah im Zuge einer großangelegten Selbstdarstellung.

Wie viele Großstädte in der Dritten Welt expandierte Santo Domingo in der jüngsten Vergangenheit außerordentlich. Im Norden sind die Slums beredter Ausdruck der sozialen Probleme, welche die Stadt bis heute noch nicht gelöst hat. Anläßlich der bevorstehenden 500-Jahr-Feier werden sie jedoch weiterhin verdrängt. Die Altstadt wird mit einem großangelegten Bauprogramm renoviert und ein kostenintensives Monument zu Ehren Christoph Kolumbus verschlingt die Etats, die zur Minderung der sozialen Probleme dienen könnten. 1992 möchte sich Santo Domingo glanzvoll inszenieren.

In allen Details läßt sich die sich rasch wandelnde Stadt kaum noch beschreiben. Doch eine Tour durch den Großstadtdschungel führt zu den für die Stadt typischen Orten, den geschichtsträchtigen, kuriosen, farbenprächtigen, den bekannten und noch unbekannten Plätzen.

Auf der Suche nach der Eigenart Santo Domingos fahre ich mit einem *guagua* in die Metropole. Dieser Wagen ist ein Minibus für acht bis zehn Personen, in dem zwischenzeitlich bis zu 28 Fahrgäste Platz finden – mehr oder auch weniger bequem, aber es ist in jedem Fall das preisgünstigste Transportmittel in Santo Domingo. Bei den ersten Fahrten irritierte mich, daß häufig Teile des Wagens fehlen, Scheinwerfer, Stoßstangen, Fenster und Türen. Sitzt man jedoch erst einmal in einem solchen Gefährt, so freut man sich über die schmalen Holzbänke, die ungeahnten Platz mit sich bringen.

Der Großstadtlärm dringt in den Bus. Er wird nur noch vom einprägsamen Rhythmus des Merengue übertönt, der aus einem Radio schallt. Zwischen mehrspurigen Kolonnen fädelt sich der *guagua* geschickt durch den Verkehr in Richtung Stadtmitte. An einer Ampelkreuzung springen zwei etwa zehnjährige Jungen mit feuchten Tüchern herbei, um die Windschutzscheibe eilig zu putzen. Sie werden mit je einem Peso vom Fahrer entlohnt. Weiter geht es über die Avenida 27 de Febrero in das Regierungsviertel El Huacal. Hier befinden sich in einem betongrauen Hochhausgebäude die Büros der verschiedenen Ministerien. Auf der gegenüberliegenden Seite weht eine blau-weiß-rote Nationalflagge, die auf dem Dach des flachen, hellgrün gestrichenen Gebäudes der Nationalpolizei befestigt ist.

Wir gelangen in den Stadtteil Gazcue mit seinen prächtigen Villen wohlhabender Bürger. Doch im Zuge des sozialen Wohnungsbaus entstehen hier immer mehr mo-

Bild linke Seite:
Ein Denkmal des Dominikanermönchs Pater Antón de Montesino, der als »Rufer in der Wüste« gegen die Ausrottung der Taíno-Indianer protestierte, steht am Hafeneingang, dort, wo der Río Ozama in die Karibische See mündet.

Vorhergehende Doppelseite:
Rohrzucker, Kaffee, Kakao, Tabak und Südfrüchte sind wichtige landwirtschaftliche Exportgüter der Dominikanischen Republik. Die roten Kaffeebohnen (links) werden nach der Ernte – wie hier in El Camito – getrocknet, Tabakblätter werden zu Zigarren verarbeitet (Bilder rechts).

Bilder rechte Seite:
Inmitten des Parque de la Independencia erhebt sich der Altar de la Patria, die Ruhestätte von Duarte, Sánchez und Mella. Im Innern des Altarmonuments werden am 26. Januar zu Ehren der Nationalhelden Kränze niedergelegt.

Bild unten:
Der monumentale Neubau der Staatsbibliothek soll 1992 eingeweiht werden.

derne Wohnblocks, deren Fassaden an die Bauten erinnern, die in den 60er Jahren in der Bundesrepublik errichtet wurden. Am Nordostende von Gazcue steht in unmittelbarer Nachbarschaft zu der gerade fertiggestellten, monumentalen Staatsbibliothek der Palacio Nacional, den Trujillo 1944 errichten ließ. In diesem neoklassizistischen Bau, der auf den ersten Blick wie eine verkleinerte Nachbildung des Washingtoner Kapitols erscheint, residieren der Präsident und seine Regierung.

Der Verkehr wird immer dichter, und es geht vorbei an Eselskarren, mit Früchten und Getränken beladenen Fahrrädern, liegengebliebenen Fahrzeugen, Passanten und Zeitungsjungen, Blumen- und Obstverkäufern, vorbei an roten Ampeln und hilflos mit den Armen rudernden Verkehrspolizisten, die unter ihren weißen, breitrandigen Helmen, die Trillerpfeife im Mund, das blecherne Hupkonzert in den überfüllten Kreuzungen dirigieren.

Im Zentrum angelangt, am Parque Independencia, wo der Kilometer Null mit einer in den Boden eingelassenen Windrose markiert ist, steige ich aus und gehe in den Park, dessen Schatten spendende Bäume zum Verweilen einladen. Inmitten des Parks erhebt sich der Altar de la Patria. Dieser Vaterlandsaltar ist von einem Wassergraben umgeben. Über dem von zwei Soldaten flankierten Eingang prangt das mit den Worten »Dios, Patria, Libertad« – »Gott, Vaterland, Freiheit« – beschriftete Staatswappen. Hier wurde 1844 die Republik von den Vätern der Unabhängigkeit, Juan Pablo Duarte, Francisco de Rosario Sánchez und Ramón Mella, ausgerufen. An diesem Tag hatten die Bewohner Santo Domingos die Festungsanlagen der Stadt gestürmt und unter der Führung von Mella und Sánchez die haitianische Besatzung vertrieben. Im Innern des von Trujillo erbauten Altarmonuments liegen unter einer Marmorplatte die Gebeine der drei Nationalhelden zu Füßen ihrer überlebensgroßen Statuen. Am 26. Januar pilgern alljährlich Tausende – nicht nur Schulklassen und Vertreter der Regierung – hierhin, um an den Geburtstag Juan Pablo Duartes zu erinnern.

Ich verlasse den Park durch die Puerta del Conde, einem Tor der ehemaligen Stadtmauer, die nach ihrem Erbauer, der zugleich

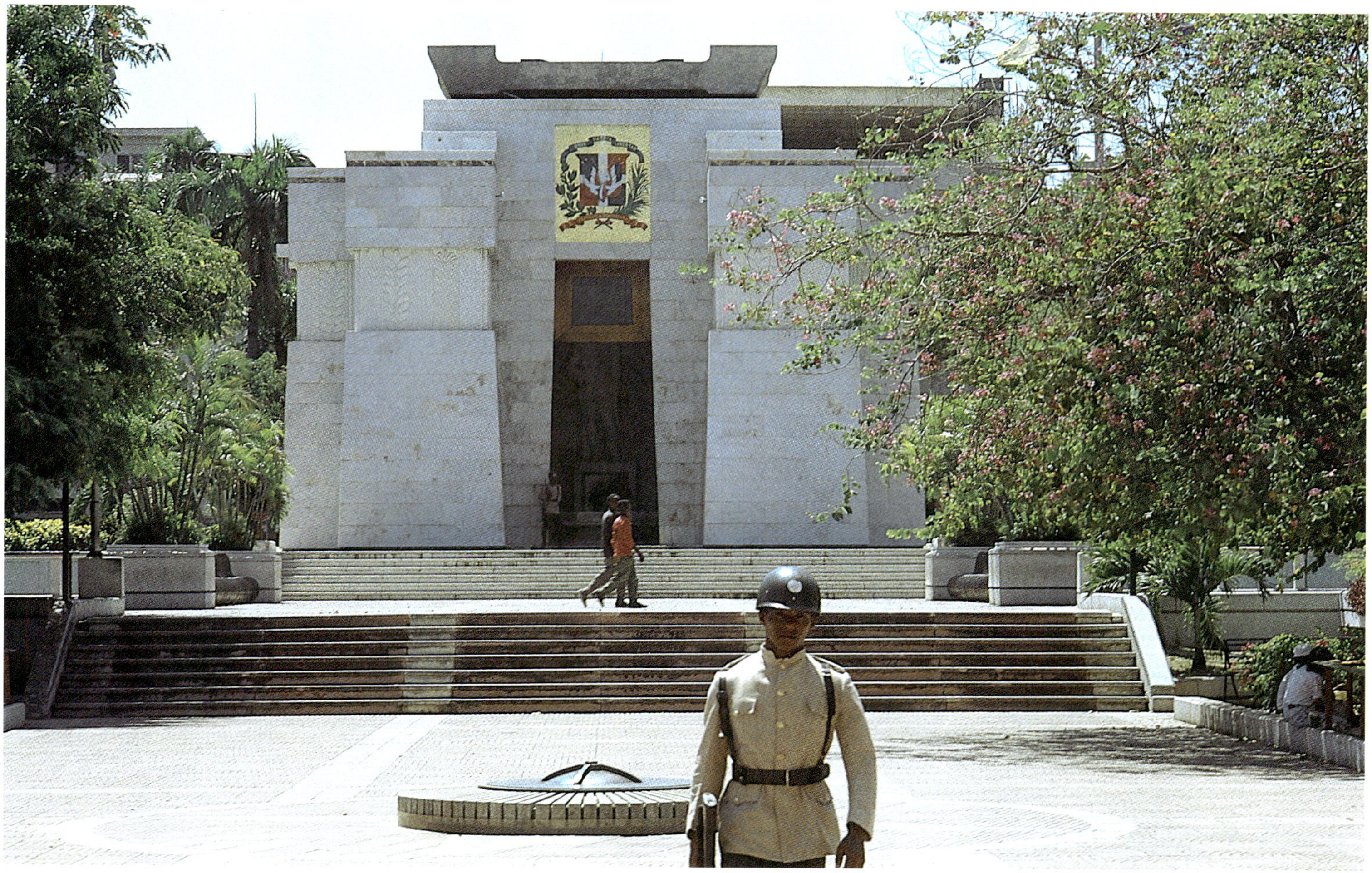

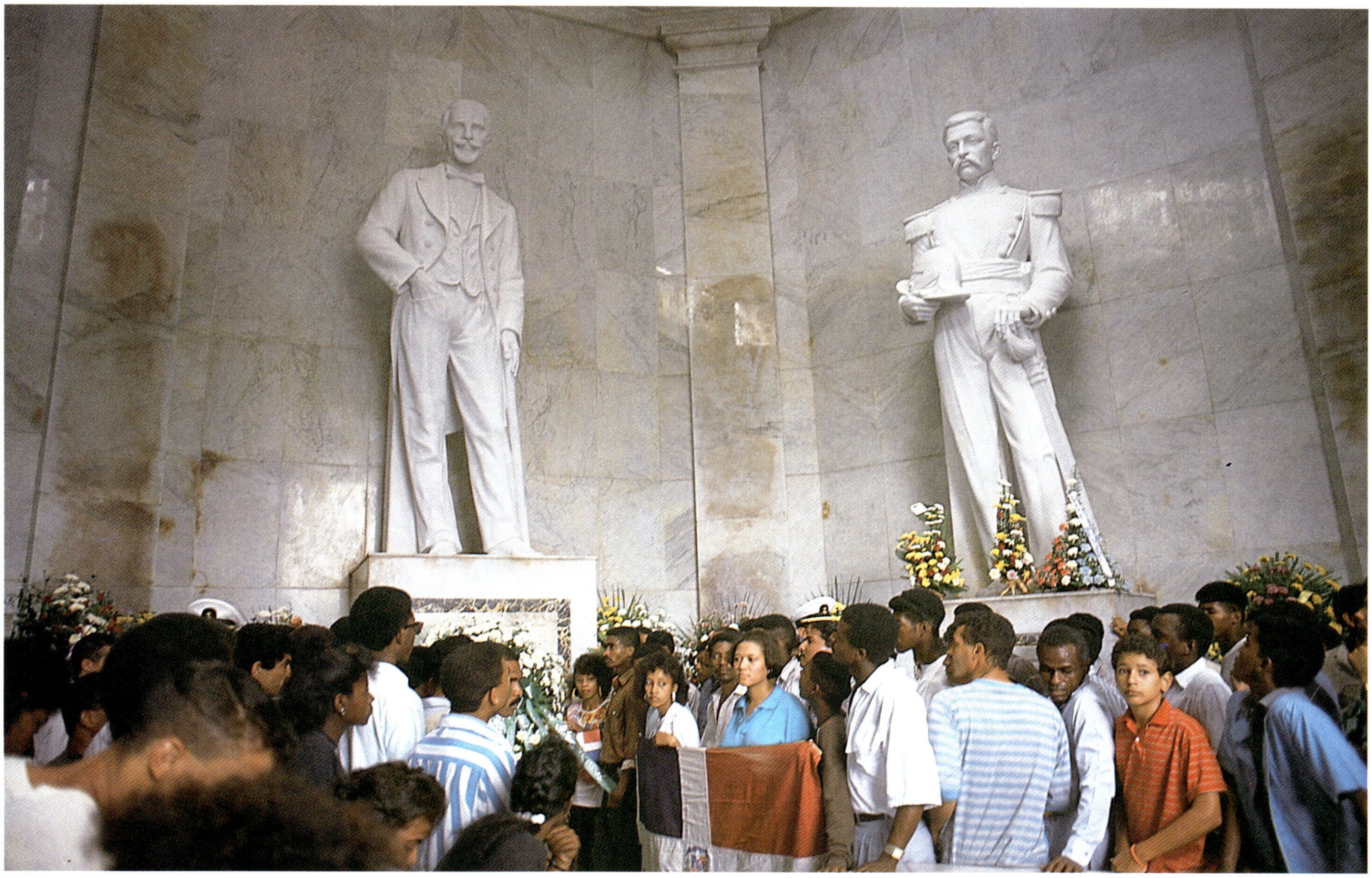

Bilder rechte Seite:
In der Avenida Mella (oben) herrscht reger Verkehr. Unzählige Händler verkaufen ihre Waren am Straßenrand, Schuhputzer (unten) bieten ihren Service an.

Gouverneur der Stadt war, benannt wurde, dem Conde de Penalva, der Santo Domingo im Jahr 1655 erfolgreich gegen die Engländer verteidigte. Daß ich mich in der historischen Altstadt befinde, erkennt man daran, daß die Regierung im Zuge der Restaurierungsarbeiten für die 500-Jahr-Feierlichkeiten 1992 den Platz in eine Großbaustelle verwandelt hat. Sie will die Grundfeste der alten Stadtmauer wieder freilegen, welche die Ver-

Ich arbeite mich durch den Verkehrsstrom in die keine hundert Meter entfernte Avenida Mella vor. Unzählige Leuchtreklamen säumen die schmale Straße, die ich im Slalom um Snackbuden und eingebrochene Kanaldeckel entlanggehe. Mit mehreren *colmados* (Supermärkten), Boutiquen, *joyerías* (Juweliergeschäften) und anderen Läden ist sie mit der Avenida Duarte und der Calle El Conde eine der Haupteinkaufsstraßen der Stadt. Am Straßenrand, eingehüllt in den blauen Nebel der im Stau kriechenden Autoschlange, stehen zahlreiche Stände. Hier werden Sonnenbrillen, Uhren und fritierter Käse angeboten. Besonderes Interesse genießen die Losverkäufer der staatlichen Lotterie. Lange und schmale Papierstreifen, blau und rot bedruckt mit endlosen Glücksnummern, finden reißenden Absatz.

Etwa in der Mitte der rund zwei Kilometer langen Straße führt neben einem großen Fotofachgeschäft eine breite Freitreppe hinauf in den Mercado Modelo, eine zweigeschossige Markthalle, um die sich der größte Obst- und Gemüsemarkt des Landes gruppiert.

Da es in diesem Moment wolkenbruchartig zu regnen beginnt, haste ich mit vielen anderen die Treppe hinauf und hinein in die Halle, in die kleine Bar direkt neben dem Eingang. Ich stelle mich an die Theke und beobachte den Barkeeper, der über die bereits naß gewordenen, hereinstolpernden Passanten lacht. Dann sorgt er sofort für Stimmung, dreht seine Stereoanlage auf, ehe er mir einen *Cuba libre* anbietet. Singend und tanzend mischt er meinen *trago*, einen Drink. Danach stellt er sich mit zwei Teelöffeln trommelnd hinter seiner Bar auf. Im Takt schlägt er sie gegen einen Glaskrug. Die ersten Jugendlichen beginnen trotz räumlicher Enge vor dem Tresen zu tanzen, und schon bald drehen sich fast alle im Takt des Merengue. Wie selbstverständlich reicht mir eine junge Frau die Hand zum Tanz und auch ich lasse mich von dem Merengue-Fieber anstecken.

Durch das Stadttor Puerta del Conde blickt man aus dem Parque Independencia auf die fast zwei Kilometer lange Calle del Conde.

Nachfolgende Doppelseite: Dieser Friseursalon liegt in der Altstadt Santo Domingos.

gangenheit anschaulich dokumentiert. Zahlreiche Gebäude, die nach der Zerstörung der Stadt durch Hurrikans, Kriege und Piraterie gebaut wurden, fallen den Restaurierungsarbeiten zum Opfer. Das gilt auch für die Stammplätze einiger Schuhputzer, die seit Jahren neben der Puerta del Conde mit Zahnbürsten und bunten Tüchern die staubigen Schuhe der Passanten wieder auf Hochglanz bringen.

Nach dieser unterhaltsamen Tanzeinlage bummle ich durch die Halle, in der mit Bildern haitianischer Künstler und mit Holzarbeiten aus *caoba* (Mahagoni), mit Schmuck, Leder- und Töpferwaren rege gehandelt wird. Auf der langen Suche nach Werken dominikanischer Künstler finde ich schließlich ein Gemälde, auf dem eine *finca*, ein von Sträuchern und Affenbrotbäumen umgebe-

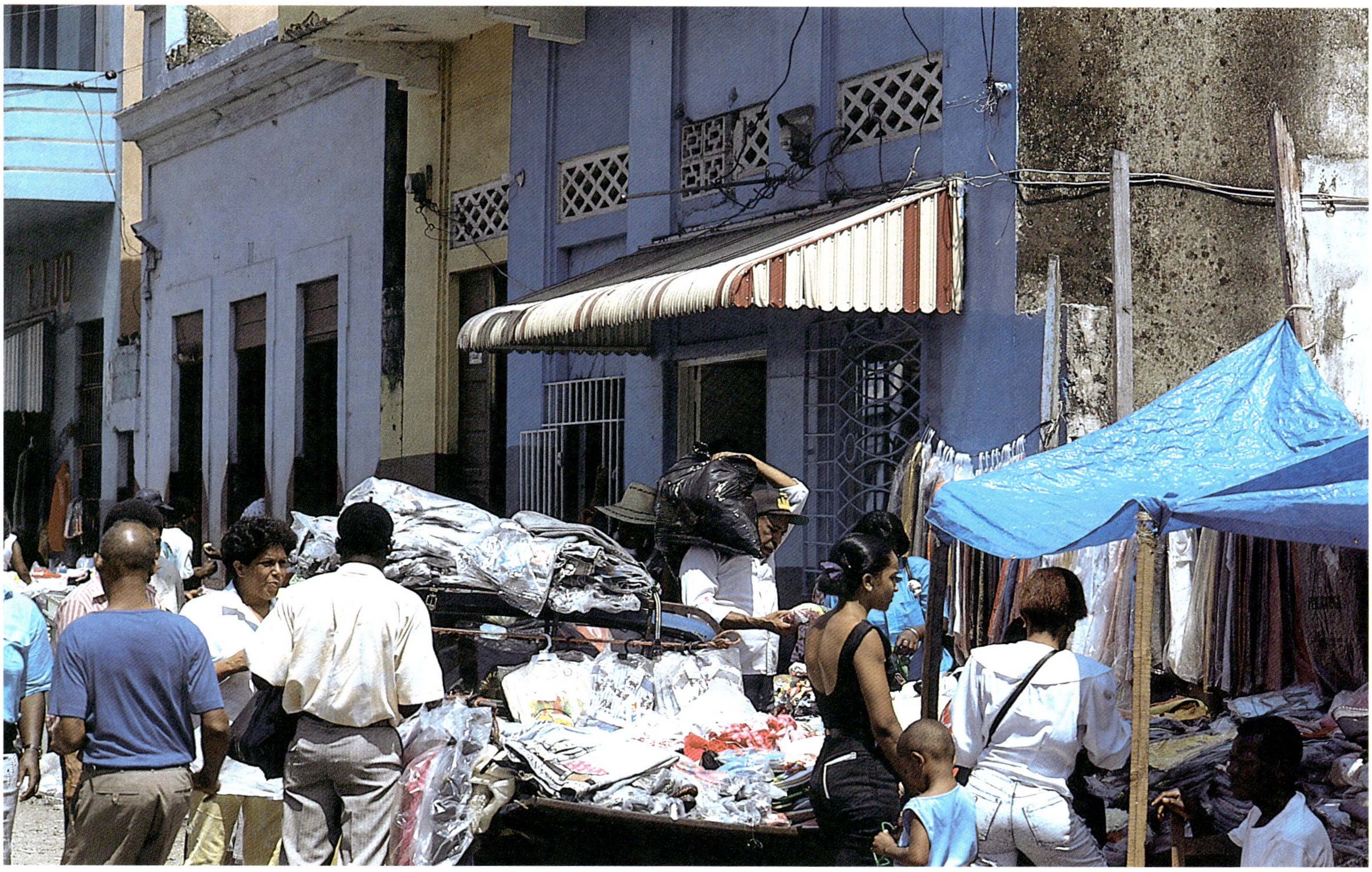

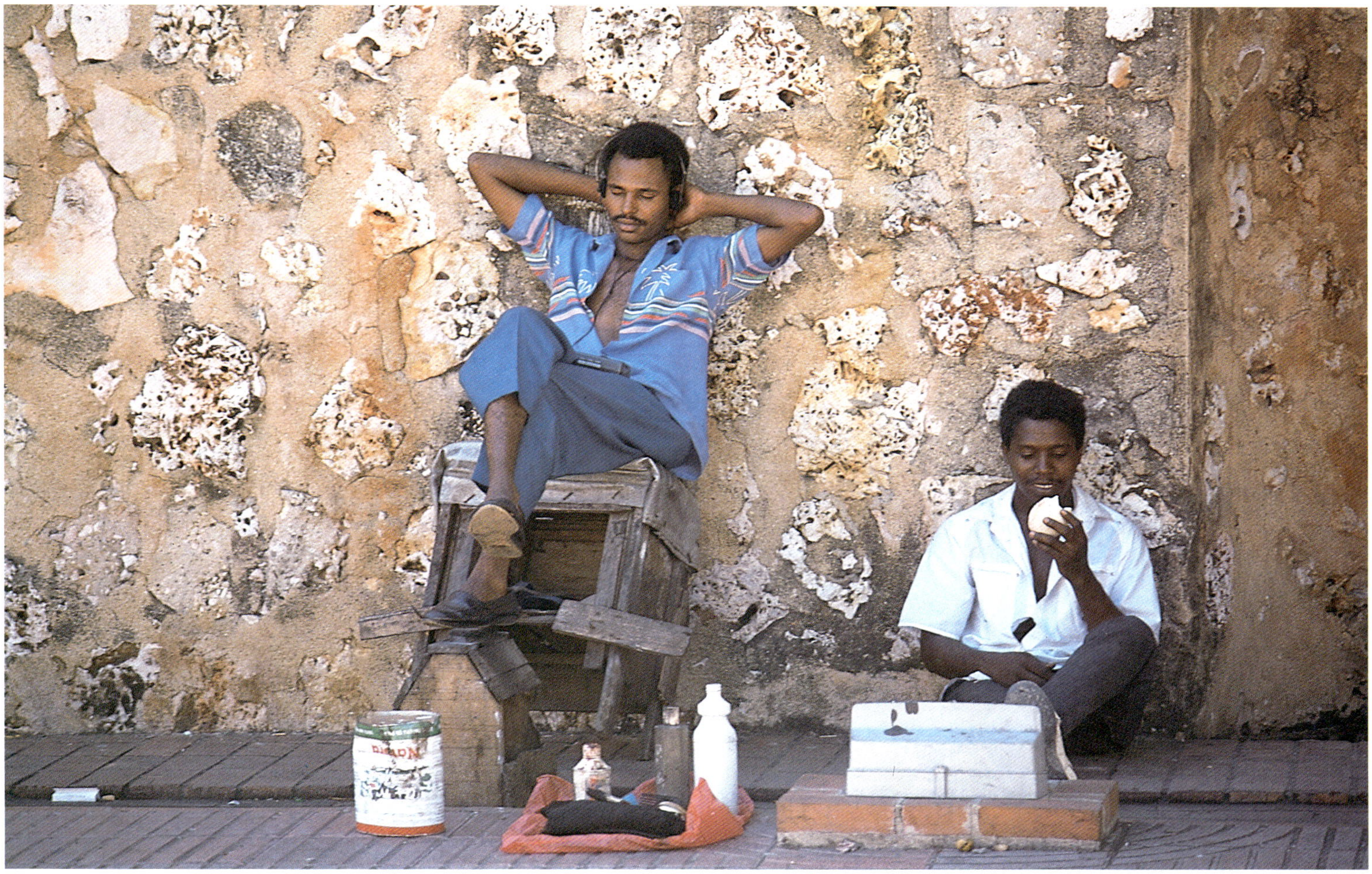

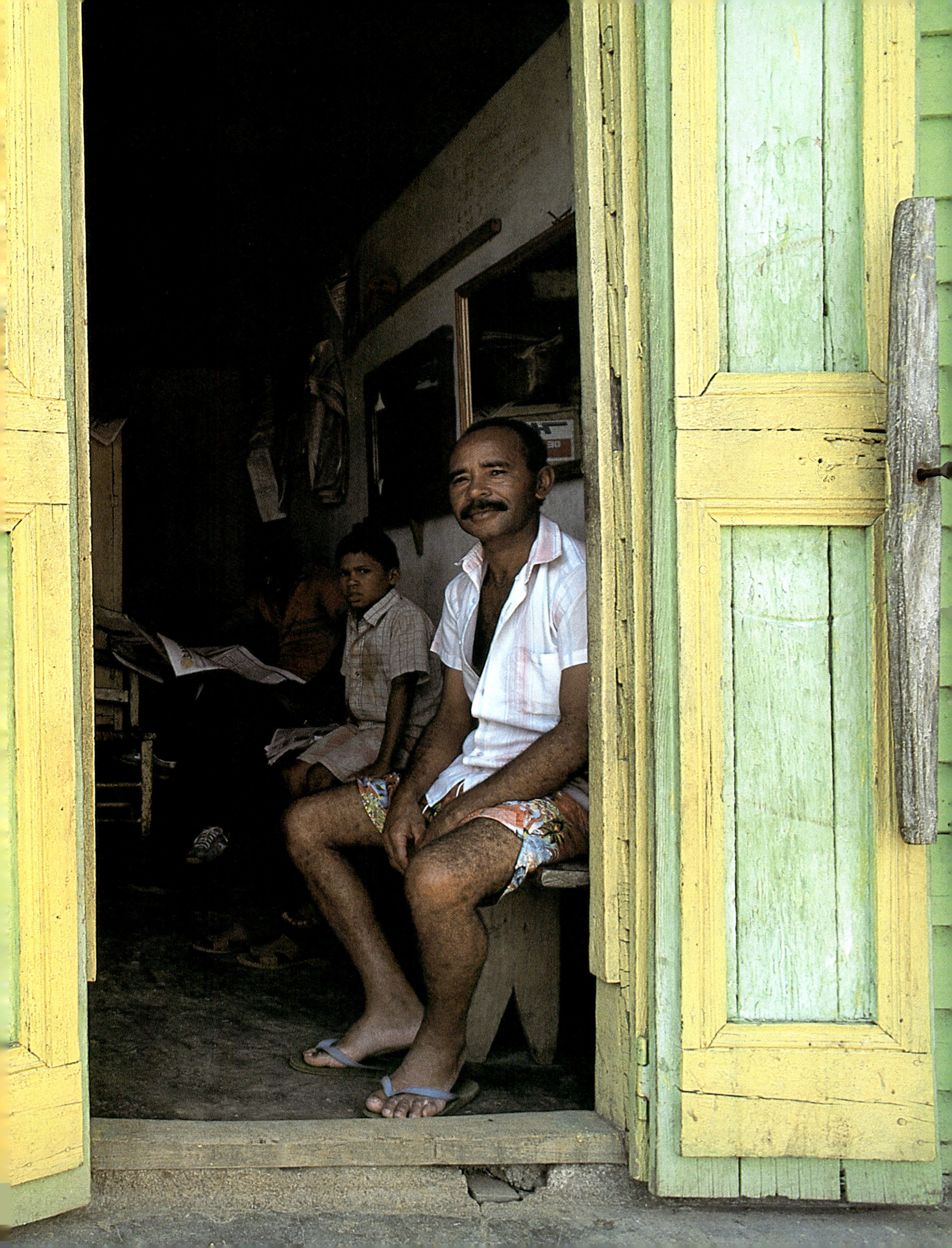

Im Mercado Modelo, einer zweigeschossigen Markthalle in der Avenida Mella, werden Andenken, Früchte, Gewürze und Artikel des täglichen Bedarfs angeboten.

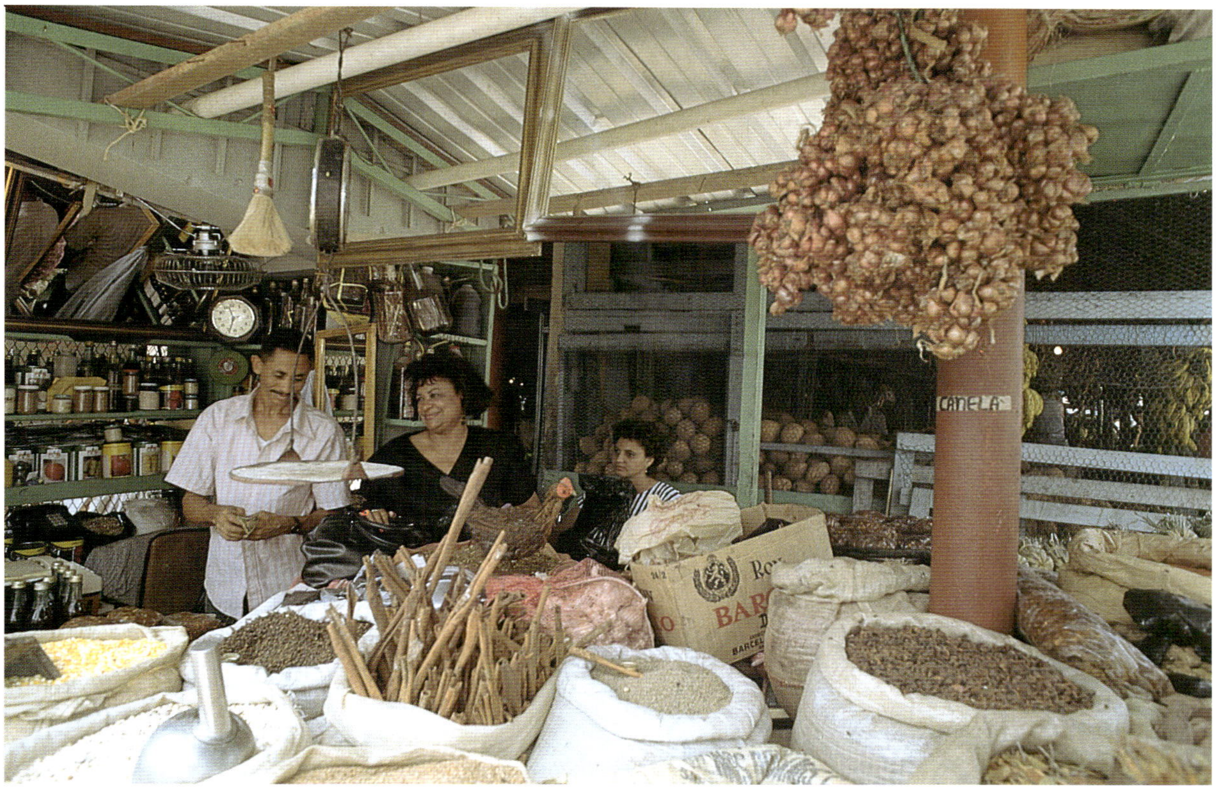
CANELA

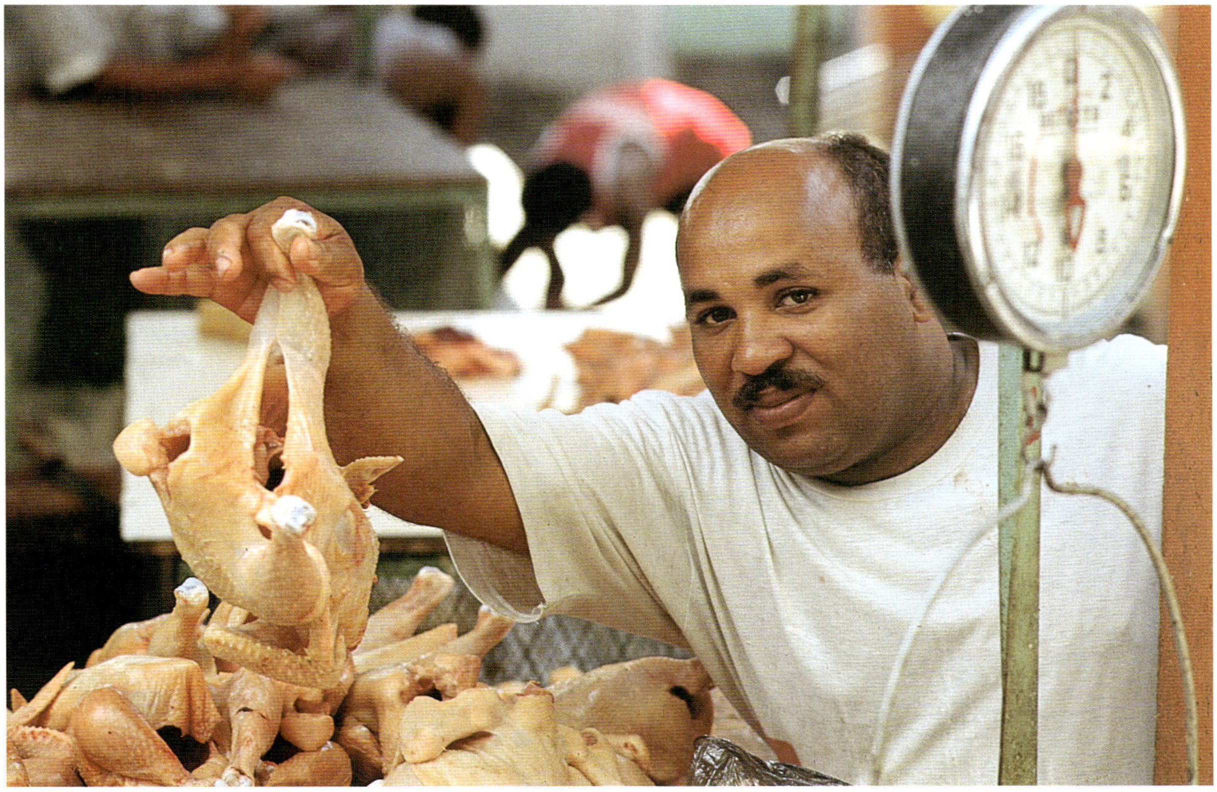

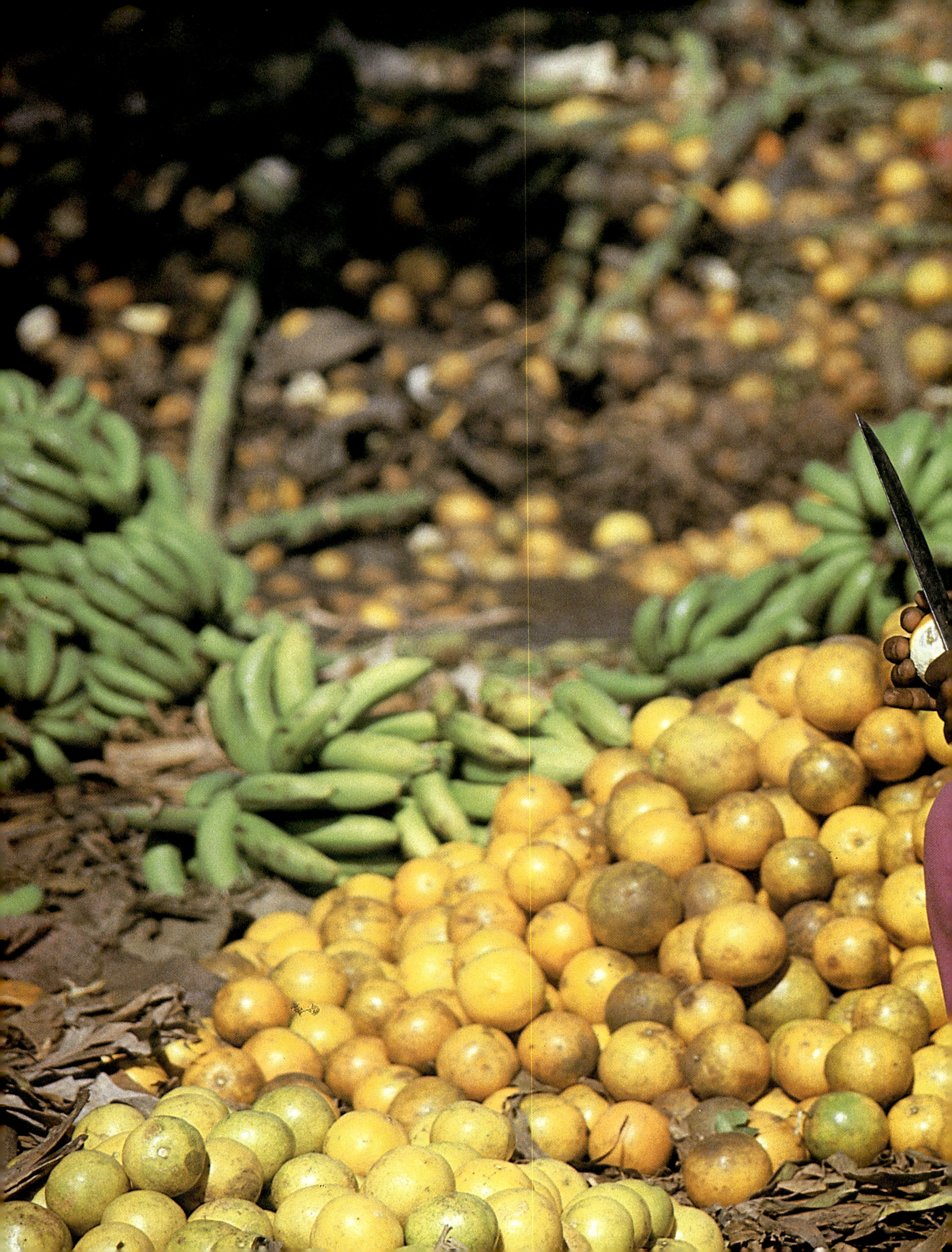

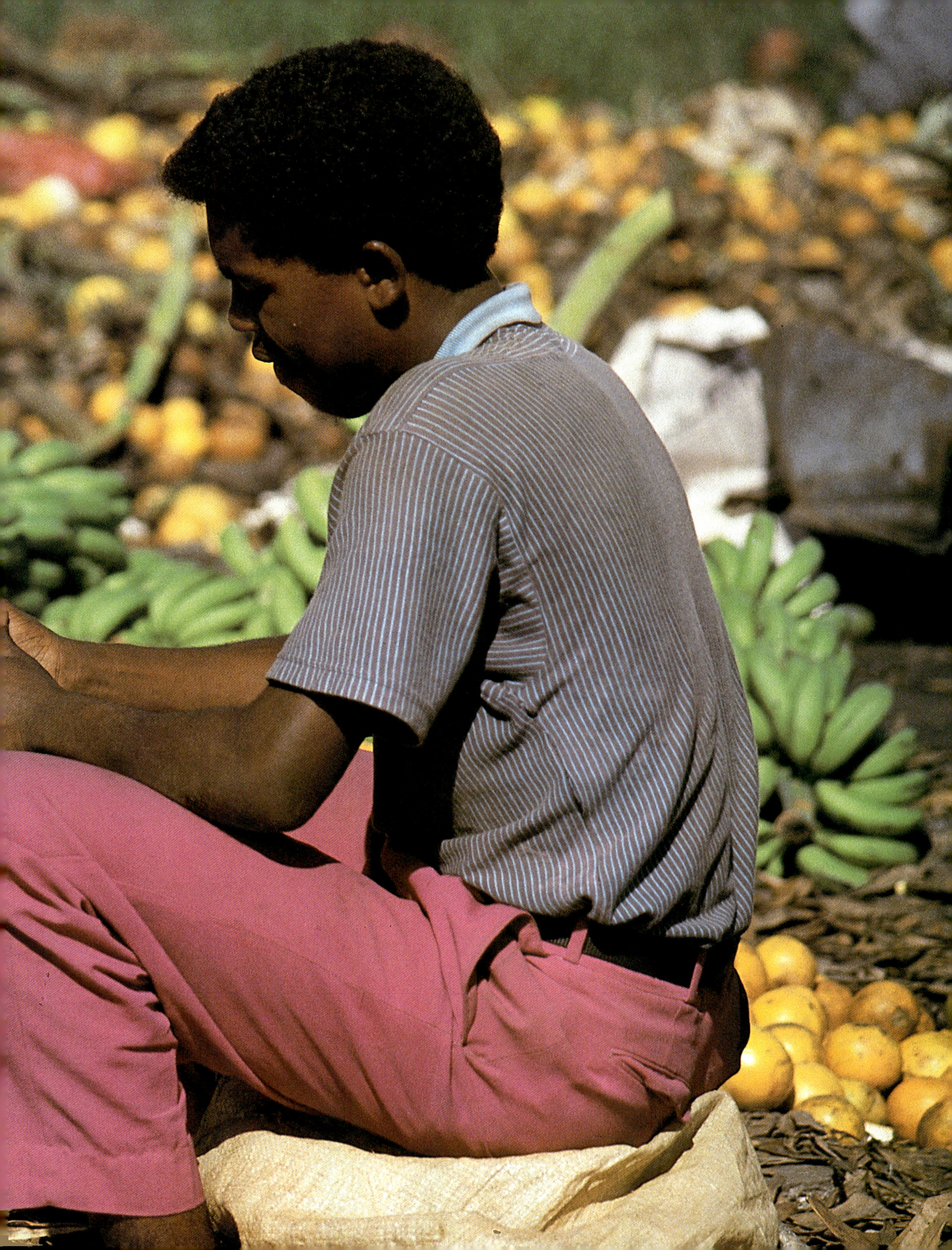

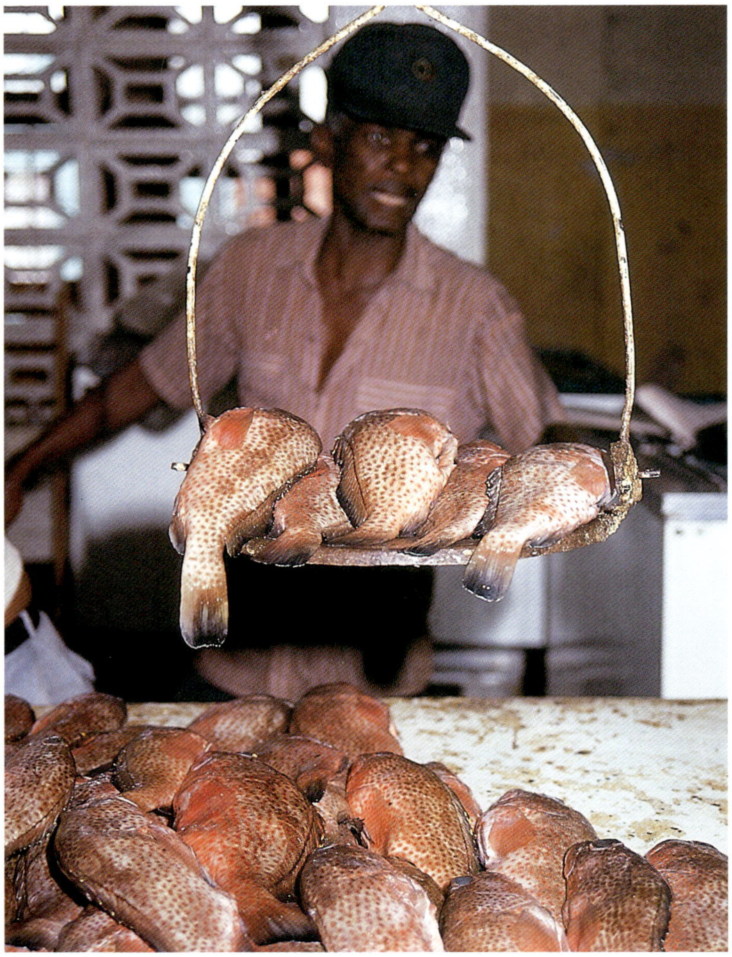

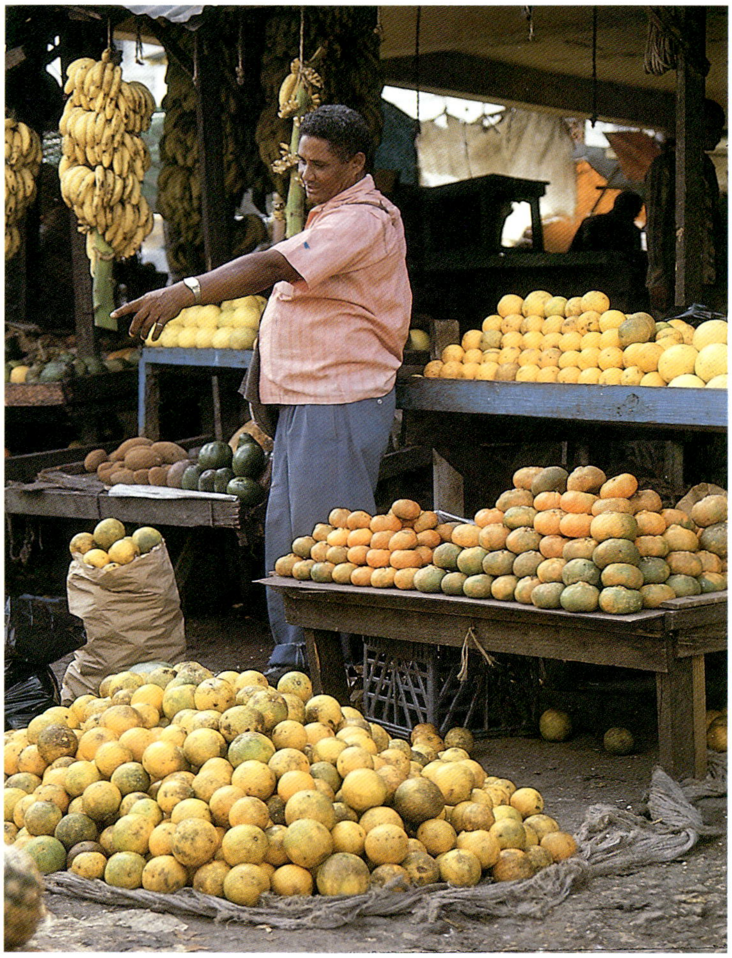

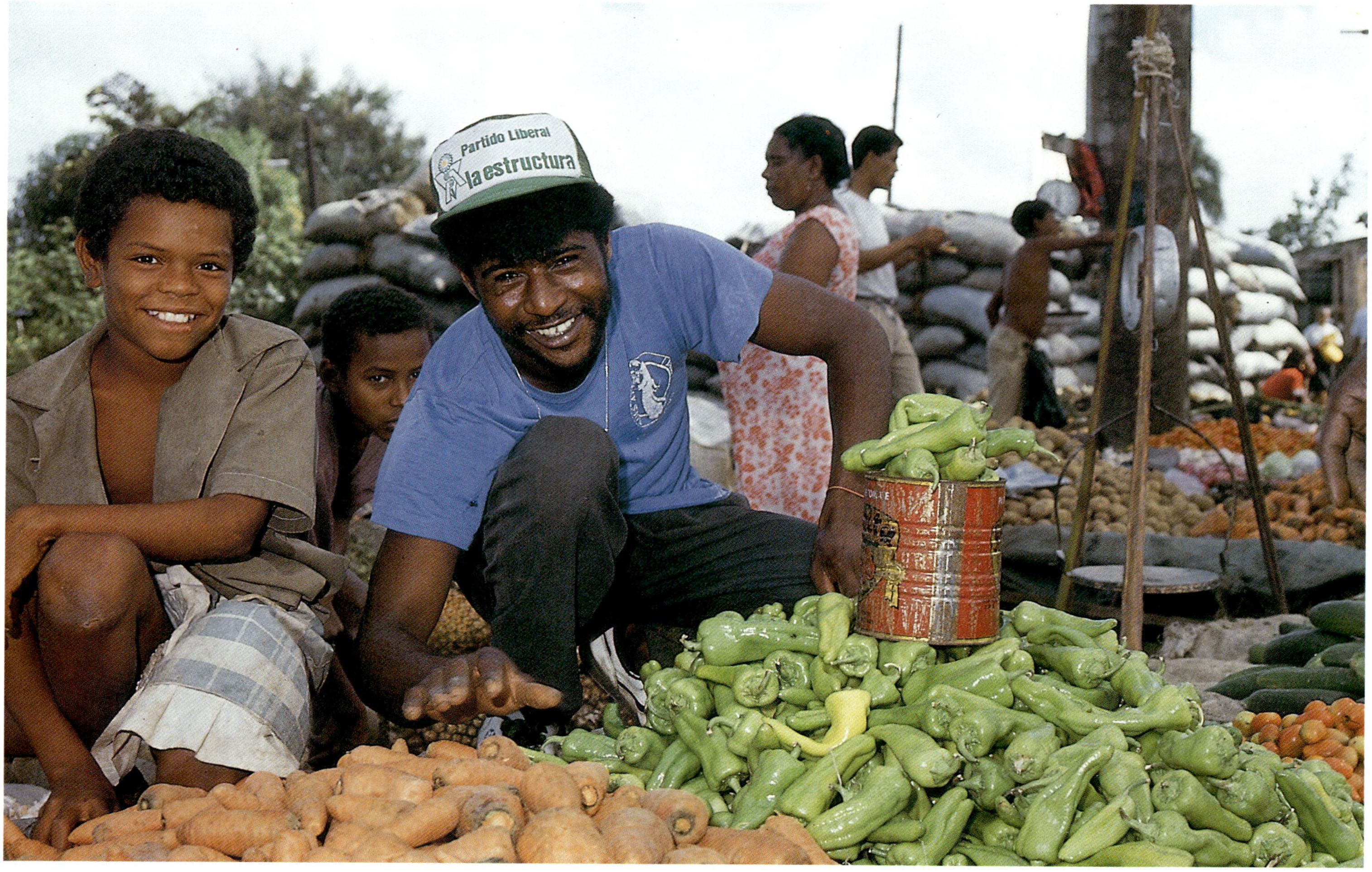
Partido Liberal
la estructura

nes Landhaus zu sehen ist. Nach minutenlangem, zähem Handeln, ein übliches Ritual, bezahle ich zwei Drittel des zuerst genannten Preises.

Die Sonne scheint wieder, und ich gehe hinaus auf den Obst- und Gemüsemarkt. Da erheben sich Berge von Limonen und *toronjas* (Grapefruits) neben *piñas* (Ananas) und *plátanos,* das sind kartoffelartig schmeckende Kochbananen. Ein junger Dominikaner hockt inmitten dieser Früchte und schält sich genüßlich eine Apfelsine. Auch die begehrten Yucca-Wurzeln und herrlich rotleuchtende Tomaten werden mir angeboten. Zwischen zwei hängenden Stauden reifer, gelber Bananen steht ein kleiner, älterer Bauer und reicht mir eine aufgeschnittene Zitrusfrucht als Kostprobe. Die Schale riecht nach Zitrone, aber der Geschmack erinnert an eine Orange. Von dieser Frucht – sie nennt sich *limon dulce,* süße Zitrone – kaufe ich ein Pfund und gehe weiter.

Säckeweise türmen sich die verschiedensten Gewürze und Bohnen, darunter auch die *habichuelas,* dunkle, fast schwarze Bohnen, die zu jedem dominikanischen Essen in *moro,* einer roten Soße mit reichlich Knoblauch und Zwiebeln, serviert werden. Plötzlich hält mir ein Händler eine armdicke, weiße Stange entgegen und läßt mich ein Stück dieser Delikatesse – es ist ein Palmenherz – kosten. Wie mir der Händler stolz erzählt, kommt der Chefkoch eines großen Hotels aus Miami regelmäßig hierher, um bei ihm die Palmenherzen für seinen Salat zu kaufen. Schließlich finde ich auch eine reichhaltige Auswahl an Fisch und Frischfleisch vor. An vielen Ständen werden geschlachtete Hühner angeboten, aber auch Rind- und Ziegenfleisch kann man hier erwerben. Allerdings wird das Fleisch nicht immer in der für Mitteleuropäer gewohnt appetitlichen Form ausgelegt. Dennoch genügt es auch höchsten Qualitätsansprüchen, da es völlig unbehandelt ist.

Hinweg über weggeworfene Obstschalen und schadhaftes Obst, das im Rinnstein liegt und von herumstreunenden Hunden verwertet wird, gehe ich in die historische Altstadt, die Zona Colonial. Ich verlasse die Avenida Mella und gelange über eine Querstraße in die Calle El Conde, die älteste und traditionsreichste Einkaufsstraße für den gehobenen Anspruch. Sieht man von einigen Fassaden ab, die restauriert werden müßten, so könnte man fast den Eindruck gewinnen, durch die Fußgängerzone einer Großstadt im Süden Europas zu laufen. Während ich die frisch gepflasterte und mit großzügigen Schaufenstern vieler Schuh- und Bekleidungsläden gesäumte Straße entlanggehe, fliegen mir wiederholt die Worte »*Change money*« oder »*Dollars*« leise zu. Doch von den Offerten dieser Taschenspieler und Trickdiebe ist dringend abzuraten, da das Schwarztauschen von Devisen mit Gefängnisstrafe geahndet wird.

Im Parque Colón stehe ich nun vor der stattlichen, im April 1991 restaurierten Bronzestatue von Christoph Kolumbus, der seinen ausgestreckten Arm auf das nordamerikanische Festland richtet. Dahinter erhebt sich die Kathedrale Santa María la Menor, die älteste Kirche der Neuen Welt, die zwischen 1521 und 1540 von Luis de Moya und Rodrigo de Liendo gebaut wurde. Ihr gedrungener Bau erinnert an eine Festung, die Hurrikans standhält. Sie wurde vorwiegend im spätgotischen Stil erbaut; doch auch

Bilder linke Seite:
Obst und Gemüse, Fisch und Fleisch: Auf dem Markt ist alles zu bekommen. Butt (links oben) kann, anders als andere Meeresfrüchte der Region, das ganze Jahr über gefahrlos genossen werden, da er sich nicht von giftigen Meeralgen ernährt.

Im Parque Colón steht eine Bronzestatue Christoph Kolumbus'. Hinter der Skulptur erhebt sich die Kathedrale Santa María la Menor.

Vorhergehende Doppelseite:
Ein Obsthändler erfrischt sich in der Mittagshitze.

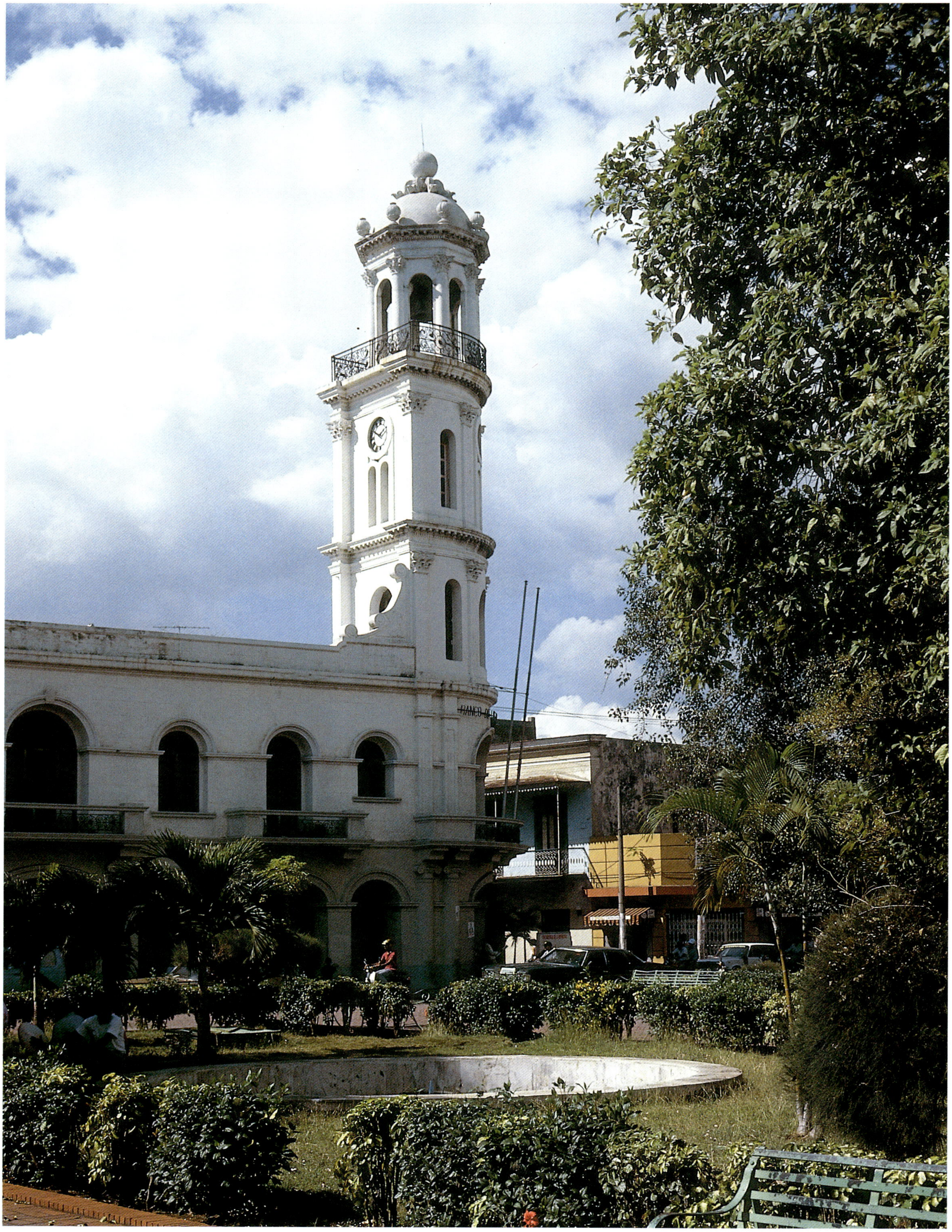

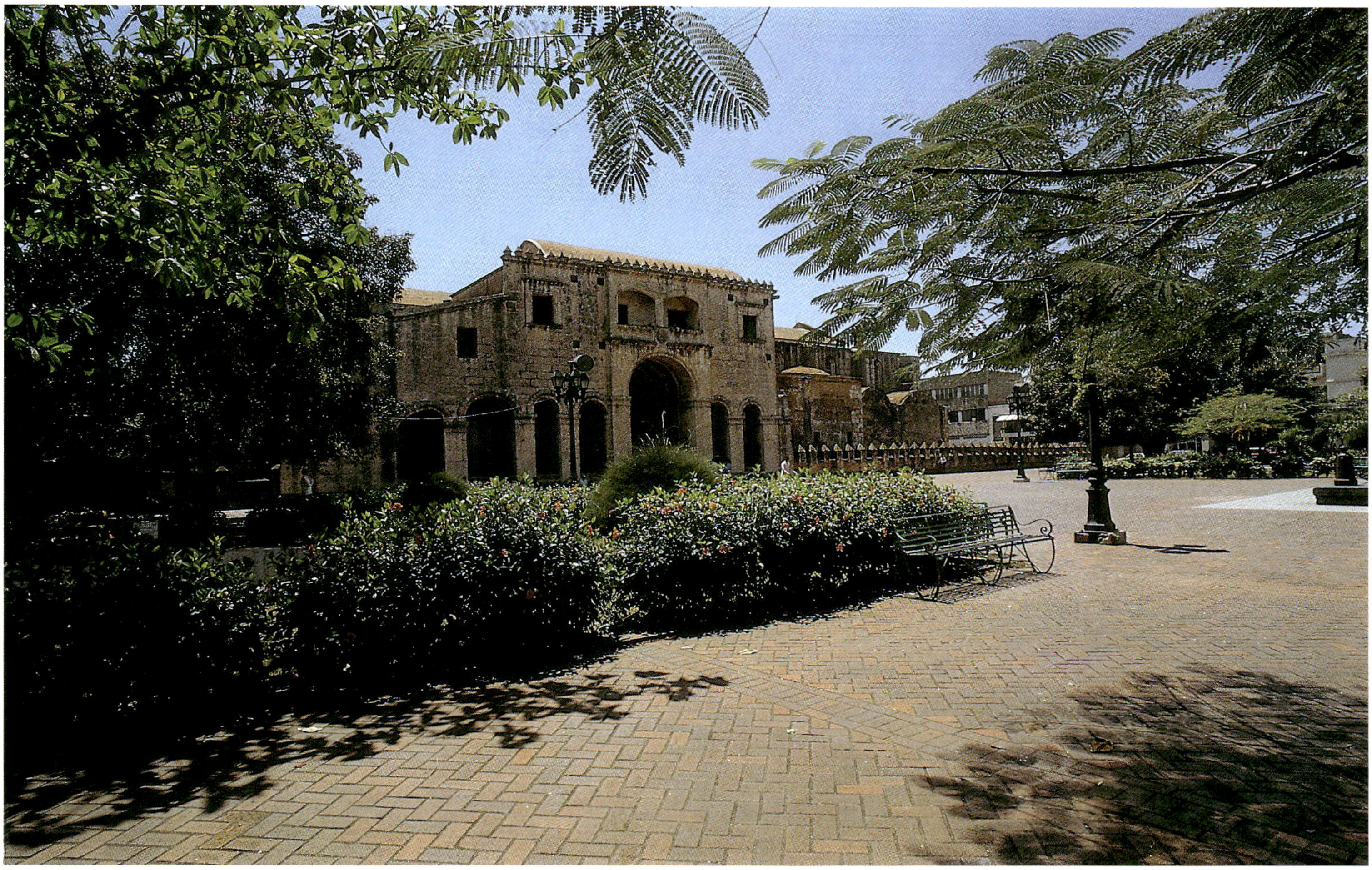

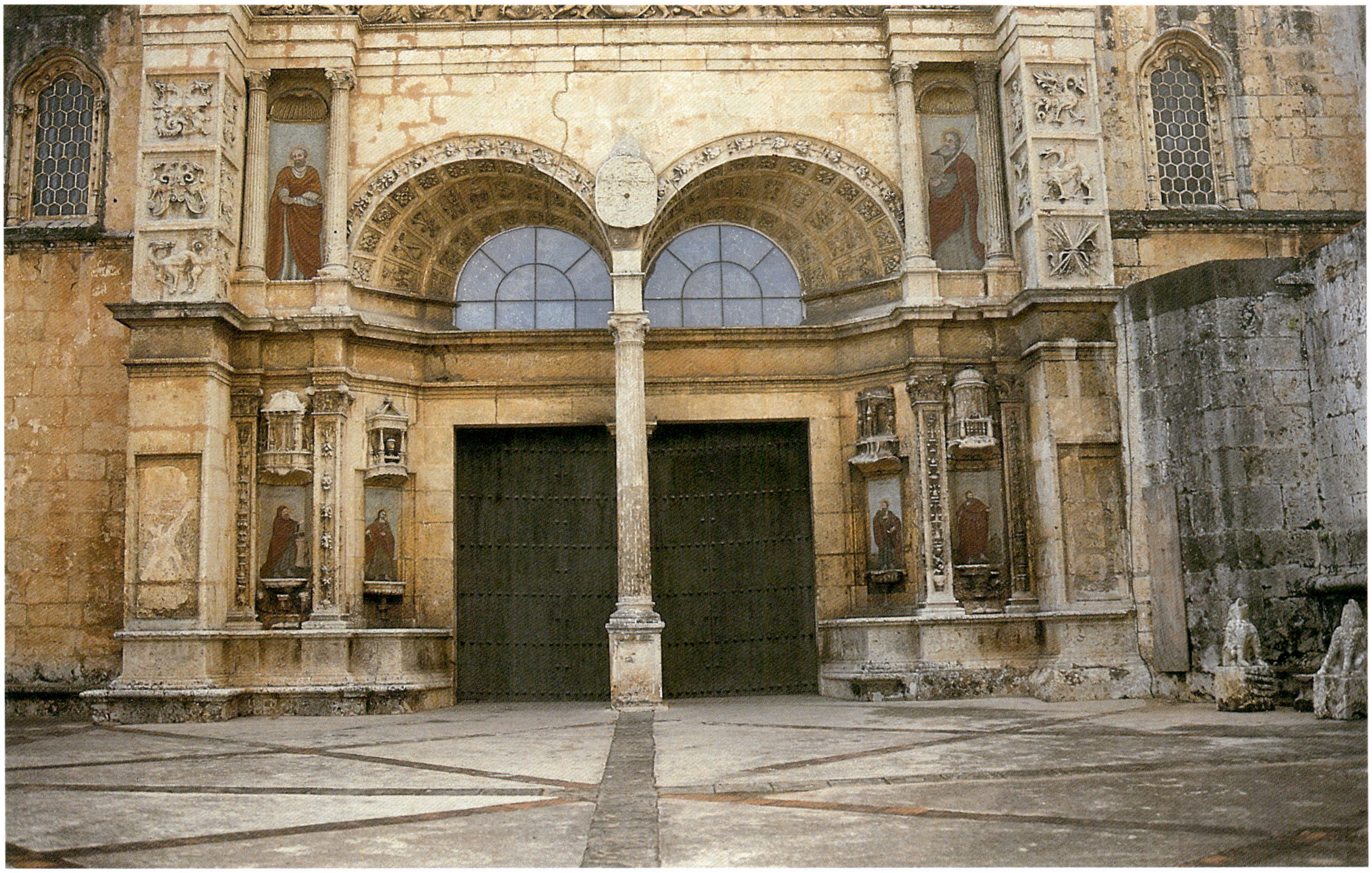

Bilder rechte Seite:
Auf dem großen Platz innerhalb des Omaza-Forts, der nach Gonzalo Fernández de Oviedo benannt wurde (oben), befindet sich die gigantische Statue des ersten Chronisten des Landes. Er wurde in dem Turm der Festung, dem Torre de Homenaje, gefangengehalten. Der Palacio Nacional (unten) ist Sitz des Präsidenten der Dominikanischen Republik.

Vorhergehende Doppelseite:
Dort, wo die Calle El Conde in den Parque Colón mündet, steht der Turm des ehemaligen Rathauses El Vivaque (links). In der Kathedrale Santa María la Menor (rechts) fand man 1877 eine Urne mit der Aufschrift »*Illustre y estimado varón don Cristóbal Colón*«. Hier wurde Christoph Kolumbus vermutlich beigesetzt.

maurischer Einfluß ist erkennbar. Im Inneren des 50 Meter langen Kirchenschiffs, das aus drei Hauptflügeln besteht, bewundere ich die ausgeglichene räumliche Struktur im Stil der isabellinischen Spätgotik. Im Westteil des Hauptschiffes vermisse ich das im neugotischen Stil aus weißem Marmor erbaute Kolumbus-Grabmal, das ich vor einigen Jahren noch hier vorfand. Auf meine Frage nach dem Verbleib des Grabmals werde ich über das Schicksal der letzten Ruhestätte des Weltenfahrers aufgeklärt: Ursprünglich war Christoph Kolumbus im spanischen Valladolid beerdigt worden, dort, wo er 1506 in ärmlichen Verhältnissen starb. In seinem Testament verpflichtete er seinen Sohn Diego, ihm auf der Insel Hispaniola eine Kapelle zu erbauen. Seinen letzten Wunsch konnte ihm jedoch erst Maria de Toledo, die Witwe seines Sohnes, erfüllen, die 1539 vom spanischen Königshof die Überführung seiner Gebeine nach Santo Domingo erbeten hatte. Als Francis Drake 1586 die Stadt plünderte, wurde die Grabstätte von Mönchen unkenntlich gemacht. Nachdem Spanien 1795 den Osten der Insel an Frankreich abtreten mußte, brachte eine spanische Kommission einen Sarg aus der Familiengruft nach Havanna. Und als Kuba 1898 unabhängig wurde, überführte man ihn nach Spanien, wo er in Sevilla beigesetzt wurde. Allerdings fand man 1877 bei Renovierungsarbeiten in der Kathedrale von Santo Domingo einen Sarkophag mit der Inschrift »*Illustre y estimado varón Don Cristóbal Colón*«, der »berühmte und hochgeschätzte Mann Don Cristóbal Colón«. Der Fund läßt darauf schließen, daß die über Havanna nach Sevilla transportierte Urne eben nicht jene von Christoph Kolumbus, sondern die seines Enkels Luíz Colón war. Folglich haben die Gebeine von Christoph Kolumbus wahrscheinlich seit 1539 in der Kathedrale von Santo Domingo geruht. Im März 1991 hat die dominikanische Regierung den reichhaltig verzierten, eisernen Sarkophag und das monumentale Marmor-Grabmal in die neu errichtete Kolumbus-Gedenkstätte Faro a Colón überführt. Der gigantische und Millionen verschlingende Kreuzbau erhebt sich weithin sichtbar im Ostteil der Stadt. 1992, mit Beginn der 500-Jahr-Feierlichkeiten, wird dieser repräsentative Bau den Plänen nach fertiggestellt sein und den nächtlichen Himmel mit einem roten Laserkreuz erhellen.

Nur fünf Minuten von der Kathedrale entfernt erreiche ich das Fortaleza Ozama am westlichen Ufer des Río Ozama, der hier in die Karibische See mündet. An der Festungsmauer entlang gehe ich über die Calle las Damas, die älteste Straße Amerikas, und betrete durch das große Portal den Innenhof des Ozama-Forts. Links fällt die gigantische, fast abstrakt wirkende schwarze Statue von Gonzalo Fernández de Oviedo ins Auge. Er war einer der ersten Chronisten des Landes. 1520 schrieb er sein berühmtes Werk »*Historia General y Natural de las Indias*«. Als Gefangener lebte de Oviedo einige Jahre in dem Torre de Homenaje, dem Huldigungsturm, der sich 18 Meter hoch im Innenhof erhebt und um 1503 von dem damaligen Gouverneur Nicolás Ovando erbaut wurde. Ein Jahr zuvor hatte Ovando hier den Grundstein der Stadt gelegt, nachdem ein Hurrikan die Holzbauten der ersten Siedlung am Ostufer des Río Ozama zerstört hatte. Der von dem Architekten Rodrigo de Liendo entworfene Huldigungsturm wurde von den ersten Sklaven, spanischen Strafgefangenen, errichtet und schon bald als Gefängnis mißbraucht. Bereits 1520 wurde Diego Colón hier festgehalten, ehe er nach Spanien deportiert wurde; später wurde dieser Ort zur Folterung von Sklaven und Revolutionären genutzt. Während der amerikanischen Besatzung diente der Turm als Militärstation und Gefängnis. Trujillo sicherte sich 1930 durch die Besetzung dieser strategisch bedeutsamen Befestigungsanlage die Herrschaft über die Stadt. Heute kann man die Treppen durch den Festungsbau hinaufgehen und von der Aussichtsplattform des Turmes aus einen Rundblick über die Altstadt und den Hafen genießen. Im Innenhof der Festung finden Open-Air-Konzerte und Flohmärkte statt.

Die Nordseite des Innenhofes ist durch den palastartigen Bau der Casa Bastidas begrenzt, einem Gebäude, das in der Zeit der Konquistadoren von einer der reichsten Familien bewohnt wurde. Heute beherbergt es ein Keramikmuseum. Außerdem werden hier ständig wechselnde Kunstausstellungen gezeigt.

Als ich anschließend die Calle las Damas, Santo Domingos älteste Straße, zwischen den meist gut erhaltenen Kolonialbauten entlanggehe, fühle ich mich in die Vergangenheit versetzt. Die einstmals prächtigen

45

Der Alcázar de Colón, der Kolumbus-Palast, war einst die Residenz des spanischen Vizekönigs Diego Colón, dem Sohn von Christoph Kolumbus.

Kolonialgebäude sind längst von einem staubigen Grauschleier überzogen, den die wechselvolle Geschichte, aber auch Witterungseinflüsse hinterlassen haben.

Nun stehe ich vor der grauen Fassade des Panteón Nacional, nur einen Steinwurf von der Casa Bastidas in der Calle las Damas entfernt. Diese von 1714 bis 1745 im Barockstil erbaute Jesuitenkirche diente bereits 1767, nach der Vertreibung der Ordensbrüder, als Theater. Um die ursprüngliche Funktion der Kirche für sich zu nutzen, ließ Trujillo 1955 den Innenraum zu einer nationalen Ruhmeshalle umgestalten, in der er selbst beigesetzt werden wollte. Staatsmänner, Gelehrte und Künstler haben hier ihre letzte Ruhestätte gefunden. Nicht nur der Altar am Kopfende der Halle, zu dessen beiden Seiten Gedenktafeln aus grauem Marmor in die Wände eingelassen sind, zieht die Blicke der Besucher an, sondern auch ein riesiger Kronleuchter in der Kuppel des Raumes – ein Geschenk General Francos an Trujillo. Aber auch die Spuren eines dritten Diktators werden aufmerksamen Besuchern auffallen: Im Hakenkreuzmuster geschmiedete Eisengitter dienen als Balustrade. Wie der kundige Fremdenführer behauptet, hat Trujillo sie zur Vorbereitung eines Besuches Hitlers einbauen lassen – doch es ist nie zu einer Begegnung der beiden gekommen.

Ich verlasse die kühle, dunkle Halle und gehe in Richtung des prunkvollsten Altstadtgebäudes, dessen beeindruckende Arkaden-Fassade im warmen Licht der tiefstehenden Abendsonne leuchtet: das Alcázar de Colón, der Kolumbus-Palast. Das aus Korallen-Kalkstein gebaute, 1510 fertiggestellte Gebäude, das Elemente der spanischen Renaissance mit maurischen vereint, diente dem spanischen Vizekönig Diego Colón als Residenz. Nachdem die Familie Diego Colóns verstorben war, verwahrloste das Gebäude zunehmend, bis es 1957 im Auftrag Trujillos restauriert und der Öffentlichkeit als Museum übergeben wurde. Die einzelnen Räume sind mit wertvollen Antiquitäten und Einrichtungen aus dem 16. Jahrhundert ausgestattet: Rekonstruierte Zimmer dokumentieren, wie die Konquistadoren einst lebten.

Von dem offenen Bogengang im Obergeschoß blickt man über den neu gestalteten Plaza de España auf die Casa de los Capitanes, auch Museo de las Casas Reales genannt. In dem zwischen 1509 und 1528 errichteten Bau befinden sich der Audienz- und Gerichtssaal der Stadt. Eine Ausstellung macht die Eroberungsfahrten Christoph Kolumbus' anhand kleiner Schiffsmodelle und historischer Karten anschaulich.

Auf der Rückseite des Alcázar erstreckt sich der Blick über den Río Ozama und das Hafengelände. An den Flußufern versinken in die hereinbrechende Dunkelheit Holz- und Wellblechhütten, in denen viele Menschen dieser Stadt leben.

Während ich über den völlig neugestalteten, riesigen Vorplatz des Alcázar spaziere, wird mir erneut klar, mit welcher Geschwindigkeit die Nacht in diesen Breitengraden heraufzieht. Ein kleiner, etwa achtjähriger Junge springt mir entgegen und schwenkt eine alte Blechdose. Er bietet geröstete, eigenhändig in Papier gewickelte Erdnüsse an, warmgehalten von einigen glühenden Kohlen, die in einer kleineren Blechdose geschickt an den Boden der größeren montiert sind.

Auf der Nordseite der Plaza de España liegt das Schiffzeughaus La Atarazana, das heute als Kunstgalerie und Souvenirladen dient. Hier gibt es auch ein Restaurant, in dem ich mit einem Redakteur und zwei Studentinnen ins Gespräch komme. Wir verabreden uns für den späteren Abend, nicht ohne unsere Visitenkarten ausgetauscht zu haben – ein hier nicht wegzudenkender Brauch.

Vom Hunger getrieben gehe ich nun in Richtung Malecón. An diesem über zehn Kilometer langen Boulevard befinden sich zahlreiche Straßencafés, luxuriöse Hotels, Diskotheken und auserwählt gute Restaurants. Gestärkt durch ein Abendessen in dem hier eher unscheinbaren Chalet Suizo tauche ich in das bunte Nachtleben der Stadt.

Es ist Freitagabend, und zu beiden Seiten des vierspurigen Boulevards reiht sich Auto an Auto. Der Verkehr kommt allmählich zum Erliegen, das Gedränge in der Menschenmenge wird immer dichter. Von allen Seiten erschallt Musik, dröhnen aus überlasteten Autoboxen die Klänge des Lambada, Salsa und vor allem des Merengue. Ich stehe unmittelbar neben der geöffneten Heckklappe eines Kleinwagens, dessen Kofferraum zu einer überdimensionalen Box umgebaut ist.

Nachfolgende Doppelseite: La Atarazana, das ehemalige Schiffszeughaus (links oben), gehört zu den besterhaltenen Bauwerken aus der Kolonialzeit. Am Malecón, dem Strandboulevard (links unten), oder in der Guácara Taína, einer Höhlendiskothek im Parque Mirador del Sur (rechts), versüßt der Merengue die Nacht.

Der Palacio de Bellas Artes ist heute ein kultureller Veranstaltungsort.

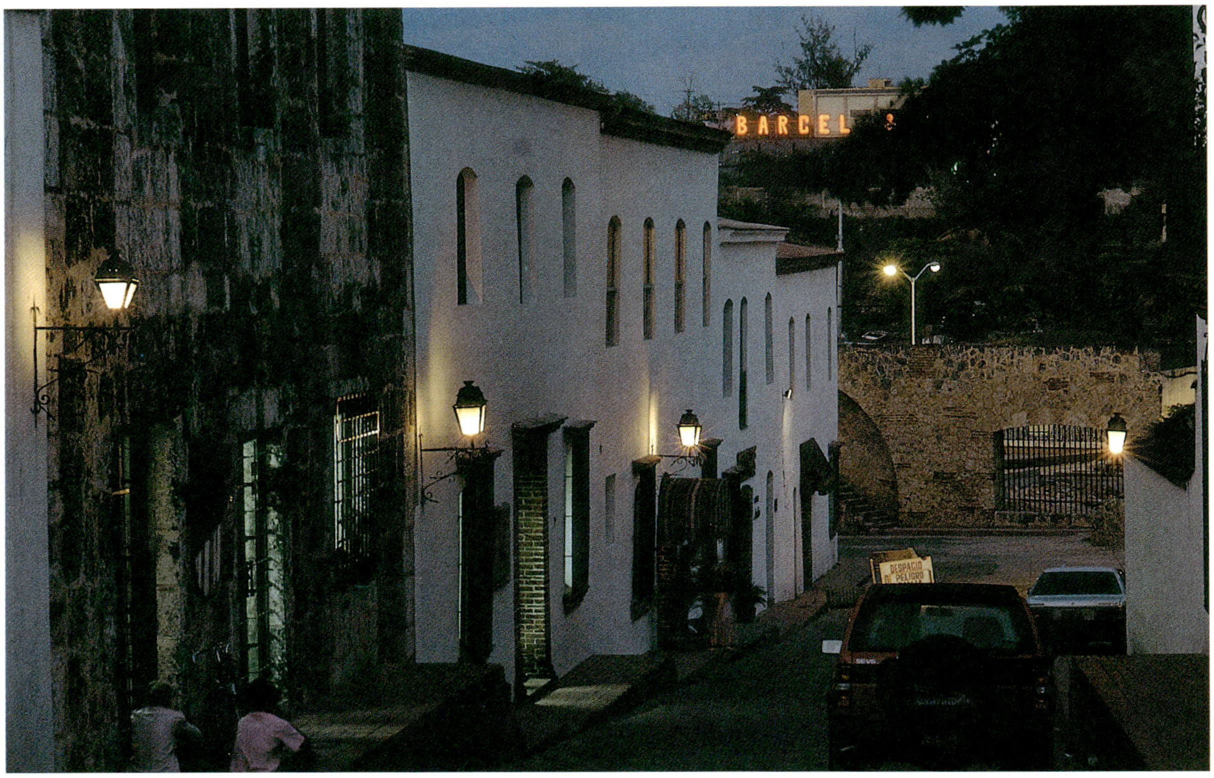
BARCEL

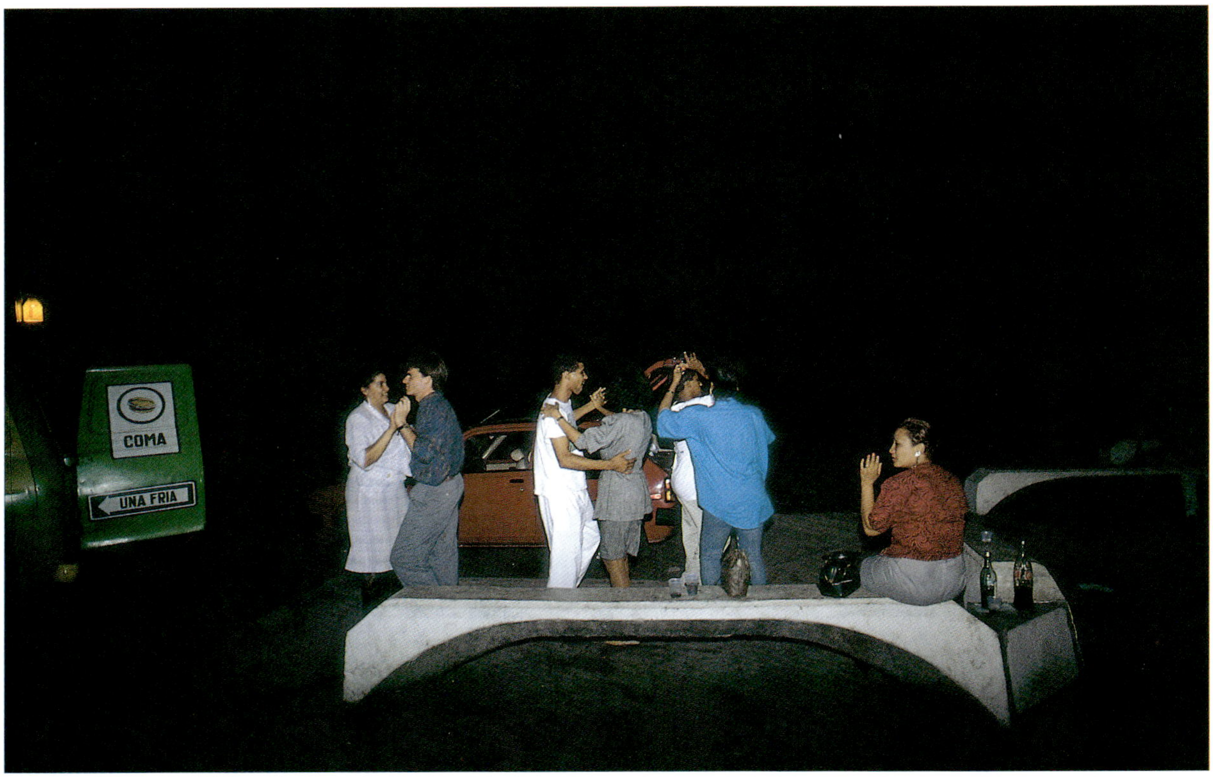
COMA
UNA FRIA

49

Blick über die Urwaldschlucht im Botanischen Garten. Die Brücke, die sich im Japanischen Garten im Wasser spiegelt, symbolisiert die beiden Prinzipien Yin und Yang.

51

Bilder rechte Seite:
Täglich bewundern zahlreiche Besucher die artenreiche Unterwasserwelt der Karibik im Areal von Los Aquarios.

Kunstvoll bemalte Holzfiguren, Fische und Rebhühner, sind begehrte Sammlerobjekte.

Nachfolgende Doppelseite:
Die Los Tres Ojos sind Karsthöhlen, auf deren Grund sich Süßwasserseen gebildet haben. Sie liegen am östlichen Ende des Mirador del Este.

Singend und tanzend gibt mir der stolze Besitzer dieser »motorisierten Stereoanlage« einen mit Rum und Eiswürfel gefüllten Pappbecher. Wir prosten uns zu, und er stellt mir seine Freunde und Geschwister vor. Zwischen seinem Auto und einem Motorrad tanzen wir im Scheinwerferlicht der vorbeikriechenden Autoschlange. Nach einem sehr herzlichen Abschied von der Gruppe lasse ich mich von der Menschenmenge weiterschieben.

Am Hotel Jaragua, dem derzeit größten und modernsten der Stadt, verlasse ich das Gedränge und betrete die klimatisierte Hotelhalle. Nach links erstreckt sich ein riesiges Casino mit einer kleinen Bar. Hier spielt eine aus Nachwuchskünstlern bestehende Band Songs von Elton John bis Madonna – und natürlich Merengue.

Hier treffe ich sie wieder, den Redakteur Pablo und die beiden Studentinnen. Mit seinem Wagen fahren wir in das über die Stadtgrenzen hinaus bekannte Café Atlántico. Diese urgemütliche Bar, teilweise im Neon-Look, teilweise rustikal eingerichtet, ist einer der beliebtesten Treffpunkte von jung und alt. Bei einer Flasche Bier oder einem *Cuba libre* sitzt man hier beisammen und plaudert, alte Beatles-Songs untermalen die Atmosphäre. Gegen Mitternacht machen wir uns auf den Weg in die im Parque Mirador del Sur gelegene Guácara Taína, auch Taíno-Höhle genannt, einer der attraktivsten Orte bei Nacht. Durch einen schmalen Eingang geht es über eine Steintreppe etwa 20 Meter in die Tiefe, wo sich die derzeit größte Höhlendiskothek der Welt befindet. Die Tropfsteinhöhle wird als Folklore-Tempel angepriesen. Jeden ersten Montag im Monat gibt der weit über die Landesgrenzen hinaus bekannte Sergio Vargas mit seiner Band unverwechselbare Merengue-Konzerte. Zwischen Stalagmiten und Stalagtiten sind zwei große Tanzflächen eingerichtet worden, auf denen bis zu 400 Personen tanzen können. In dieser gewaltigen Höhle, in der über 1000 Gäste Platz finden, lassen wir bei Musik und Tanz den Tag ausklingen.

Am nächsten Morgen bin ich schon früh auf den Beinen. Ich besuche den Jardín Botánico, den Botanischen Garten im Nordwesten der Stadt, und mache einen ausgedehnten Spaziergang durch das etwa 180 Hektar große Areal. Gleich am Eingang befindet sich eine der größten Blumenuhren der Welt; sie funktioniert jedoch nur selten. Im Park beeindrucken mich die zahlreichen Orchideen, die um Seerosenteiche gruppiert sind, die Vielzahl an tropischen und subtropischen Pflanzen, die Urwaldschlucht mit ihrer wuchernden Vegetation und der gepflegte Japanische Garten.

Mit dem *carro público*, einem öffentlichen Linienbus, fahre ich an den östlichen Stadtrand, in den Parque Mirador del Este. Hier liegen Los Tres Ojos, einstige Karsthöhlen, auf deren Grund sich drei Süßwasserseen gebildet haben. Über eine Treppe steige ich in die erste Höhle hinab. Die durch die eingebrochene Höhlendecke spärlich hereinfallenden Strahlen der aufgehenden Sonne brechen sich an der Oberfläche des zwölf Meter tiefen Sees und reflektieren sein helles Türkis an den zahlreichen Stalagmiten und Stalagtiten. Auf einem handgezogenen Floß überquere ich den über einen Fußpfad und Treppen erreichbaren, noch tiefer liegenden zweiten See. In dem dunklen Gewölbe dieser Höhle schwirren Fledermäuse durch die tropisch feuchte Luft. Mit wenigen Schritten gelange ich an den dritten und größten See. An seinen Ufern gedeiht eine üppige Vegetation: Riesenfarne, Sumpfgewächse und Lianen hängen von dem Rand der eingebrochenen Decke rund 30 Meter herab.

Ich verlasse die angenehm kühlen Höhlen, nehme ein Taxi und fahre in das nur wenige Minuten entfernte Los Aquarios. Auf einem großräumigen Areal direkt an der felsigen Küste der Stadt wird der Artenreichtum der Unterwasserwelt ausgestellt. In einer Vielzahl von Aquarien kann der Besucher alles vom Schildseeigel über Kaiserfische bis hin zu Muränen, Barrakudas und dem Mako-Hai sehen.

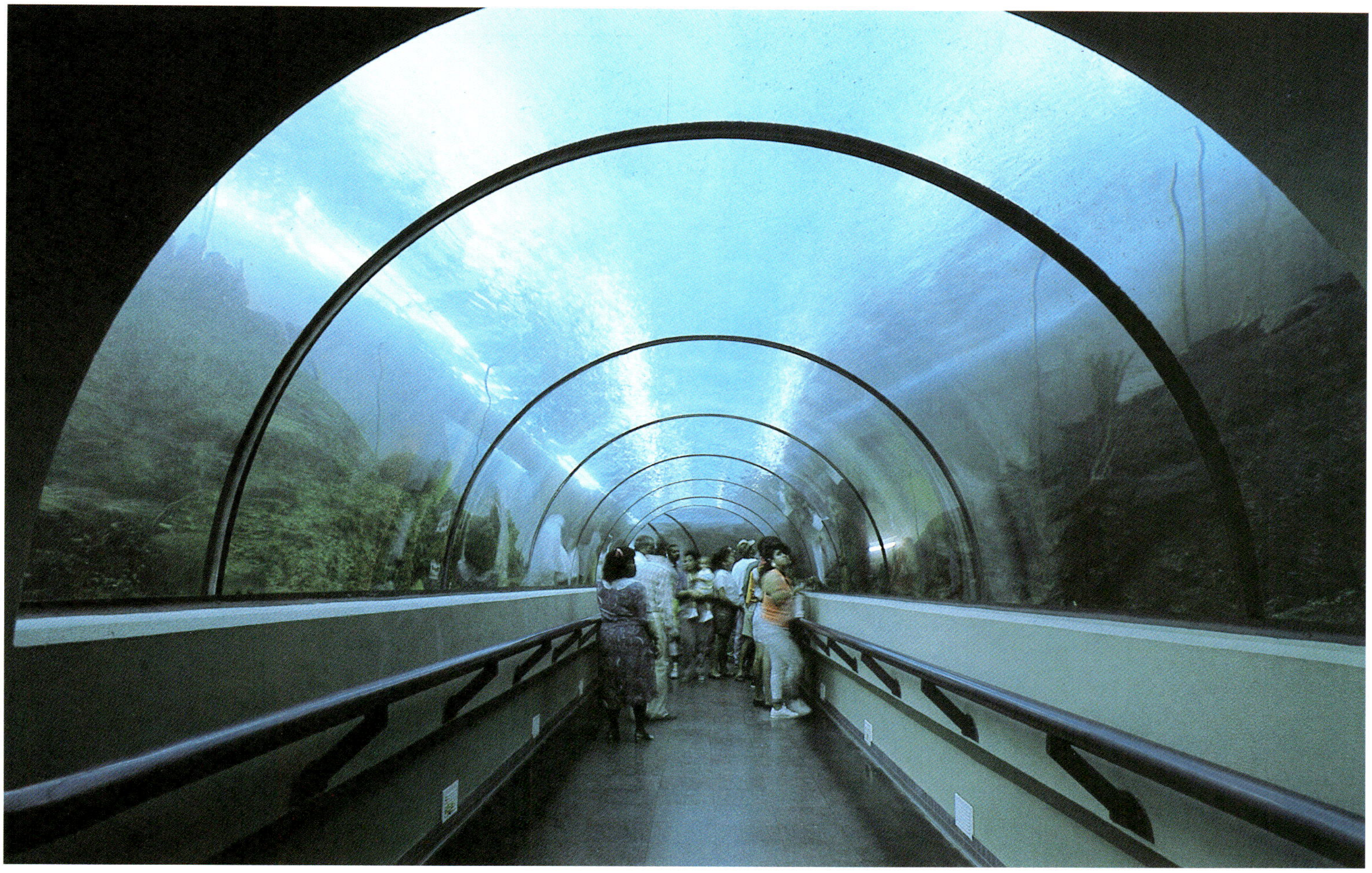

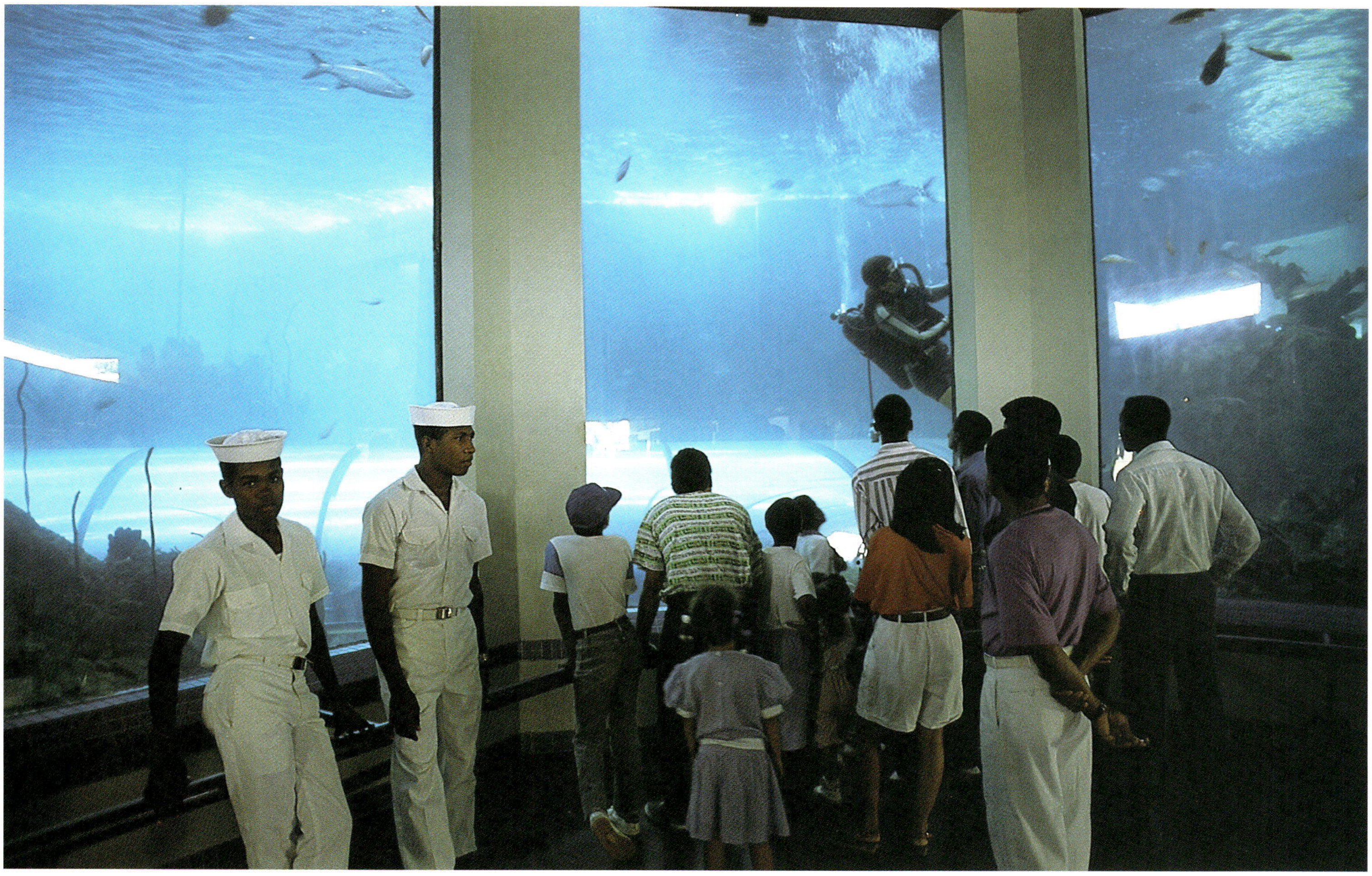

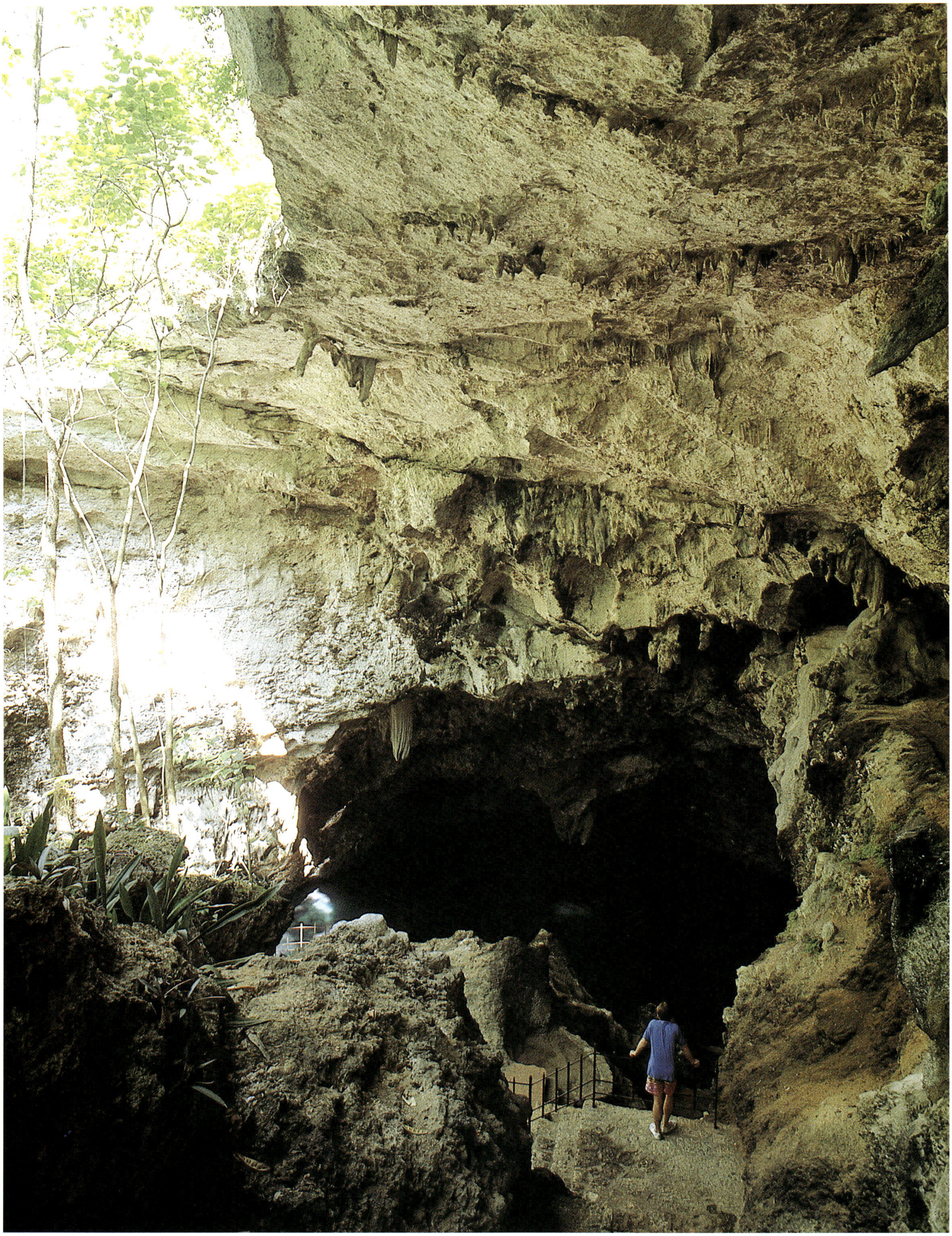

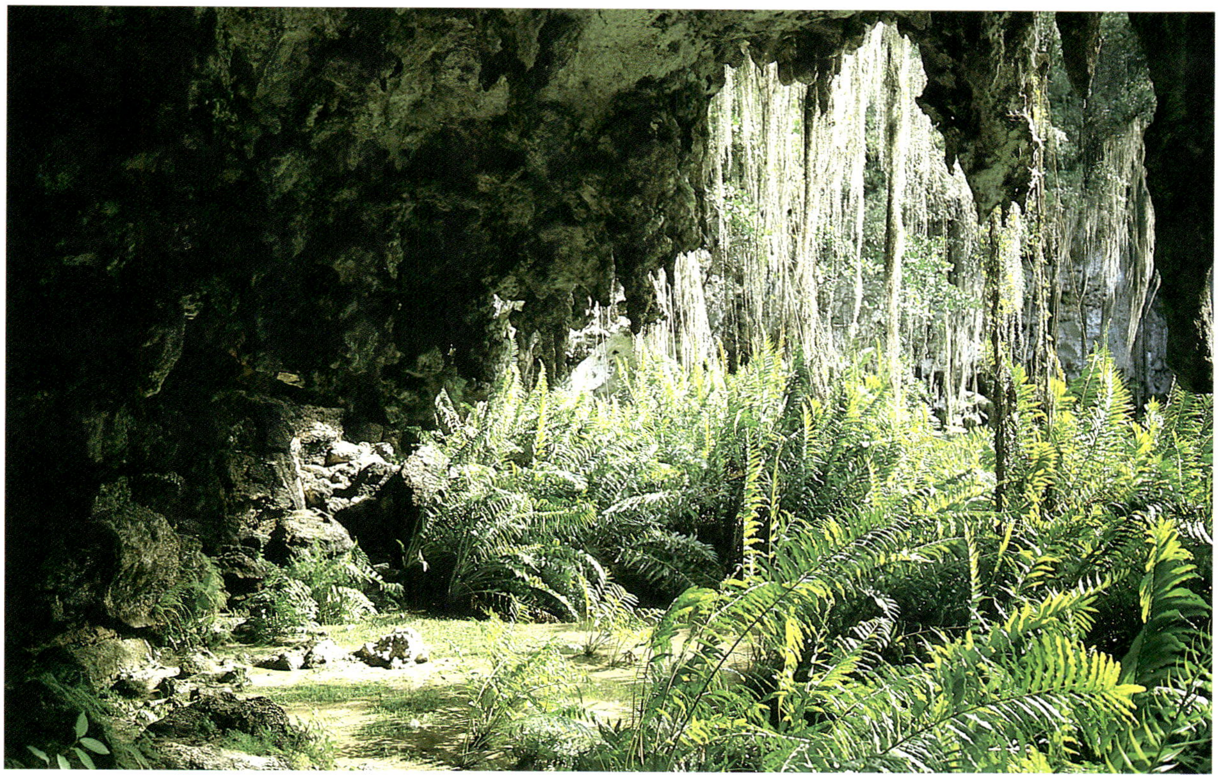

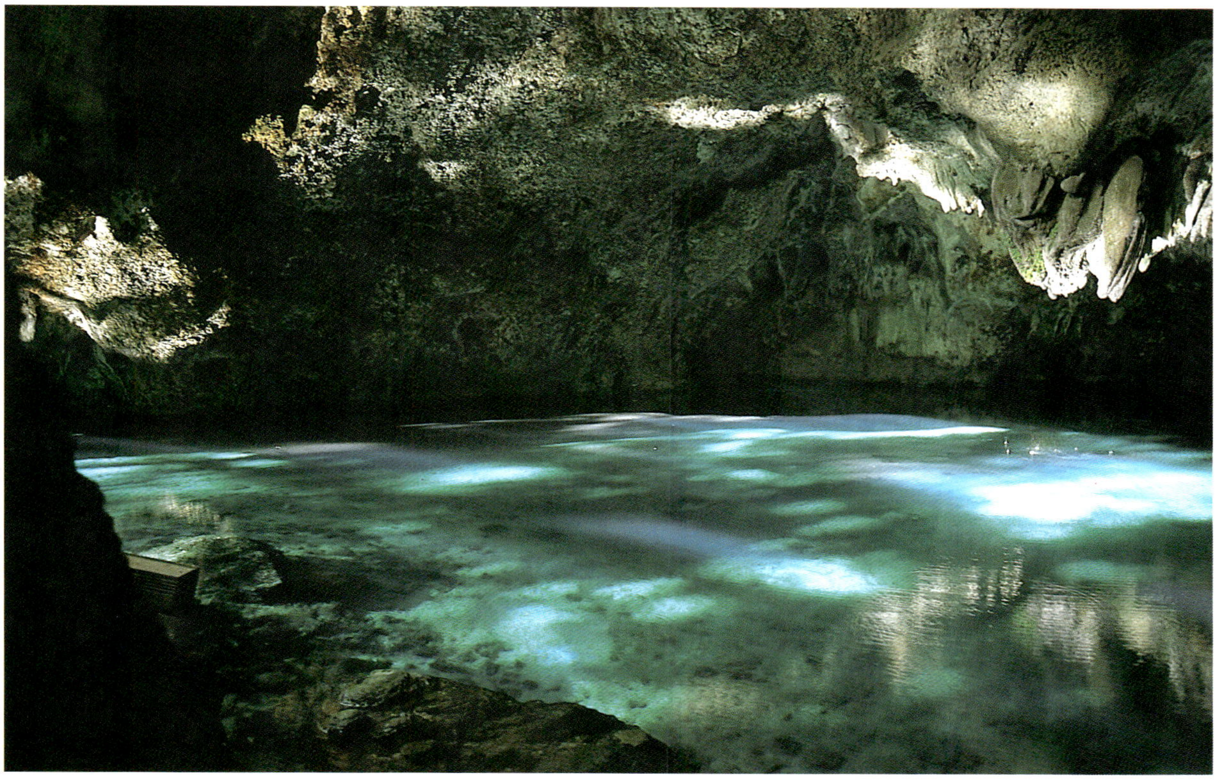

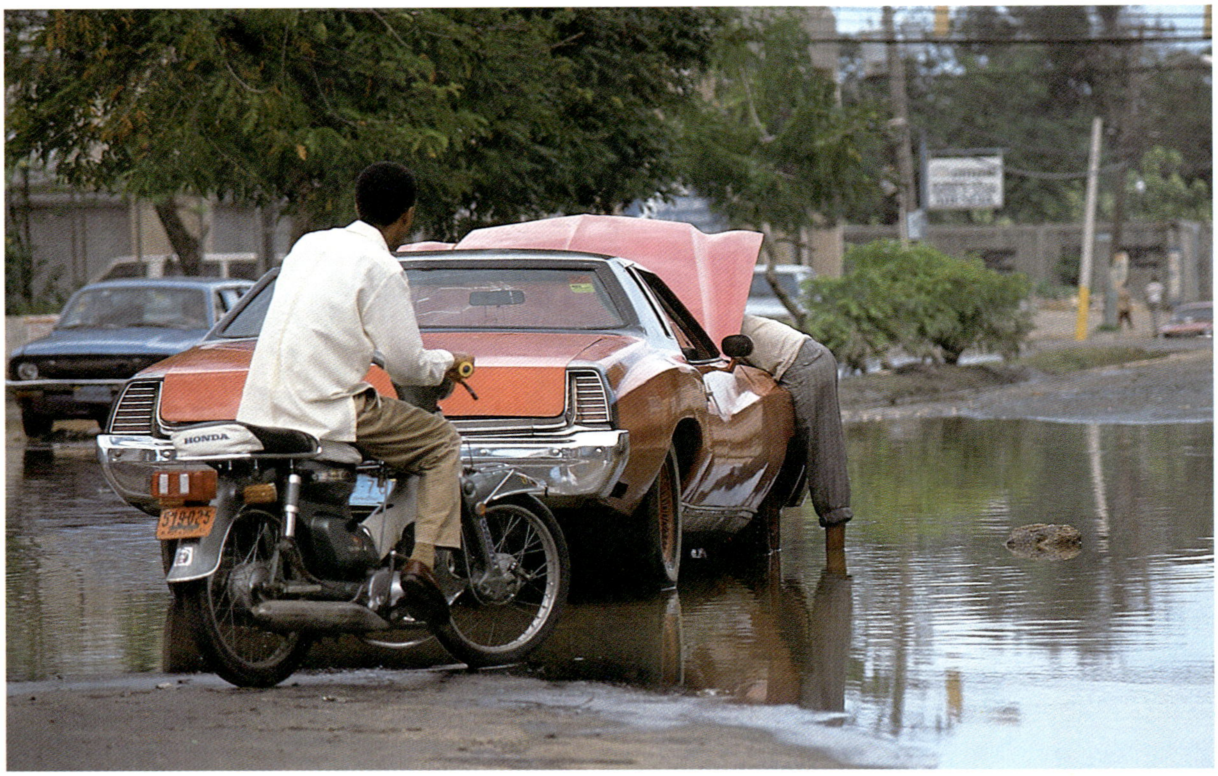
HONDA

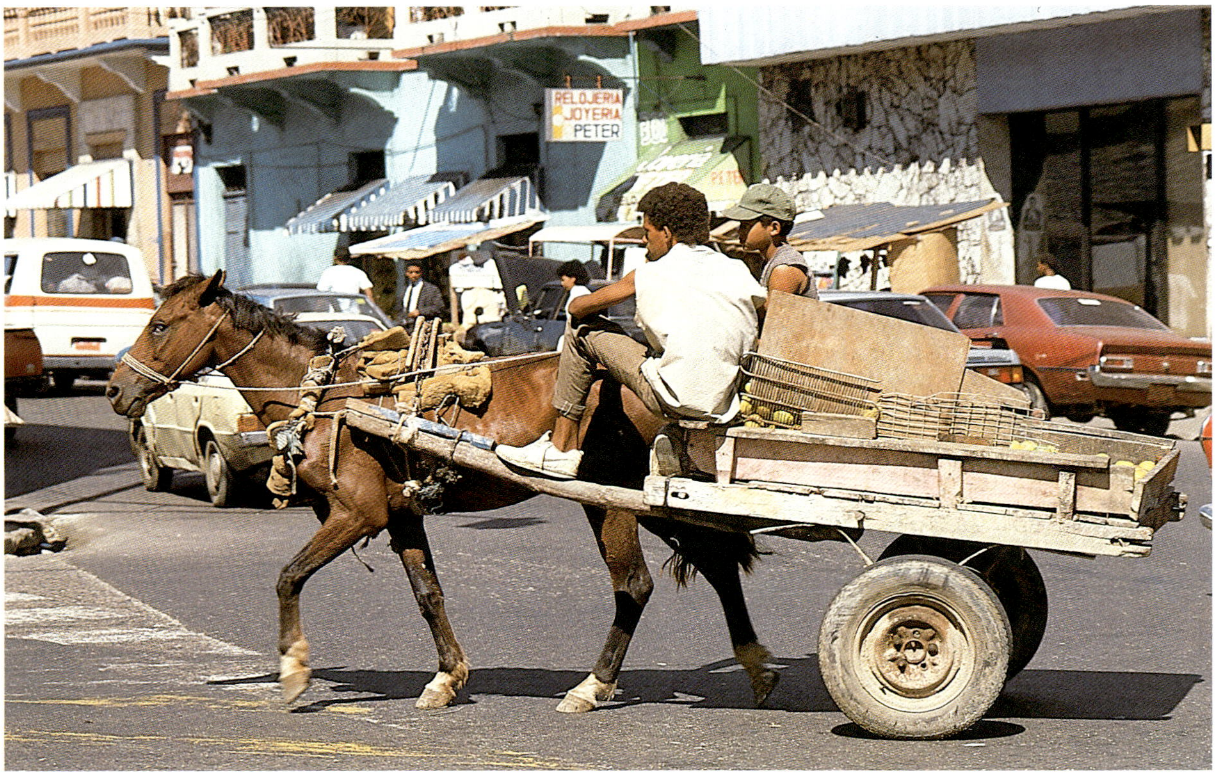
RELOJERIA
JOYERIA
PETER

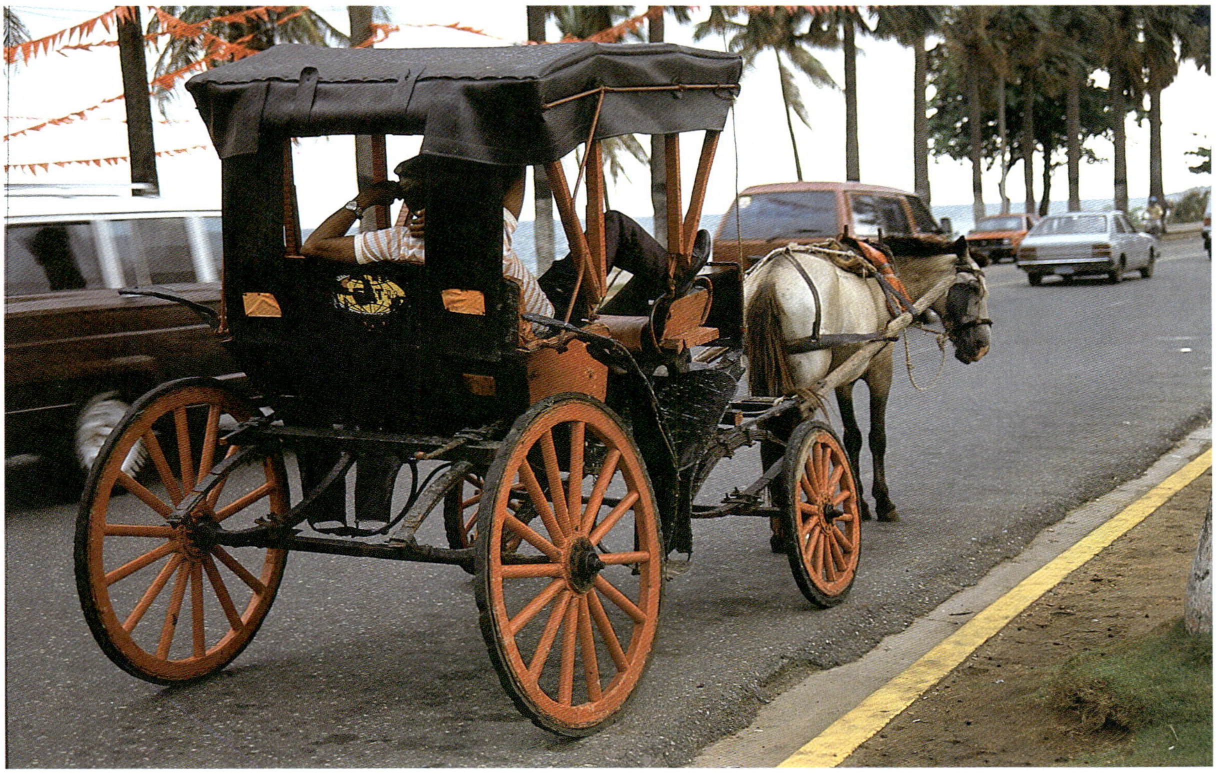

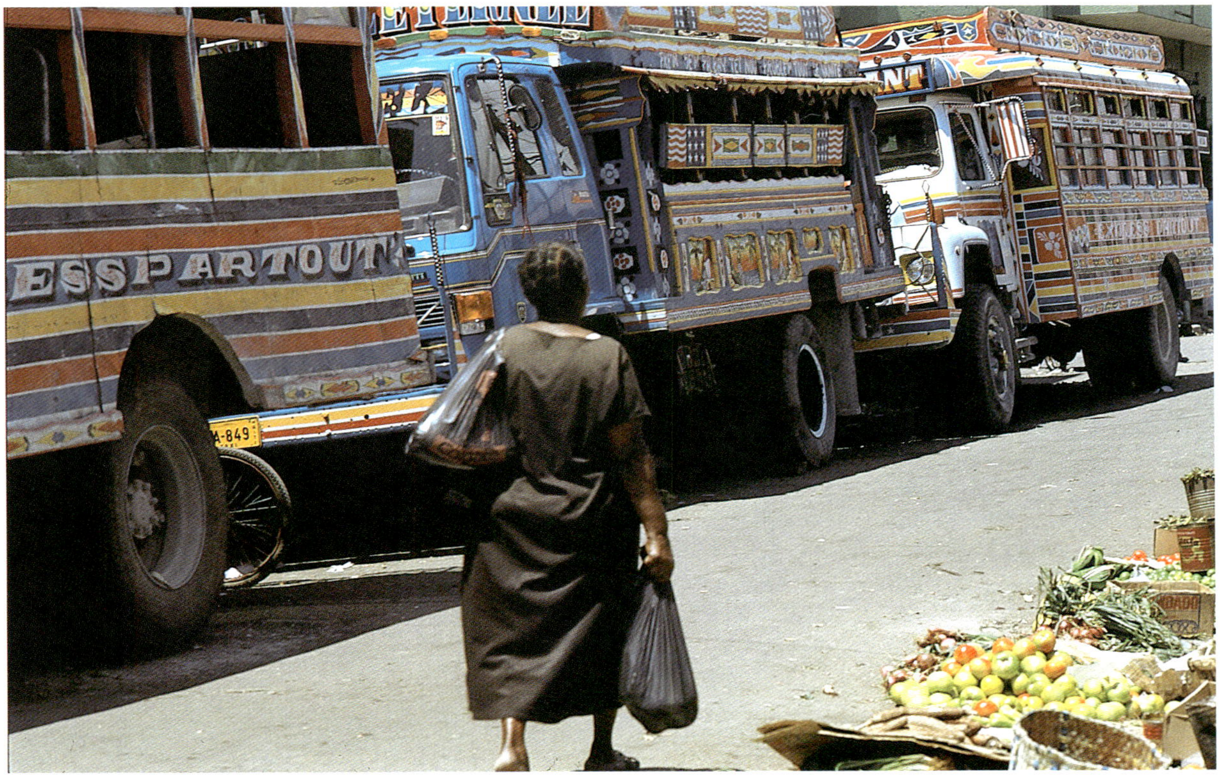
ESSPARTOUT

Das Armenviertel am Río Ozama ist auf keinem Stadtplan eingezeichnet. Die Hütten stehen zum Teil auf Pfählen und werden bei Hochwasser leicht überflutet. Doch für viele Menschen, die auf der Suche nach Arbeit nach Santo Domingo kommen, sind die Wellblech- und Bretterhütten die einzige Behausung.

Vorhergehende Doppelseite:
Nach einem wolkenbruchartigen Regenschauer verwandelt sich manche Straße schnell in einen Flußlauf, doch auch bei gutem Wetter ist der Straßenverkehr in der Dominikanischen Republik nicht mit europäischen Maßstäben zu vergleichen. Rundfahrten durch die Altstadt sind in Kutschen möglich. Derweil sieht man in der Innenstadt »Taps-Taps«, auf LKWs montierte Bus-Karosserien aus Holz, in denen Haitianer über die Grenze bei Jimani kommen, um in Santo Domingo einzukaufen.

Ich fahre weiter mit dem Taxi, vorbei an der noch im Bau befindlichen Monumentalkonstruktion des Faro a Colón. Dieser Kreuzbau soll 1992 nicht nur als Gedenkstätte für Christoph Kolumbus dienen, sondern auch als Kongreßzentrum und als Museum. Monumental erhebt es sich nahe der Slums am Ostufer des Río Ozama, dort, wo der Bruder von Christoph Kolumbus, Bartolomé Colón, 1498 die Siedlung La Isabela Nueva gründete, die später einem Hurrikan zum Opfer fiel. Der Faro a Colón steht im starken Kontrast zu der direkten Umgebung, wo Tausende von Menschen in ärmlichsten Verhältnissen leben und arbeiten.

Am Rande einer solchen Armensiedlung komme ich mit dem Händler Rafael in seinem aus alten, bunt lackierten Brettern zusammengenagelten Laden ins Gespräch. Er zeigt mir, wie die Menschen hier leben. Die Behausungen an dem steilen Ufer des Río Ozama sind durch ein dichtes, teilweise von Kletterpflanzen überwuchertes Kabelgeflecht miteinander verbunden. Auf diese Weise zapfen die Menschen hier Strom von den Hochspannungsleitungen ab, damit sie ihre Glühbirnen zum Leuchten bringen und ihre Radios und Fernsehgeräte nutzen können. Wir steigen über morastige Rinnsale bis an das Wasser hinunter, wo Rafael mit seiner Familie wohnt. Ganz in der Nähe seines bescheidenen Hauses leitet ein Kanalrohr die städtischen Abwässer ungeklärt in den Fluß. Auf knapp 20 Quadratmetern lebt Rafael mit seiner Mutter, seiner Frau und vier Kindern, die mich willkommen heißen. Die Großmutter wiegt im Schaukelstuhl sitzend einen Enkel, Rafaels Frau wäscht Windeln in einer Schüssel mit Flußwasser. Sie alle müssen mit den 500 bis 800 Pesos auskommen, die Rafaels Trödlerladen monatlich einbringt. Hier kann man nur mit Nachbarschaftshilfe überleben. Vom letzten Hochwasser sei seine Hütte mitgerissen worden, berichtet Rafael, als er mich den Hang hinauf zur Straße zurück begleitet. Doch nach wenigen Tagen konnte er sich mit Hilfe seiner Freunde sein mietfreies Eigenheim neu zimmern. Er sei vor fünf Jahren vom Land in die Hauptstadt gekommen, weil er auf einen gut bezahlten Arbeitsplatz gehofft habe. Und er werde die Hoffnung nicht aufgeben, versicherte er mir zuversichtlich lächelnd, als er mir zum Abschied fest die Hand drückt.

Als ich kurze Zeit später wieder im Taxi den Fluß überquere, blicke ich nachdenklich auf das von Holzhütten gesäumte Ufer. Rafael ist nur einer von Tausenden. Sie alle haben ihr Leben auf dem Land aufgegeben und setzen ihre ganze Hoffnung darauf, daß von dem industriellen Großstadtkuchen eines Tages auch ein Stück für sie abfallen werde. Ich erinnere mich an den Geschichtsunterricht von einst, an die Unterrichtsstunden über den Beginn des Industriezeitalters in Mitteleuropa ...

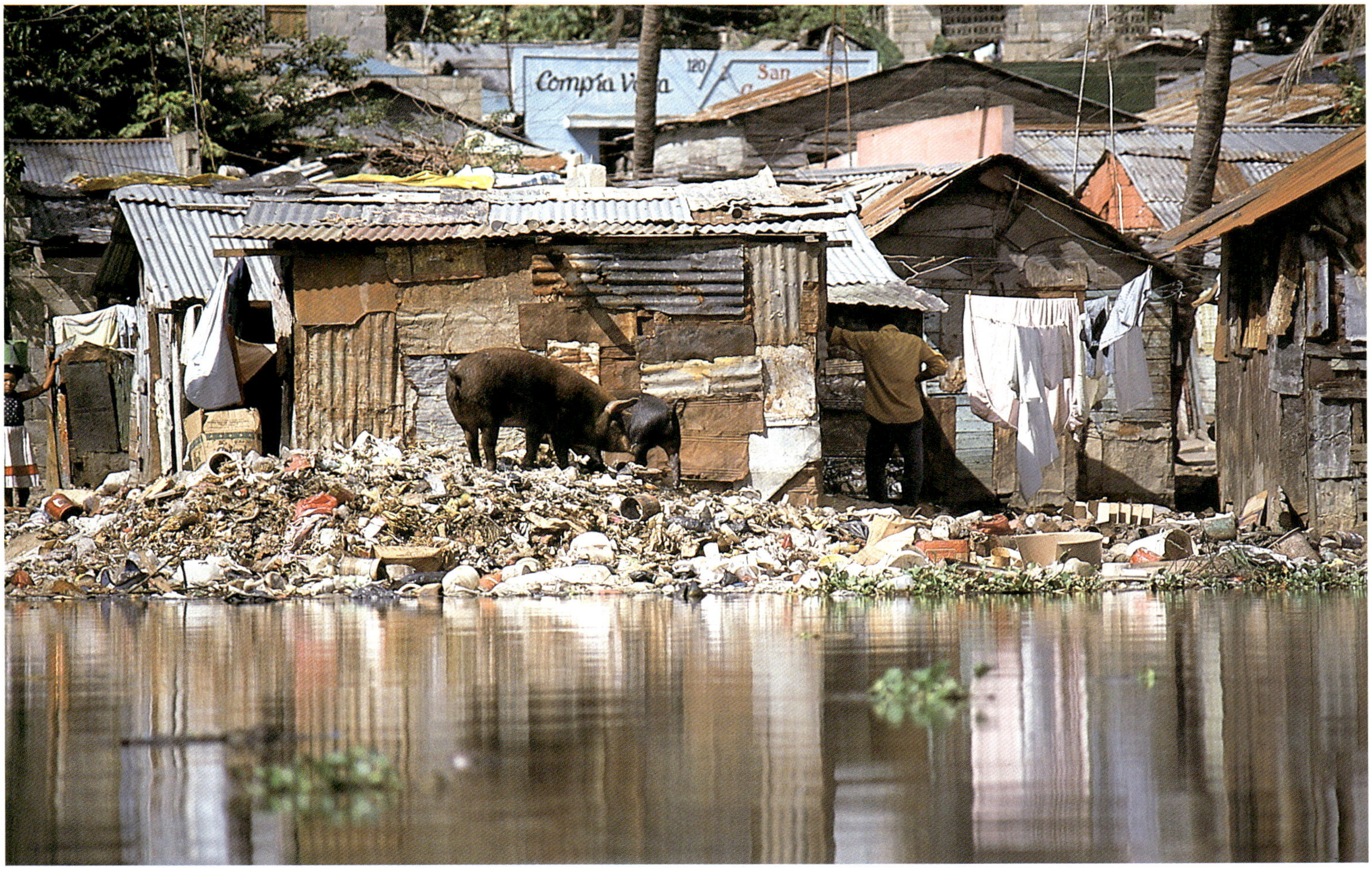
Compra
120
San

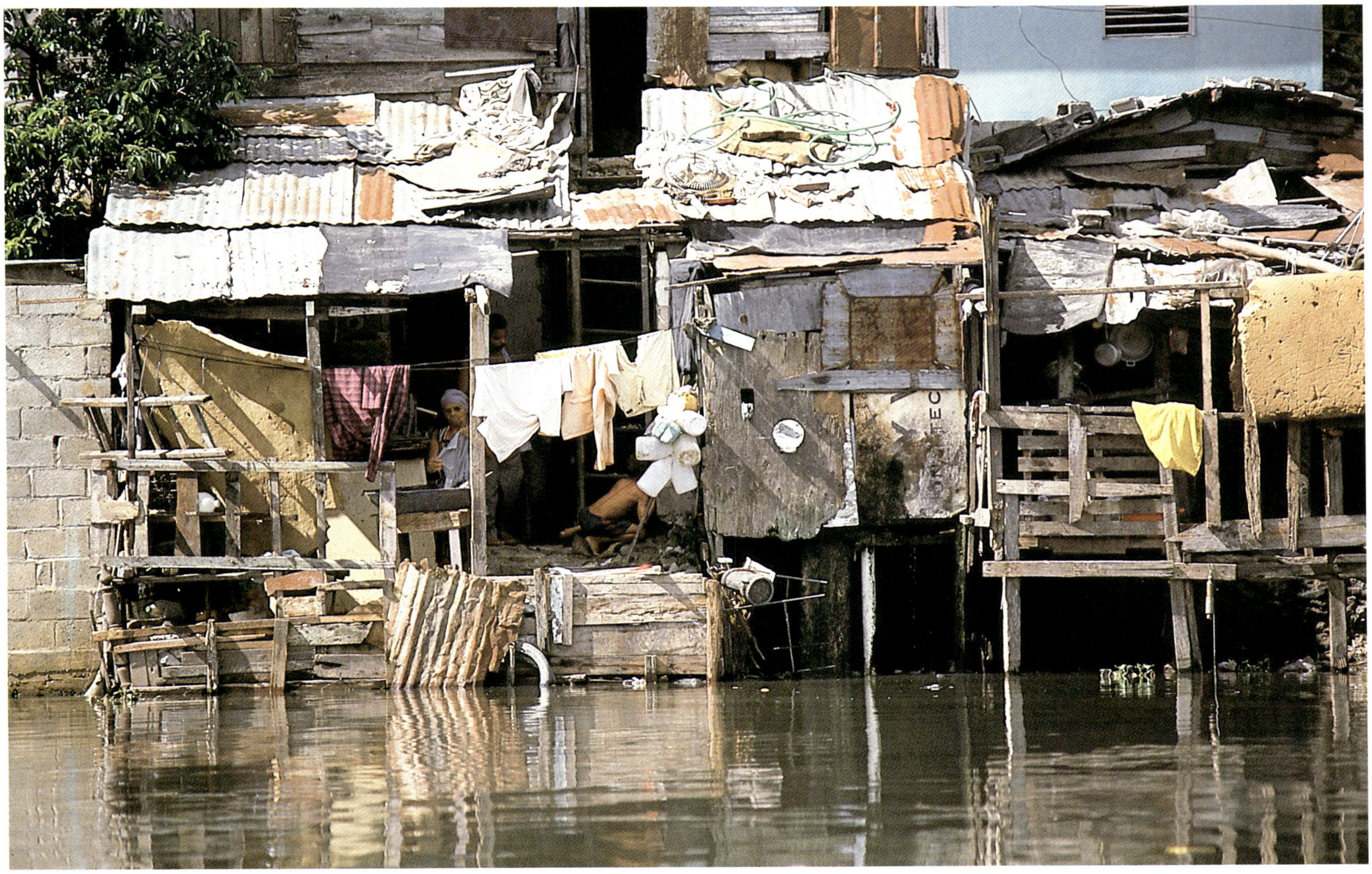

Anläßlich der 500-Jahr-Feier soll Santo Domingo im alten kolonialen Glanz erscheinen. Mit diesem Wunsch wird zur Zeit die Altstadt-Restaurierung forciert. Auch das Hafengelände am Río Ozama wird anläßlich der kommenden Festivitäten zu Ehren von Christoph Kolumbus umgebaut (rechts unten). La Cucarachas, ein baufälliges Kolonialgebäude (rechts oben), befindet sich inmitten eines Neubauviertels am Nordrand der Altstadt.

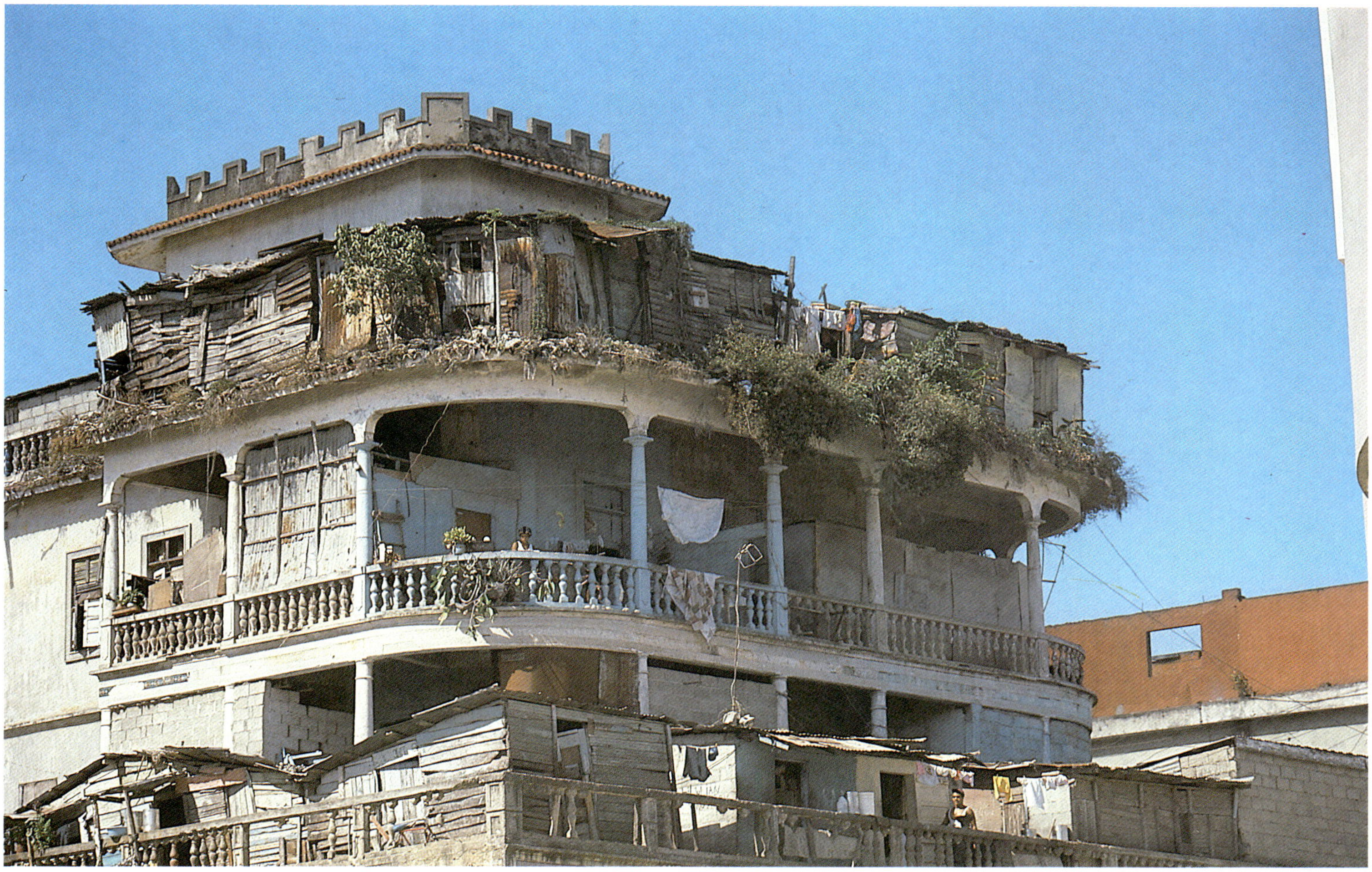

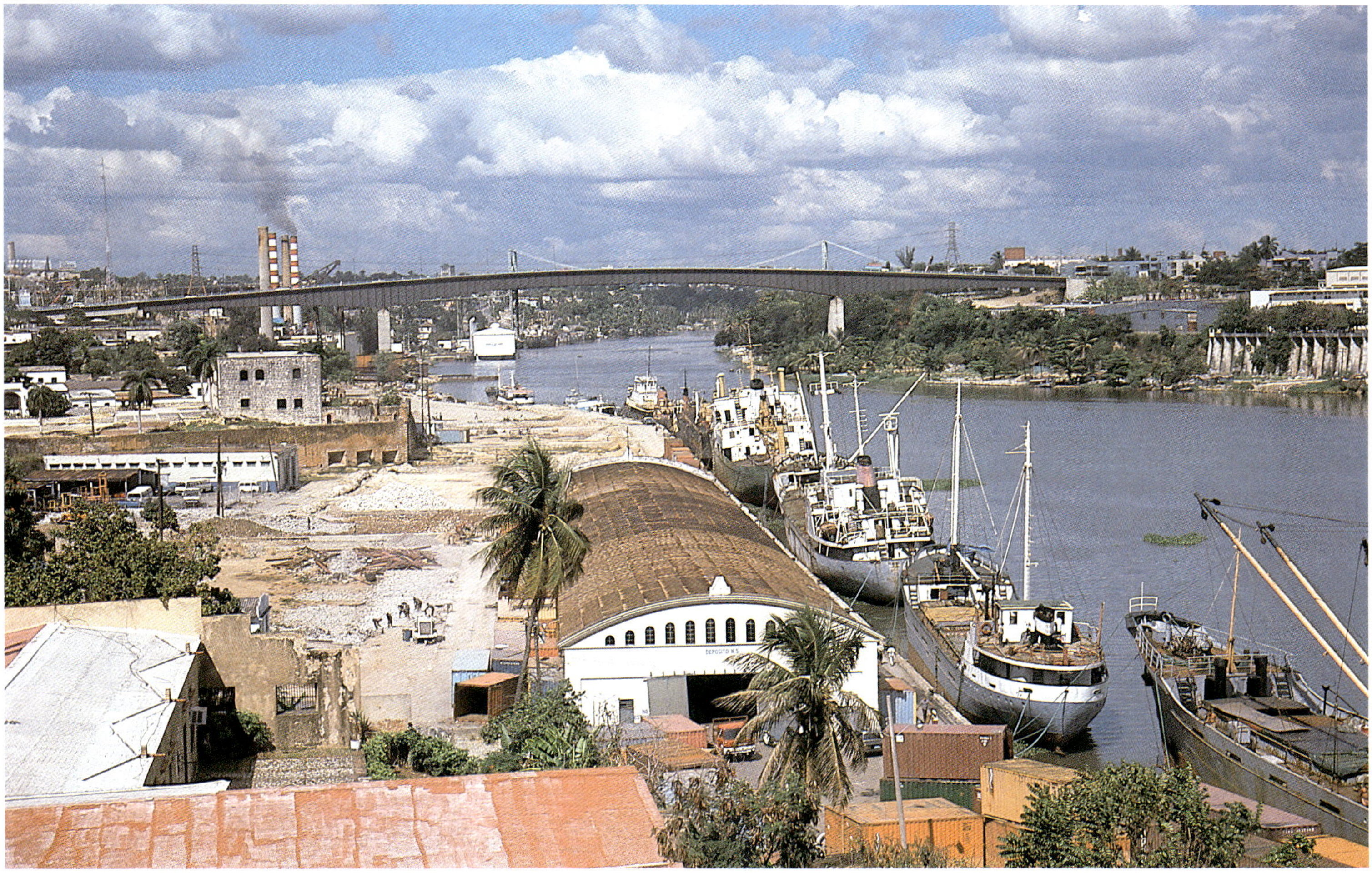

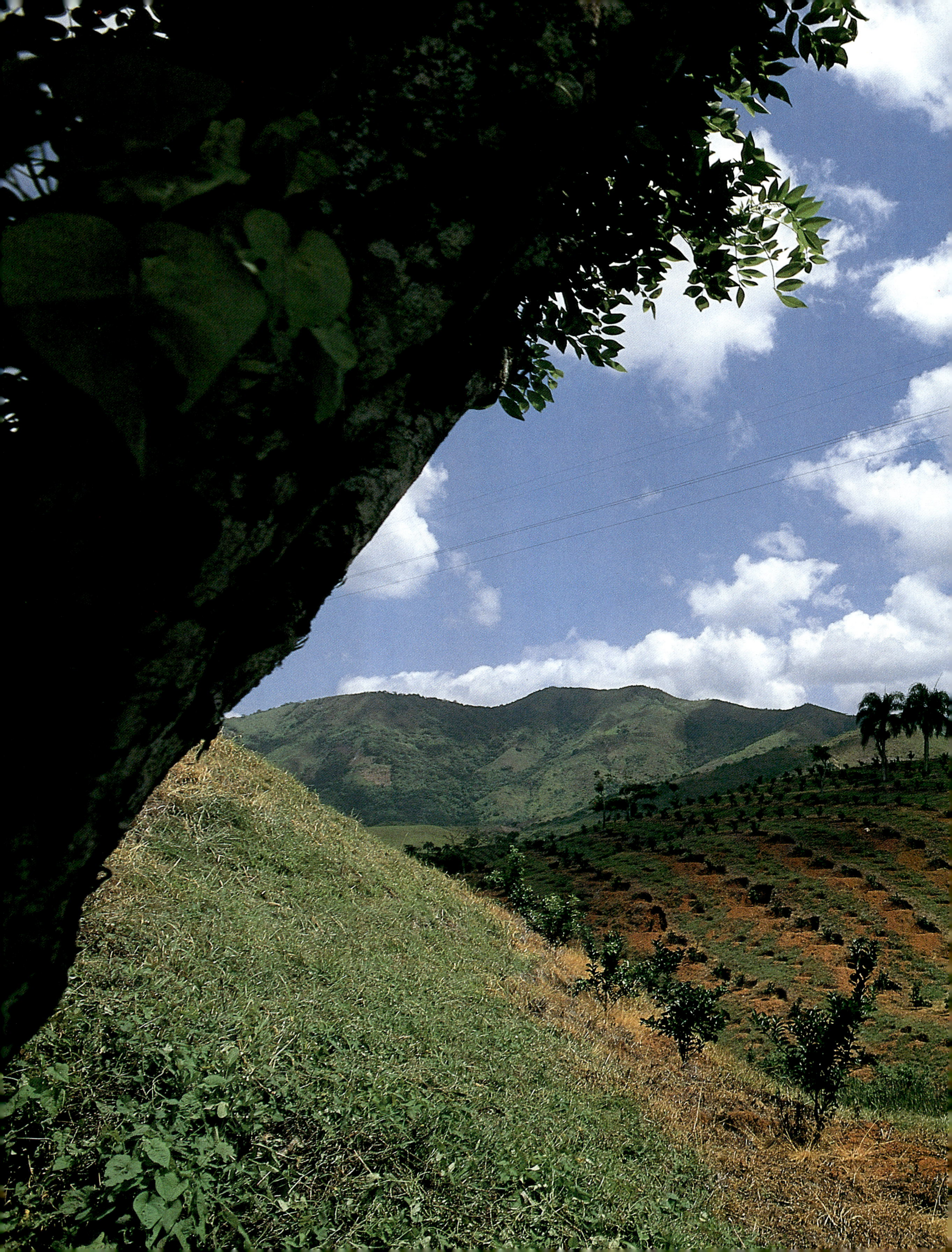

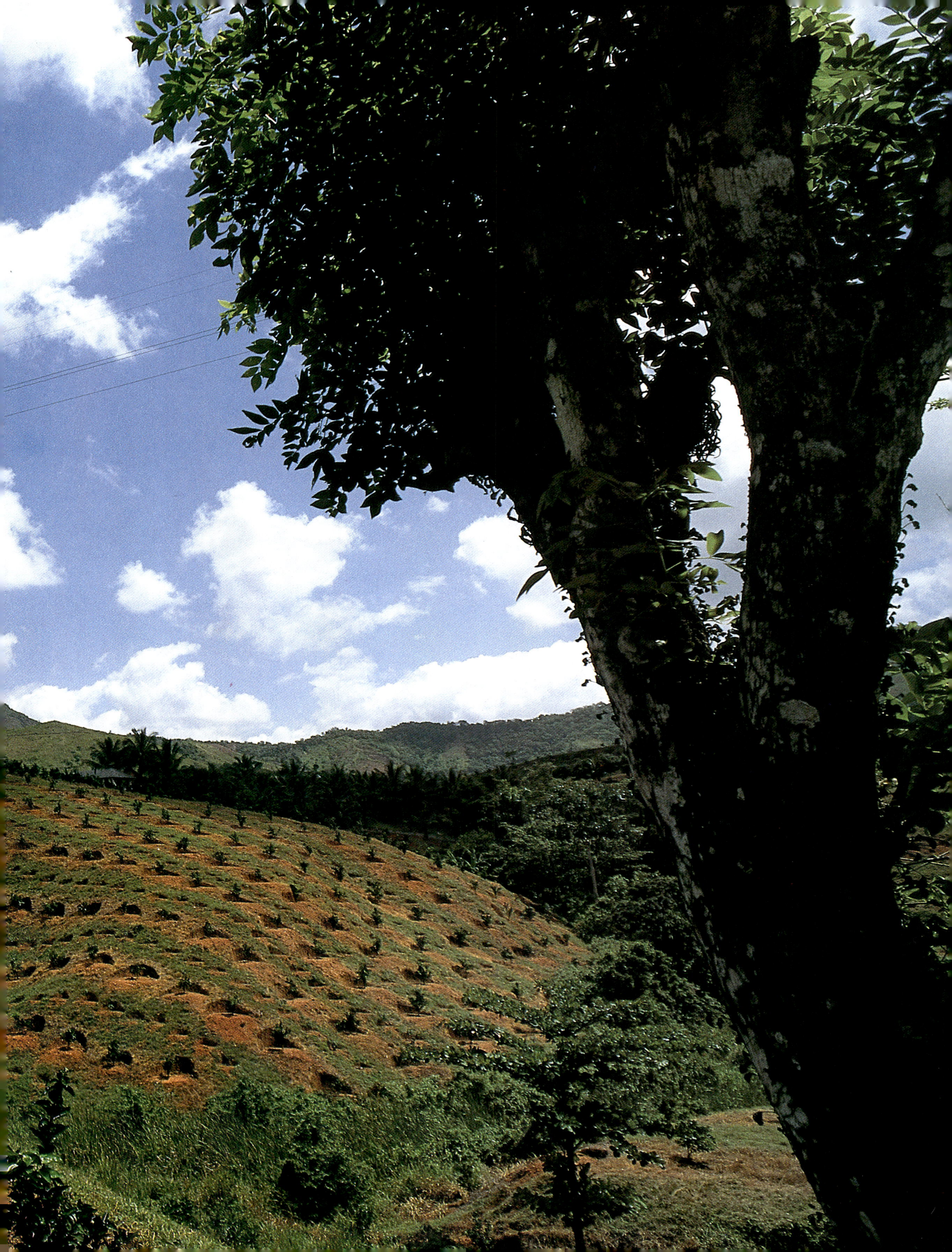

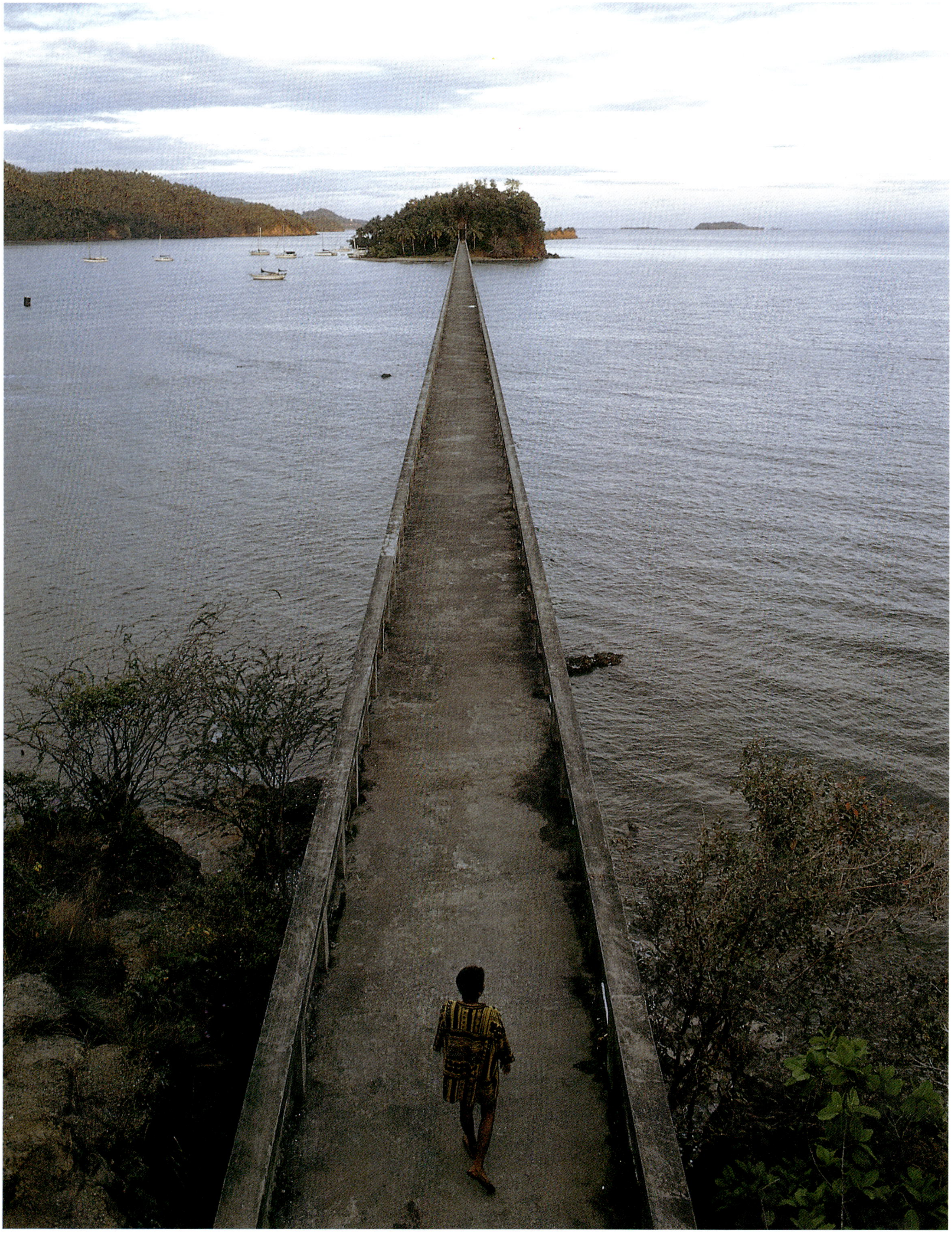

Faszination einer Karibikinsel

Nicht nur Sonne, Sand und Meer

Riesige Staub- und Aschewolken bedeckten den Himmel, kilometerhohe Fontänen heißen Dampfes schossen empor. Aus der Tiefe wurden Gesteinsbrocken in die Luft geschleudert und glühende Lava ergoß sich in das Meer, wo sie zischend erkaltete und versteinerte. Gewaltige Erdbeben begleiteten den Ausbruch zahlreicher Vulkane, deren Tätigkeit vor etwa 140 Millionen Jahren, gegen Ende des Juras, begonnen hatte. Erst im Pleistozän – vor 65 Millionen Jahren – erlosch der Großteil dieser Vulkane. Zwischen den Gesteinen lagerten sich im Laufe der Jahrmillionen Kalksteine und abgetragene Sandsteinsedimente ab. Die nach Norden wandernde Karibische Platte driftete auf die Nordamerikanische. So entstanden die Großen Antillen aus der von Westen nach Osten verlaufenden Vulkankette.

Heute befinden sich auf Hispaniola, der nach Kuba zweitgrößten Antillen-Insel, die höchsten Berge und der größte Binnensee der Karibik. Fünf Gebirgszüge, die von Nordwesten nach Südosten verlaufen, gliedern das Land geographisch. Eine lange Gebirgskette, die Cordillera Septentrional, die sich über 250 Kilometer bis auf die Halbinsel Samaná erstreckt, begrenzt die Nordküste der Insel. Hier befindet sich das nach der Sowjetunion zweitgrößte Bernsteinvorkommen der Welt. Die im Harz eingeschlossenen Fossilien bezeugen die geologisch junge Entstehungsgeschichte des Landes.

Über die Cordillera Central, das mit über 500 Kilometern Länge größte Gebirgsmassiv der Karibik, erhebt sich der 3175 Meter hohe Bergriese Pico Duarte. Die Sierra de Neiba und die Sierra de Baoruco, die südlich der Hafenstadt Barahona in die Karibische See ausläuft, schließen sich im Südwesten des Landes an. Im Osten erstreckt sich die Cordillera Oriental entlang der Atlantikküste. Diese Gebirgszüge bilden das Rückgrat der karibischen Insel, auf der eine der vielfältigsten und üppigsten Vegetationen der Welt gedeiht.

Nicht alle Pflanzen waren seit jeher auf den Antillen beheimatet. Aufgrund der besonderen Lage der Insel wuchsen hier sehr lange Zeit nur wenige Baumarten wie die Königs- oder Zwergpalme und der immer seltener gewordene *caoba* (Mahagoni). Die vielfältige Vegetation, die heute hier zu finden ist, kam nur zustande, weil Pflanzen vom Meer an Land gespült oder Samen mit dem Wind und durch Vögel auf die Insel kamen. Auch die Eroberer brachten im Zuge der Kolonialisierung Zierpflanzen mit wie den rotblühenden Flamboyant oder den Tulpenbaum, vorwiegend jedoch Nutzpflanzen: Zuckerrohr, den Kaffeestrauch, den Mangobaum und verschiedenartige Bananenstauden. Selbst die Kokospalme ist vermutlich erst im 16. oder 17. Jahrhundert aus Afrika eingeführt worden.

Im Nordosten des Landes erstreckt sich die Halbinsel Samaná, deren Bergkuppen noch heute durch das stellenweise sumpfige Brachland des Río Yuna von der übrigen Insel getrennt sind. Noch im letzten Jahrhundert war die Bucht von Samaná mit dem Atlantik an dieser Stelle verbunden, so daß man die Halbinsel nur mit dem Schiff erreichen konnte. Das Wasser an der Südküste der Halbinsel ist daher brackig und trübe. Erst vor dem Hafenstädtchen Samaná reihen sich viele kleine Buchten aneinander, deren Sand – wegen der vorhandenen Glimmermineralien – grau erscheint. Neben dem sehr seltenen Fuchsit, einem grünen Glimmerstein, werden hier große Platten Glimmerschiefer abgebaut, die beim Bau von Hotelanlagen Verwendung finden. Unzählige *cayos*, die Bezeichnung der Taínos für kleine Inseln, gruppieren sich vor der östlichen Südküste der Halbinsel. Die etwa zwei Kilometer lange und rund 500 Meter breite Cayo Levantado ist ein malerisches Ausflugsziel

Bild linke Seite:
Die Brücke »Puente Escondida« verbindet Samaná mit der Insel Linares.

Vorhergehende Doppelseite:
Die Cordillera Septentrional erreicht in ihrem zentralen Teil, nördlich von Santiago, Höhen über 1000 m.

Nachfolgende Doppelseite:
Las Terrenas liegt an der Nordküste der Dominikanischen Republik.

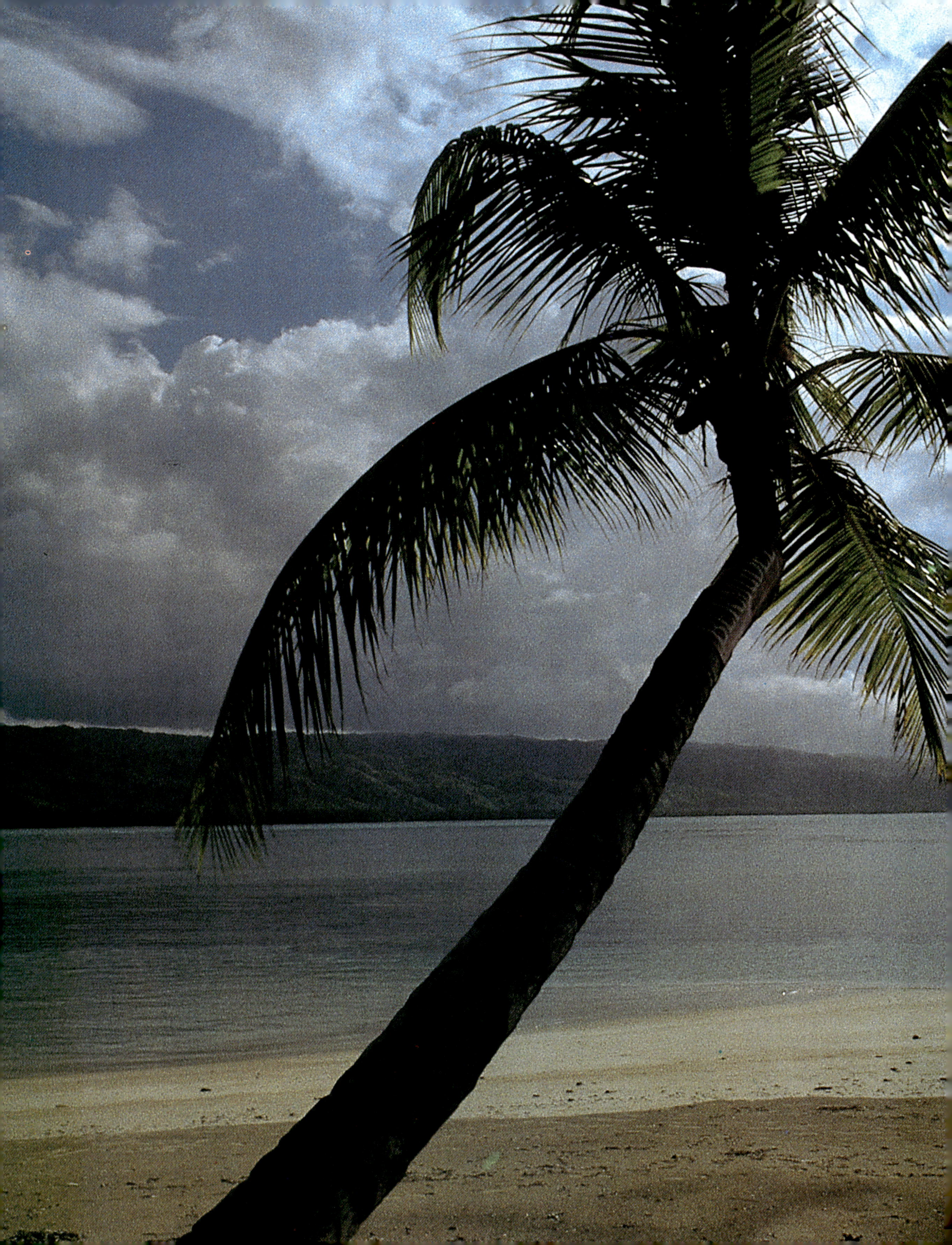

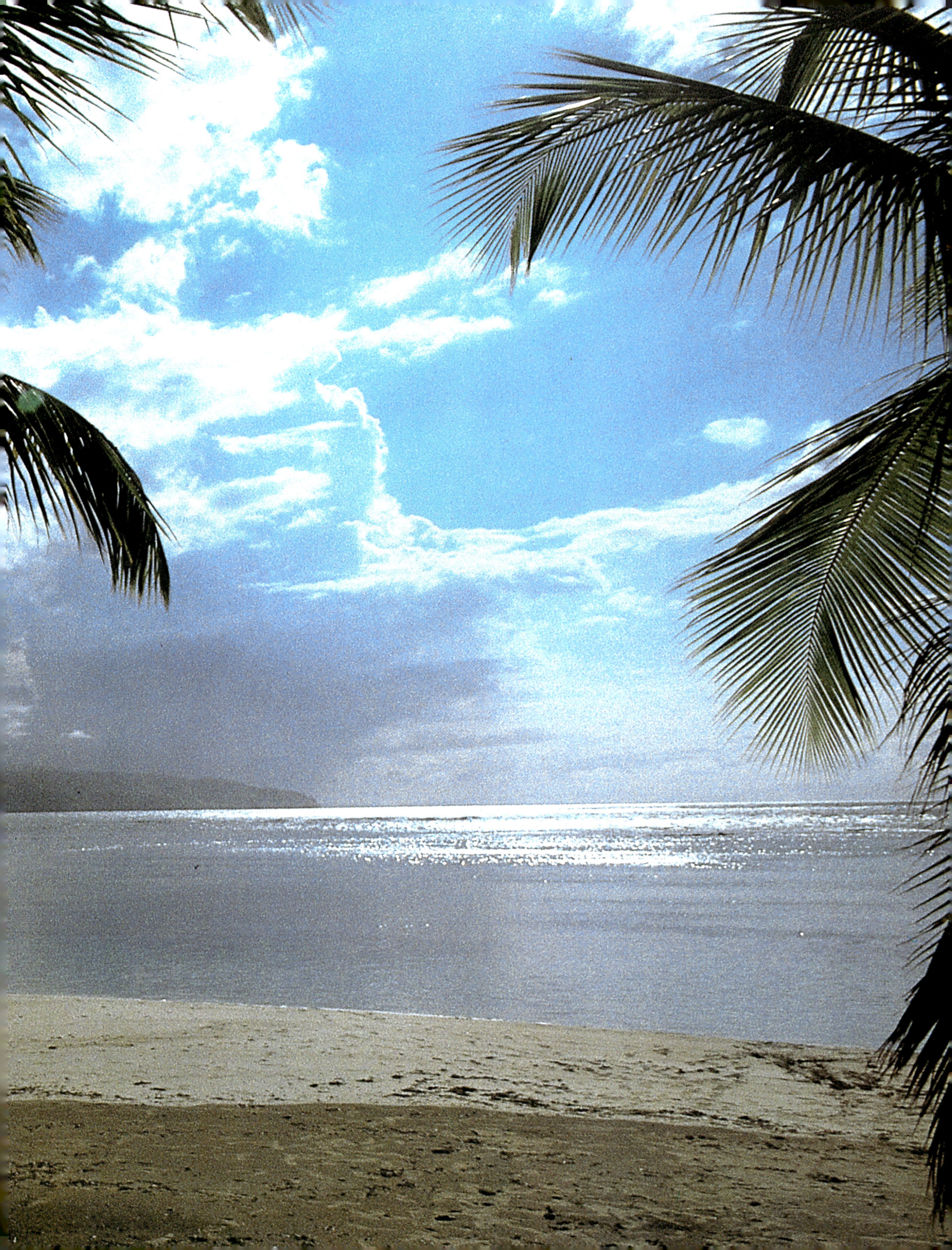

Endlose Palmenwälder überziehen die Halbinsel Samaná. Mit einem Boot gelangt man von der Hafenstadt Samaná auf die Cayo Levantado (rechts).

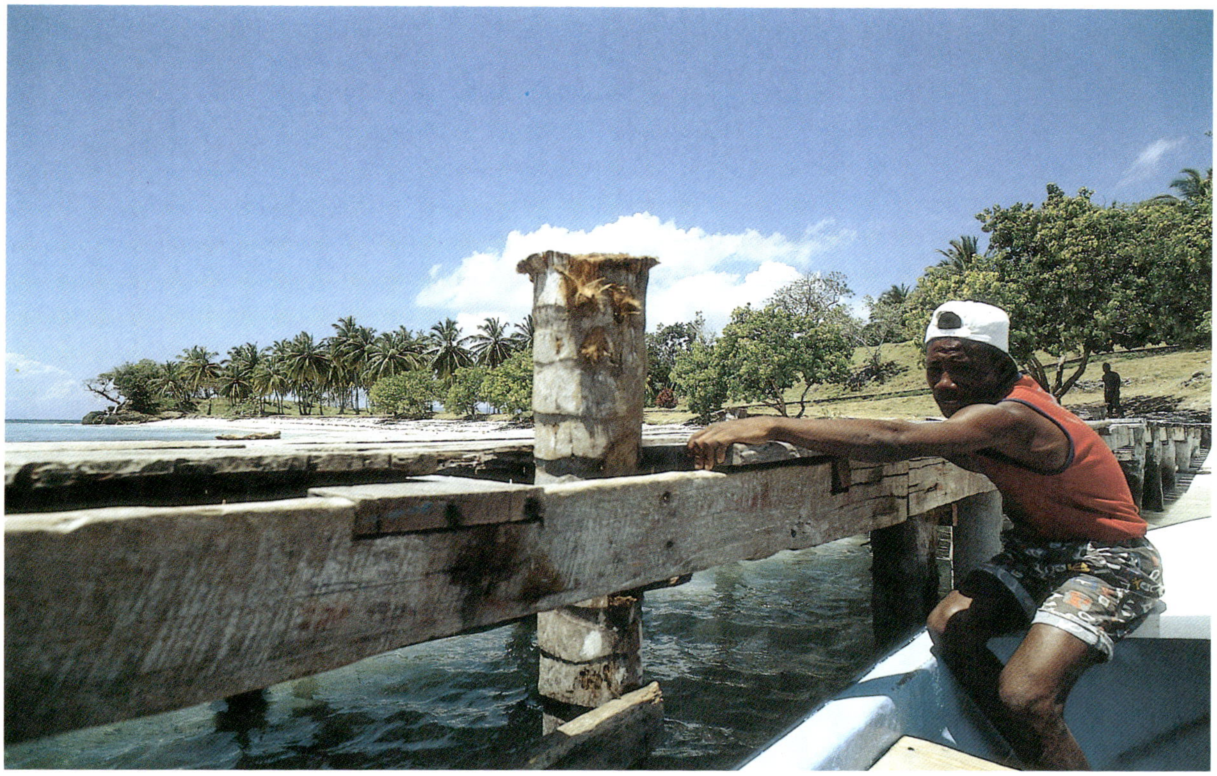

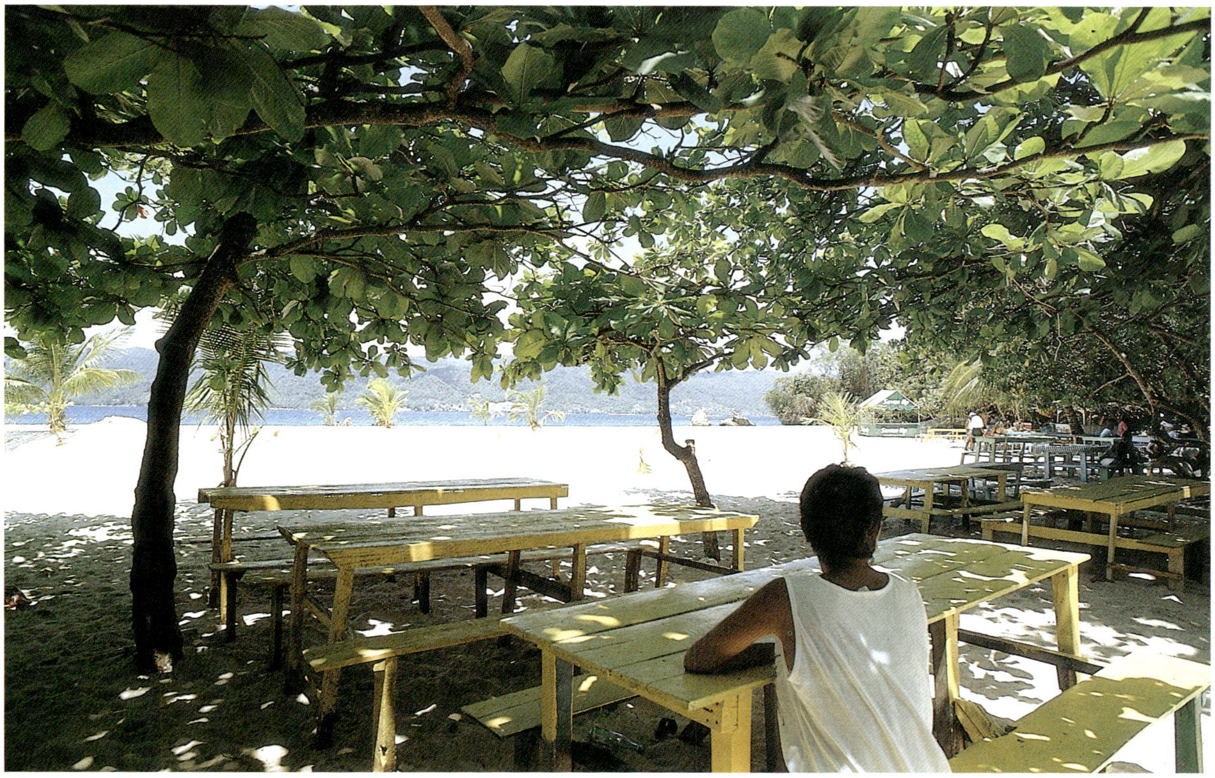

Durch die erdgeschichtlich isolierte Entwicklung der Insel gab es auf Hispaniola zunächst nur wenige Baum- und Pflanzenarten. Viele wurden eingeführt, so der Kakaobaum mit seinen direkt am Stamm wachsenden Früchten (links), der Tigerkrallenbaum mit seinen leuchend roten Blüten (rechts oben) und die Dattelpalme (rechts unten).

mit weißen Sandstränden und einer tropisch üppigen Vegetation. Verfallene Bungalows eines ehemaligen Hotels verleihen dem Eiland eine eigentümliche Atmosphäre. Draußen auf dem Meer, an der Stelle, an der die Bucht von Samaná in den Atlantik mündet, kann man von Januar bis März einige Wale, die durch die warme Meeresströmung angelockt werden, beim Liebesspiel beobachten.

An der Nordküste Samanás gibt es in der Nähe des verträumten Örtchens Las Galeras einsame Strandbuchten, wie die Playa El Rincón. Die Atlantikküste erreicht man über eine gut ausgebaute Straße von Sánchez aus, die über die steilen Hänge der bis zu 600 Meter hohen Berge nach Las Terrenas führt.

Auf den welligen Bergkuppen erstreckt sich der größte Wald von Kokospalmen, deren Kronen sich unter der Last von bis zu 80 Kokosnüssen im Winde wiegen.

Auf der Anhöhe vor Las Terrenas blickt man über den Palmenwald, der sich bis in die unzähligen Buchten der Halbinsel erstreckt, über der kleine Schäfchenwolken fast regungslos schweben. Oftmals, um die Mittagszeit, zieht weit draußen über dem tiefblauen Atlantik die graue Front eines Unwetters heran. Kurze, aber meist sehr heftige Regenschauer bringen angenehme Erfrischung für Pflanzen und die Menschen. Die Sandstrände reihen sich aneinander, an die das Meer grau-roten und schneeweißen Sand spült. In Richtung Meer geneigte Palmen, deren riesige Wedel die Wellenkämme der kräuselnden Brandung im Sonnenuntergang berühren, bieten ein nahezu klischeehaftes Bild von dieser tropischen Landschaft.

Der Norden des Landes wird durch den Gebirgszug der Cordillera Septentrional bestimmt. Dort, wo das Gebirge in das Brachland des Río Yuna im Osten ausläuft, durchziehen große Reisfelder die weiten Ebenen um San Francisco de Macoris. In dieser mit rund 80 000 Einwohnern viertgrößten Stadt der Dominikanischen Republik hat sich der ländliche Charakter weitgehend erhalten. Die Bauern leben dort auch heute noch fast ausschließlich von landwirtschaftlichen Erzeugnissen, insbesondere von ihrem Reis.

Weiter nordwestlich, wo die Bergspitzen der Cordillera Septentrional bis zu 1300 Metern Höhe erreichen, fällt das Gebirge steil nach Süden ab in das Cibao-Tal. Von der Paßhöhe beim San Victor Abajo bietet sich ein phantastisches Panorama. Der Blick schweift über sattgrüne, mit Palmen und Laubbäumen bewaldete Hänge hinunter in die breite Ebene, wo im blauen Dunst die hellen Mauern der Kleinstadt Moca flimmern. Dem Talverlauf nach Nordwesten folgend reicht der Blick derweil bis nach Santiago de los Caballeros. Auf den fruchtbaren Böden, die durch die Flüsse von den Bergen hintergespült werden, gedeihen nahezu alle Pflanzen und Gemüsesorten. Bereits mit den Eroberungszügen Kolumbus' begannen die Spanier mit dem Anbau von Zuckerrohr. Unter der Kolonialherrschaft der Franzosen weitete sich die Plantagenwirtschaft weiter aus, riesige Bananenplantagen und Tabakfelder bestimmen heute das Bild. Das Tal des Río Yaque del Norte, der sich von Santiago bis an den äußersten Nordzipfel des Landes bei Monte Christi erstreckt, durchziehen die größten Tabakplantagen der Republik. Unter mit Stroh abgedeckten Dachkonstruktionen sind Tabakblätter zum Trocknen aufgereiht, die sich kontrastreich von den mit Palmen bewaldeten Bergen im Hintergrund abheben. Je weiter man nach Nordosten gelangt, desto unwirtlicher wird die Landschaft. Während einer Fahrt in Richtung Monte Christi – die Bewohner dort ernähren sich von der Salzgewinnung und vom Fischfang – kann man Kakteen und Scheinakazien entdecken, die aus dem vom Salzwasser ausge-

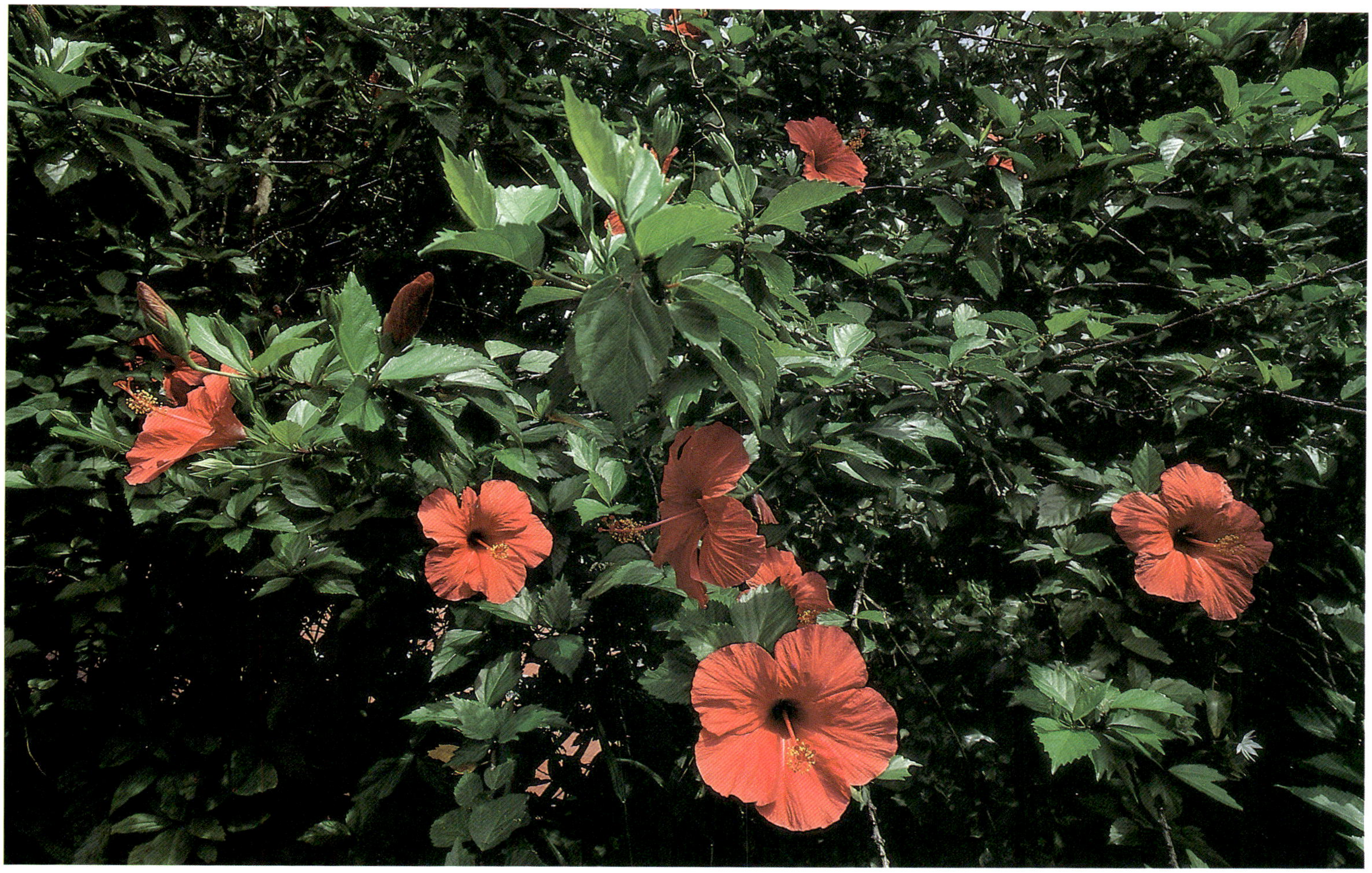

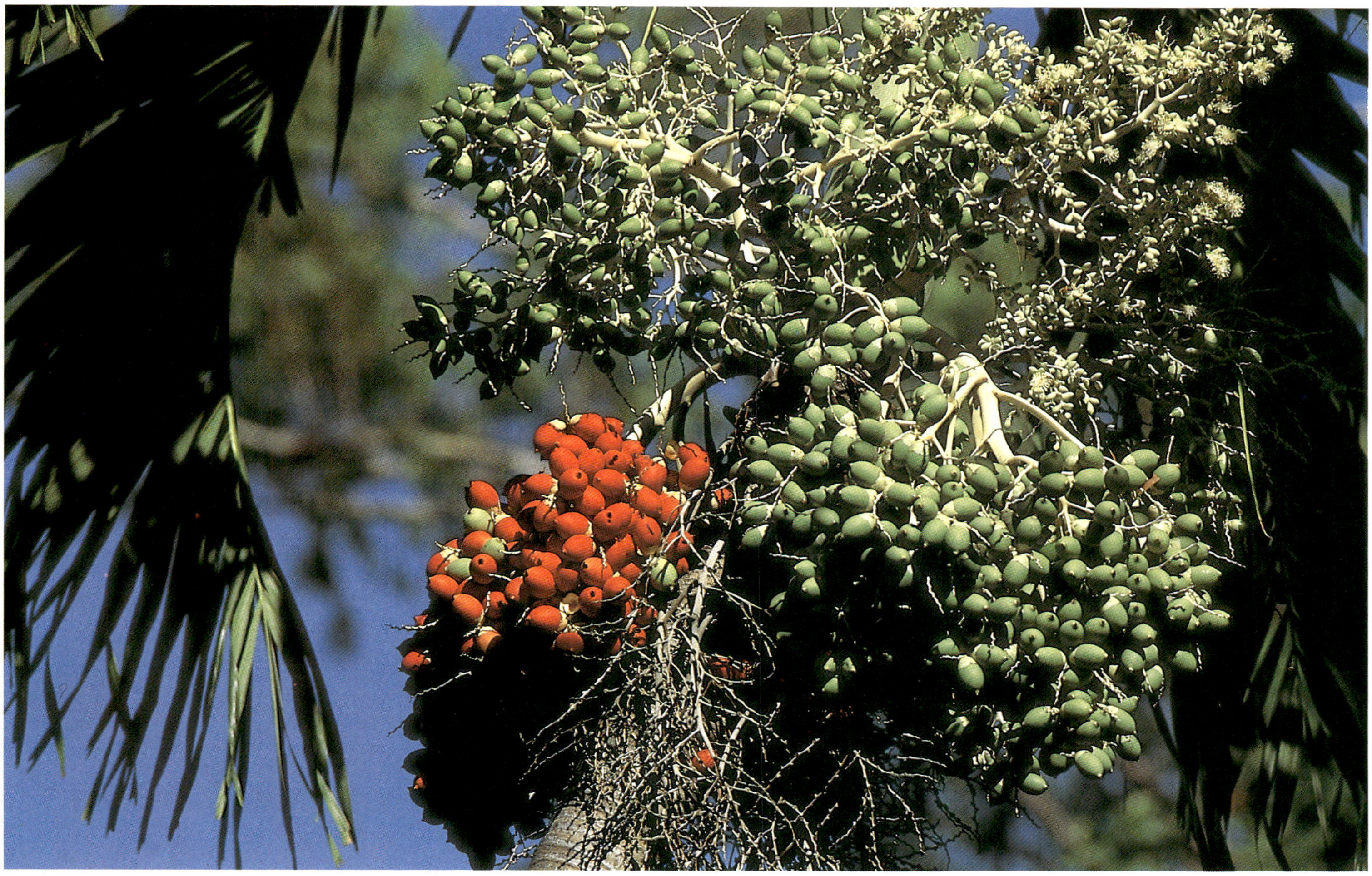

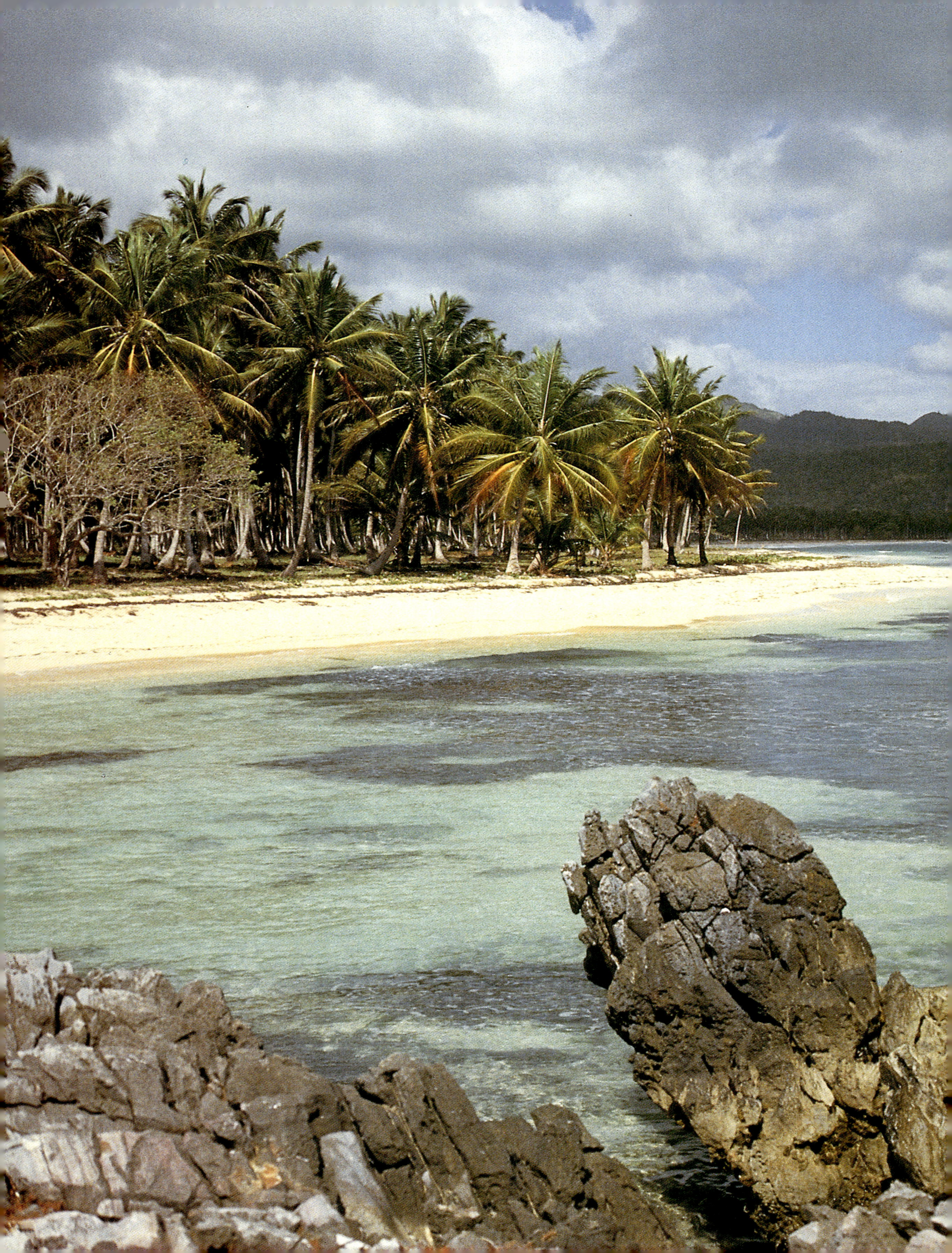

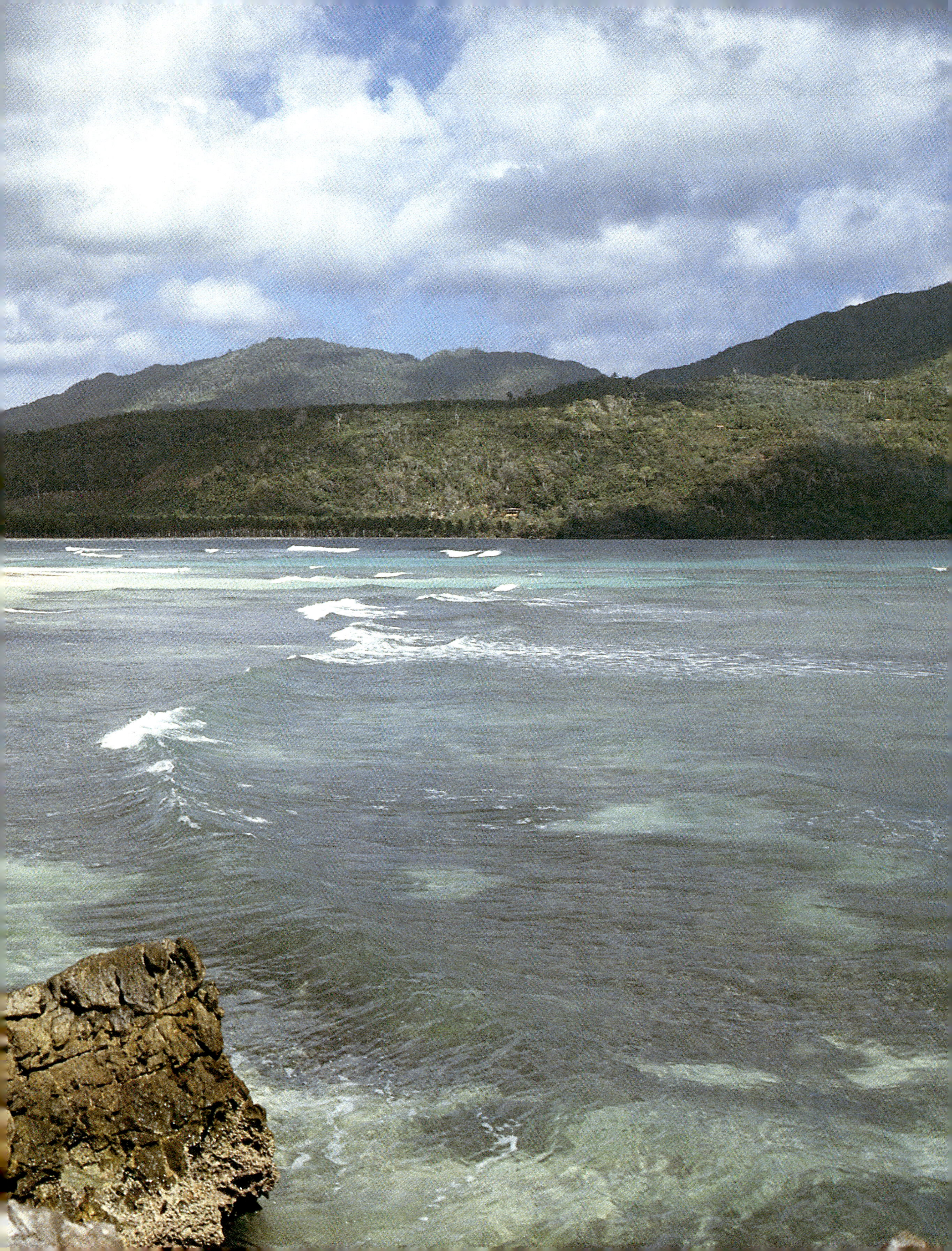

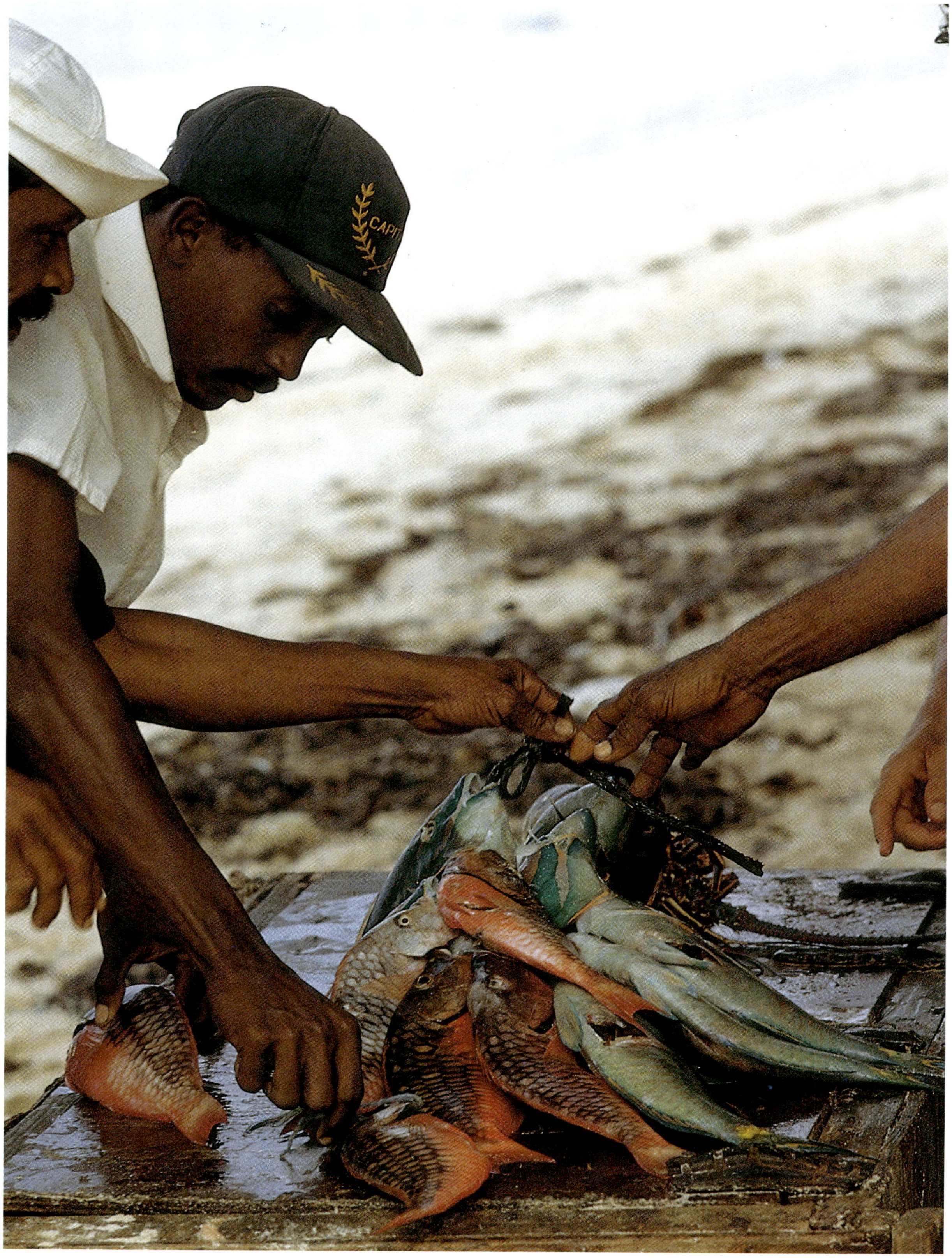

waschenen Boden sprießen. An den durch Eisenoxid dunkel gefärbten Stränden leben seltene Wasservögel und Meeresschildkröten, die ihre Eier im Sand ausbrüten.

An der Nordseite der Cordillera Septentrional ziehen sich an den Ufern des Atlantiks endlose Sandstrände hin. In Städten wie Puerto Plata, Sosúa und Cabarete hat sich daher auch eine gut ausgebaute touristische Infrastruktur gebildet. Bizarre Karstfelsen erstrecken sich entlang der Küste, von deren durch Salzwasser ausgespülten, scharfkantigen Felsvorsprüngen tropische Schlingpflanzen über den Wipfeln großer Palmen schweben. Aber auch der Mangrovenhain der Cri-Cri-Lagune bestimmt das exotisch anmutende Landschaftsbild.

Das Landesinnere beherrscht der massive Gebirgszug der Cordillera Central, durch den im Nordwesten die Grenze zu Haiti verläuft. Während die Vegetation auf haitianischer Seite verkümmert, weil der Boden durch exzessive Rodung der Wälder erodiert, bewalden Pinien und Tigerkrallenbäume die Bergrücken auf der dominikanischen Seite. Bei der Ortschaft Restauración blühen Tulpen- und feuerrote Flamoyant-Bäume in den Flußtälern. Die dominikanische Regierung hat zwar das Abholzen der Bäume mit Gefängnisandrohung unter Strafe gestellt, doch hin und wieder steigen weißgraue Rauchwolken aus Meilern empor, in denen Köhler das Holz frisch geschlagener Bäume verkoken. An der Nordseite des Gebirgsmassivs wechseln sich feuchte und trockene Landstriche mit solchen ab, die mit Strauchgras bewachsen sind. In einigen Flußgeröllen finden sich sogar Versteinerungen von Korallen, Muscheln und Krebsen. Von San José de las Matas aus gelangt man auch zum Pico Duarte.

Viehweiden und Bananenplantagen prägen das Gebiet um San Juan an der Südseite der Cordillera Central. Auch hier ist die schon in der Kolonialzeit geschaffene agrarwirtschaftliche Struktur noch erkennbar. Durch das gesamte Tal ziehen sich Reisfelder; Kaffee- und Bananenplantagen befinden sich in Hanglage. Die zahlreichen Flüsse aus der Cordillera Central im Norden und der Sierra de Neiba, die das Tal im Süden begrenzt, bewässern den Boden.

Nahe der Kleinstadt San Juan erinnert noch heute der Corral de los Indios an die vergangene Taíno-Kultur. Der mit großen Steinen eingefaßte Platz in der Größe eines Fußballfeldes diente den Taínos vermutlich als Versammlungsplatz, auf dem sie ihre Spiele, Tänze und religiösen Zeremonien abhielten.

Einfache, bunt bemalte Holzhäuser säumen die schlecht befestigten Wege des vulkanischen Umlandes, in dem sich viele bäuerliche Gemeinschaften ansiedeln. Akazien und Kakteen bedecken das niederschlagsarme Gebiet in den höheren Regionen bei Hatico. Hin und wieder begegnet man bizarren, fast gespenstisch anmutenden Bäumen. Ihre Zweige sind von Bromelien behangen, einer nicht-parasitären Flugpflanze, die von den Dominikanern *cabello de hadas,* Hexenhaar – im deutschen Sprachraum auch Greisenbart – genannt wird. Durchquert man dieses fruchtbarste und größte Tal des Landes, passiert man riesige Tabak- und Bananenplantagen. Großblättrige Bananenstauden, deren spitz zulaufende, dunkelrote Blüten nach unten hängen, säumen die Straßen. Hier werden die reifen und gelben Früchte in halbjährlichen Abständen abgeschnitten. Hin und wieder sieht man auch rote Bananen, die im Geschmack besonders kräftig sind.

An den östlichen Ausläufern der Cordillera Central, zwischen Bonao und La Vega, leuchten saftig grüne Reisfelder im Licht der späten Nachmittagssonne. Von hier aus gelangt man rasch zu der Cordillera Central. Nach einem steilen Anstieg breitet sich auf etwa 1200 Metern die Hochebene von La Constanza aus. Auffälligste Veränderung der Landschaft ist der Mischwald. Palmen, Nadelbäume und riesige Baumfarne wachsen an den steilen Hängen, und so manche Nische erinnert fast an den heimischen Schwarzwald. Vereinzelt gedeihen bei gemäßigten Temperaturen in diesem Gebiet auch Äpfel und Erdbeeren. Große Salat- und Kohlfelder betten sich zwischen die Berghänge wie gemusterte Matten, zwischen denen die Glasscheiben von Gewächshäusern das Sonnenlicht reflektieren. Bunte Blumen, blaue und gelbe Nelken, werden hier gezüchtet und später zur Dekoration von Hotel-Eingangshallen und öffentlichen Gebäuden benutzt. Die hier auf der Hochebene wohnenden Bauern leben abgeschieden, und nur wenige kennen ihre Hauptstadt. Sie bestellen ihren Acker, der hier das ganze Jahr bewirtschaftet werden kann, denn

Bild linke Seite:
Die Einwohner von Las Galeras leben vom Fischfang.

Vorhergehende Doppelseite:
Playa Rincón, eine einsame Bucht bei Las Galeras, liegt im Nordosten der Halbinsel Samaná.

Nachfolgende Doppelseite:
Blick über die Nordseite der Halbinsel Samaná.

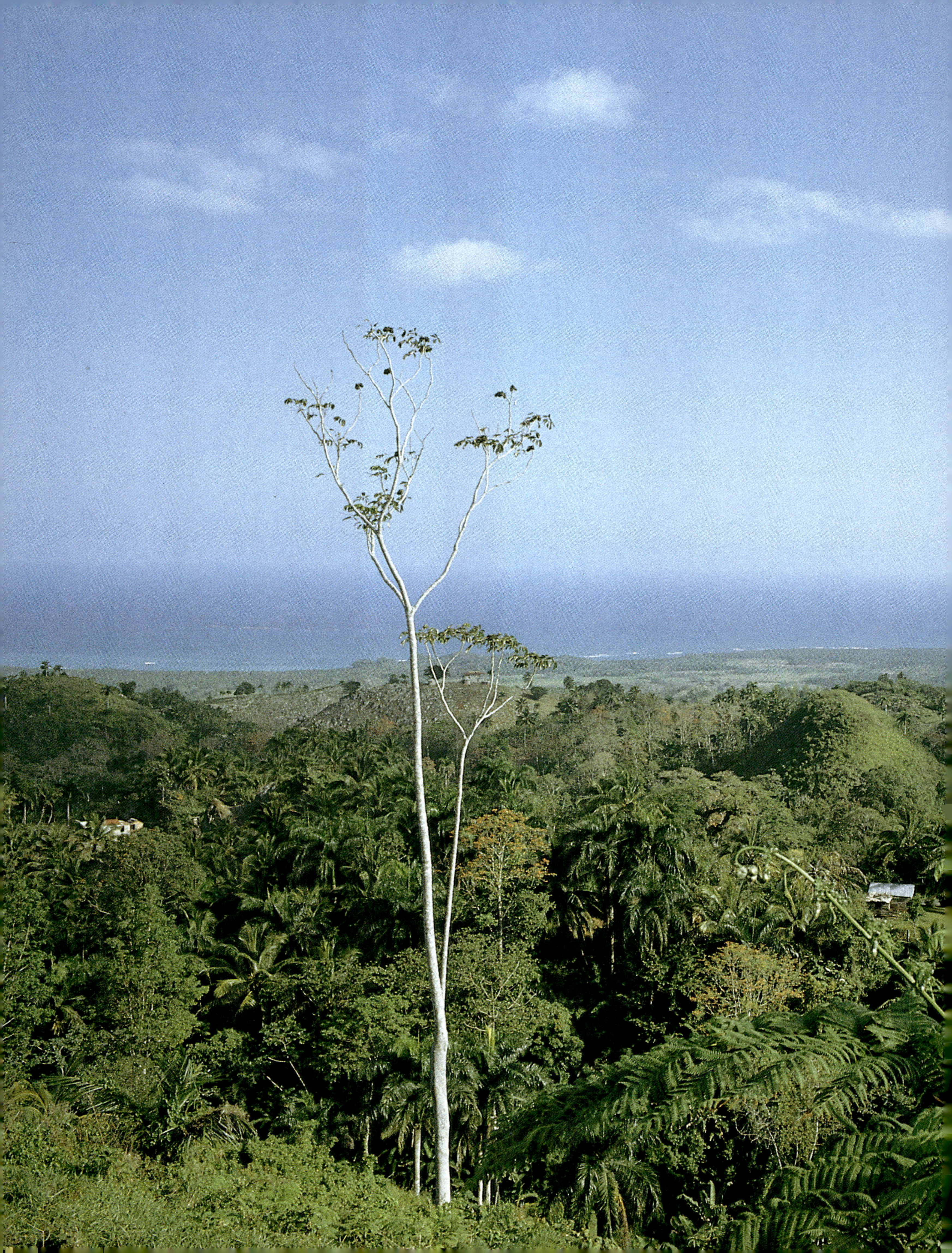

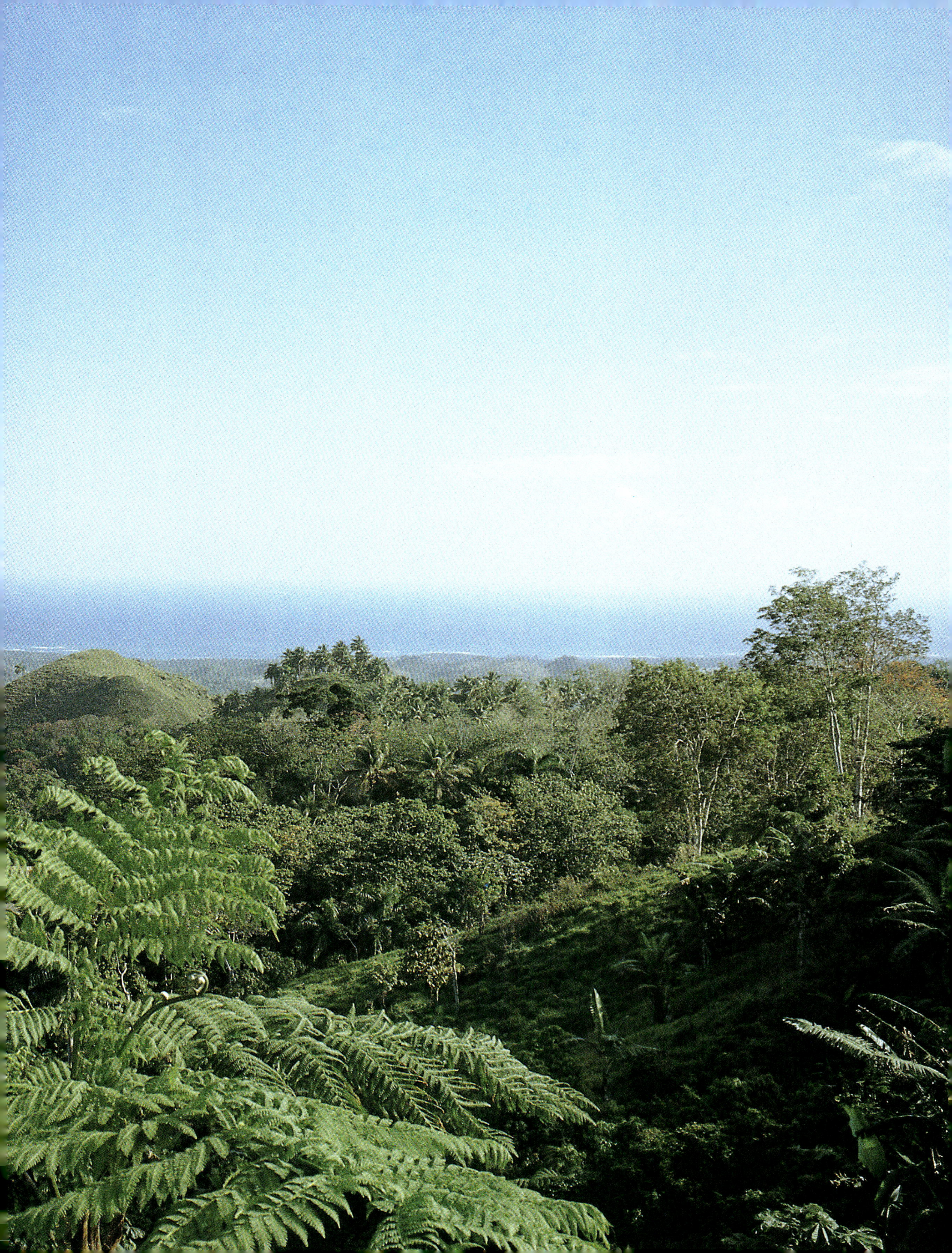

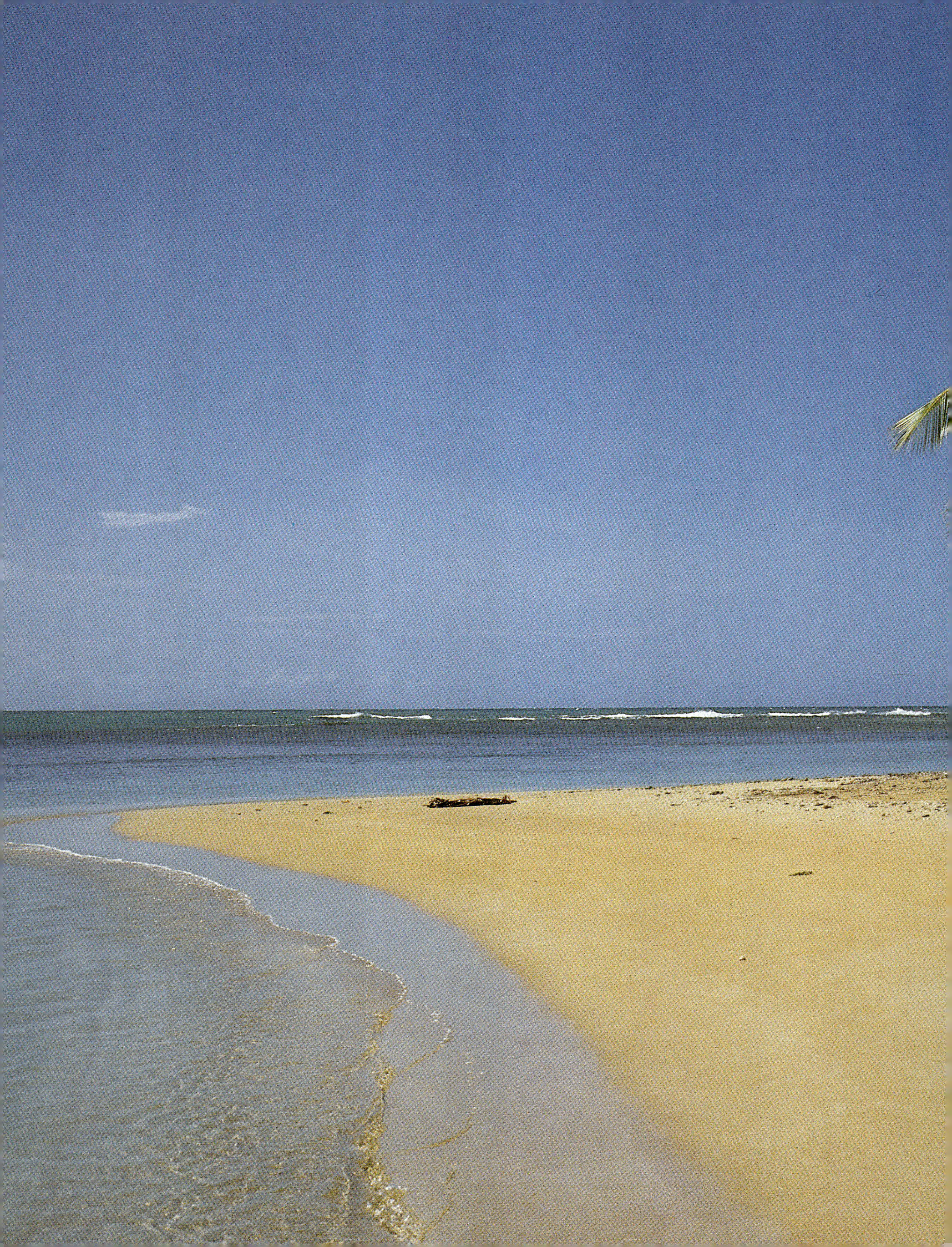

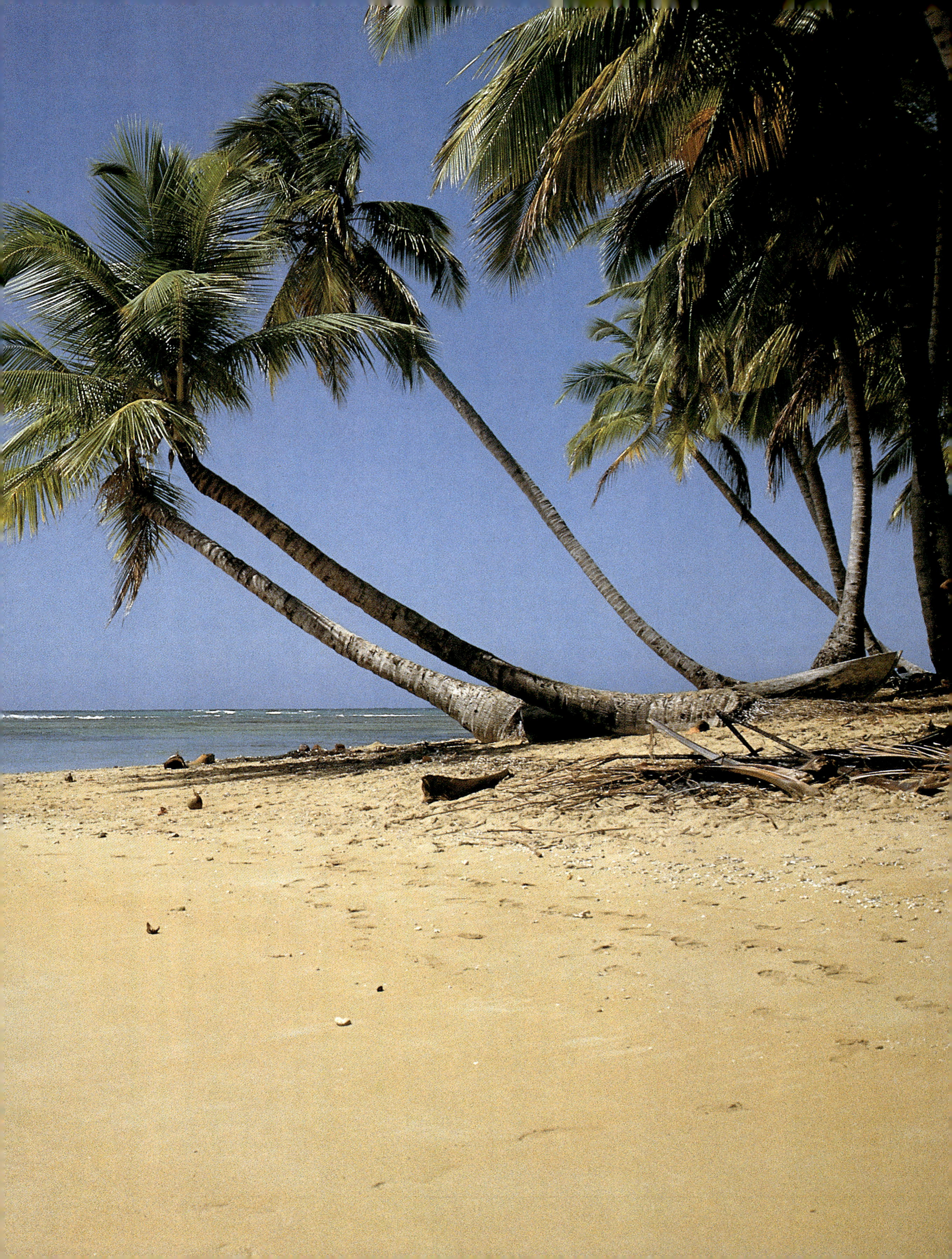

Bilder rechte Seite:
Der Fluß ist für viele Menschen die Lebensader. Er wird zum Baden, Wäsche- und Autowaschen gleichermaßen genutzt. Noch tragen die Frauen das Wasser und Lebensmittel auf dem Kopf nach Hause.

Vorhergehende Doppelseite:
Las Terrenas, der Strand von Punta Bonita.

Nachfolgende Doppelseite:
Die Süßwasserlagune Cri Cri in Río San Juan ist mit ihren Mangrovenbäumen ein beliebtes Ausflugsziel.

selbst im Winter sinkt die Quecksilbersäule nachts nur auf acht bis zehn Grad Celsius. Nur hier haben die Häuser auch kleine Schornsteine, damit in der kalten Jahreszeit geheizt werden kann. Vereinzelt fahren Traktoren über die Felder, und Sprinkleranlagen bewässern das Ackerland. Im übrigen ist das Bauernhandwerk bis heute harte Knochenarbeit. Die ganze Familie hilft bei der Ernte, zieht zum Beispiel Knoblauchknollen von Hand aus dem Boden. Wer dem unbefestigten Weg hinter La Constanza folgt, gelangt schließlich an einen der größten Wasserfälle der Insel. Die Dominikaner nennen ihn Agua Blanco, weißes Wasser, weil er aus einer Höhe von rund 70 Metern mit schäumender Gischt in die Tiefe stürzt, wo er sich in einem großen Staubecken zwischen den Felsen seinen Weg in das Tal sucht. An dem seitlich steil abfallenden, schmalen Pfad, an dessen Talkante ein Marienstandbild an einen Verunglückten erinnert, erhebt sich direkt vor dem Auffangbecken ein Felsaufbau, der einem Hünengrab gleicht.

Über Bonao und Villa Altagracia, wo sich riesige Ananas- und Orangenplantagen erstrecken, gelangt man in den Süden der Republik. Westlich von Santo Domingo liegt San Cristóbal, wo vor den bunt gestrichenen Holzhäusern der Bauern Hibiskussträucher, Grapefruitbäume und Königspalmen stehen. Unweit der Costa del Sur, der Küstenregion zwischen Santo Domingo und Las Salinas, liegen die Ruinen einer Zuckerraffinerie aus der Kolonialzeit und erinnern daran, daß sich hier bereits 1516 die erste Zuckermühle drehte, die mit Wasserkraft angetrieben wurde. Bei Sabana Grande de Palenque werfen die Baumkronen von Palmen und Mandelbäumen Schatten auf den Sandstrand, dem kleine Riffe vorgelagert sind. Hier kann man die faszinierende Unterwasserwelt der Karibischen See beim Schnorcheln oder Tauchen erforschen und sich an den bunten Korallenbänken und den farbigen Fischen wie dem Kaiserfisch erfreuen.

Auf dem Weg in den Südwesten der Insel erreicht man die Ortschaft Baní westlich von San Cristóbal. In der Strauch- und Kakteensteppe weiden Rinder und Ziegen. Sie bilden die Lebensgrundlage der hier ansässigen Bauern, die den unfruchtbaren, steinigen Kiesboden nicht mehr bebauen können. In den zahlreichen Kies- und Sandgruben der Region arbeiten viele Menschen, denen die Vieh- oder Landwirtschaft keine ausreichende Lebensgrundlage bietet. Andere verdienen sich ihren Lebensunterhalt als Holzschnitzer. Aves de madera, Holzvögel, Perlhühner, Enten und Tauben, stehen bunt bemalt am Wegesrand und werden zum Verkauf angeboten.

Je weiter man in Richtung Westen fährt, um so trockener und staubiger wird die Ödlandschaft. Nur noch dorniges Gestrüpp und Kakteen sprießen in der Küstenregion der Provinzstadt Azua aus dem steinigen Boden. Von wenigen künstlich bewässerten Tomatenplantagen kapitalkräftiger Großgrundbesitzer abgesehen, bestimmen abgeholzte, erodierte Hügel den steppenartigen Charakter der Landschaft. Dazwischen erheben sich die Ruinen von Puerto Viejo, dem alten Hafen der Ortschaft, der – wie die im Jahr 1504 gegründete Stadt – durch ein Erdbeben und eine verheerende Flut 1751 dem Erdboden gleichgemacht wurde. Heute reihen sich entlang der Straßen saubere, bunt angestrichene Holzhäuser aneinander.

Nicht weit von der Hafenstadt Barahona entfernt, an der Bahia de Neiba, beginnt der Enriquillo-Graben, der sich nach Westen bis an die haitianische Grenze erstreckt. Zuckerrohrfelder überziehen das Land. Zwischen ihnen liegen einzelne bateys, in denen haitianische Lohnarbeiter mit ihren Familien zusammengedrängt in ärmlichen Lehmhütten leben. Kleine malerische Dörfer mit bunten Holzhäusern, vor denen einige Kakteenblüten farbig leuchten, säumen den Weg am Nordufer des Lago Enriquillo. Zwischen der Sierra de Neiba und der Sierra de Baoruco eingebettet, weitet sich der mit 260 Quadratkilometern größte Binnensee der Karibik aus. Der heute etwa 44 Meter unter dem Meeresspiegel liegende Lago Enriquillo ist der Rest eines Meeresarmes, der einst die Bucht von Neiba mit der von Port-au-Prince verband. Doch im Laufe der Jahrtausende trocknete er immer weiter aus; seine Salzkonzentration erhöhte sich ständig. Nur wenige Pflanzen können hier gedeihen. Kakteen und Akazien sprießen aus lehmigem Boden. Wer die Hand in das Wasser hält und dann von der Sonne, die hier an heißen Tagen mit über 40 Grad Celsius erbarmungslos niederbrennt, trocknen läßt, kann hinterher eine Salzkruste von seiner Haut bürsten. Am Nordufer des Sees, wo einzelne, mit Süßwasser gefüllte Lagunen zum erfrischenden

81

WELCOME
La Asociación de Boteros
de la Laguna Gri-Gri
les da la bienvenida
La Islita - Playa Caletón y
Cueva Las Golondrinas.
NOTA: DE 2 A 10 PERSONAS, $200.ºº
MAS DE 10 PERSONAS, $20 C/U

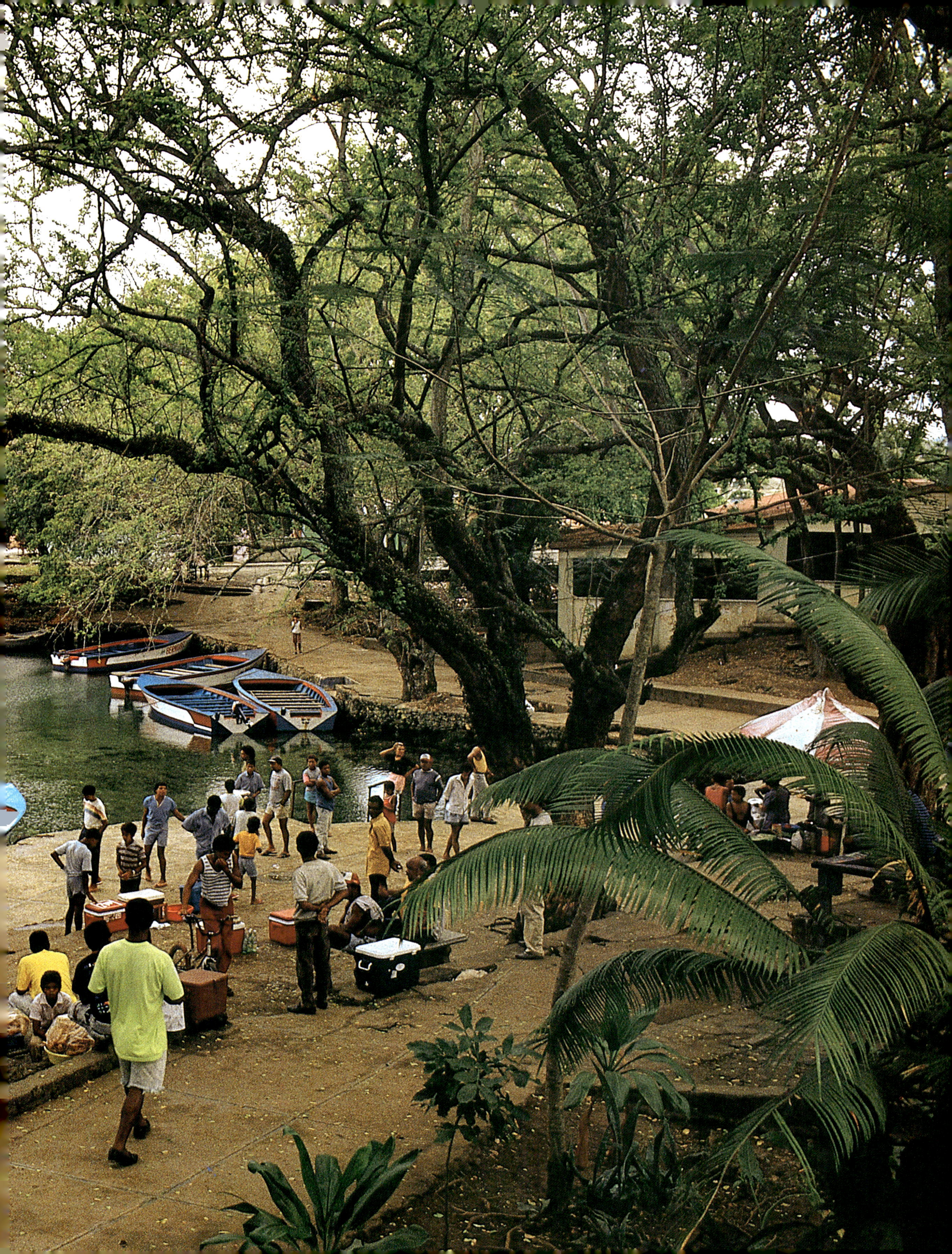

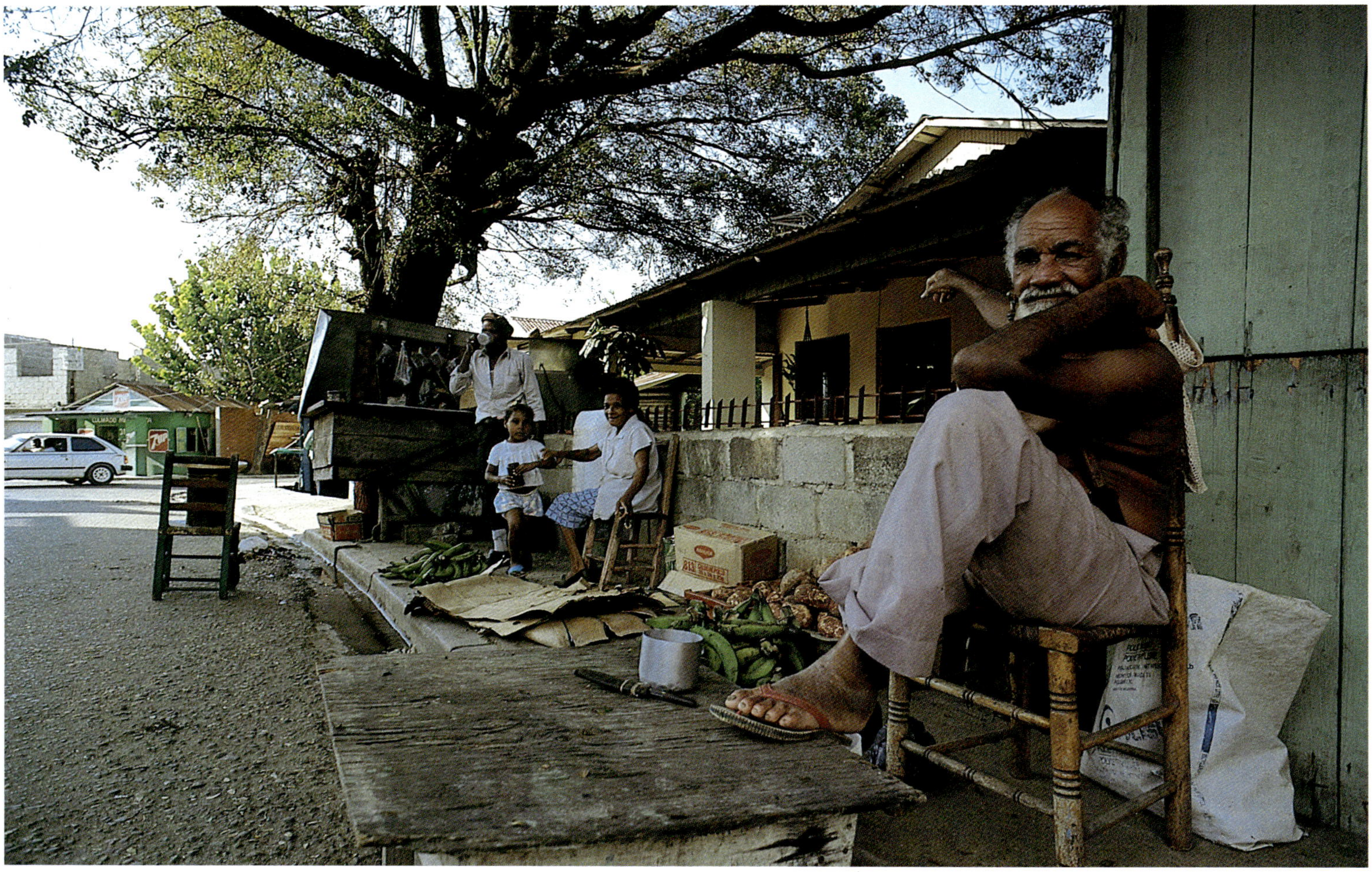

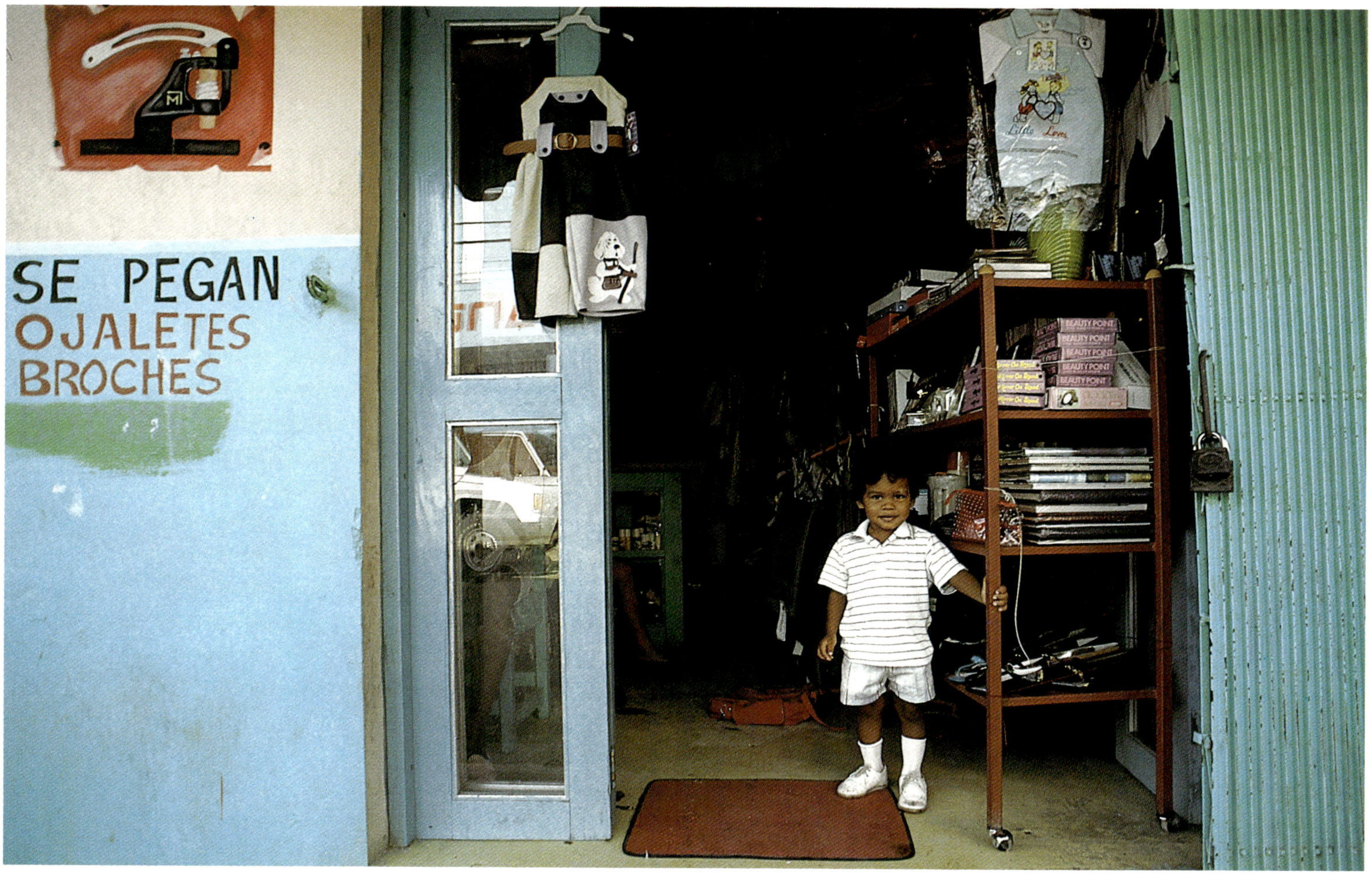
SE PEGAN
OJALETES
BROCHES

SHOP
#15
NIOR
JHONATAN
Ramiro Dominguez
SHOP
SKY
KIND OF
#18
GIFT SHOP
SUNRISE

Bilder rechte Seite:
Von dem 793 m hohen Berg Isabel de Torres aus kann man den Blick auf die Hauptstadt Puerto Plata genießen (oben). Im Zentralpark der Stadt steht einer der schönsten Pavillons der Insel, Glorieta Siciliana genannt (unten).

Vorhergehende Doppelseite:
Im Schatten eines Baumes ist die Mittagshitze erträglich (links oben). Überall gibt es Möglichkeiten zum Bummeln und Einkaufen, beim Trödler (links unten) oder in einem der Souvenir-Geschäfte wie hier am Strand von Sosúa (rechts oben). Am Wegesrand werden Gemälde vorwiegend haitianischer Künstler verkauft (rechts unten).

Nachfolgende Doppelseite:
Am nordwestlichen Ende des Malecóns von Puerto Plata liegt das alte spanische Fort San Felipe.

Bade einladen, werden an den Hängen der Sierra de Neiba vereinzelt Weintrauben angebaut. Hat man den angebotenen Wein jedoch einmal probiert, wird man gerne auf den hier wirklich meisterhaft verarbeiteten Rum zurückgreifen.

Am Südufer des Sees, nahe der haitianischen Grenze bei Jimani, wird die Landschaft zur Kakteenwüste. Hier trocknet der See immer weiter aus. Dornsträucher und Kakteen ragen aus der Salzkruste empor. Mit Salz überzogene und von der Sonne ausgebleichte Baumstümpfe liegen am Strand. Inmitten des Sees erhebt sich aus dem ehemaligen Meeresboden die Insel Los Cabritos. Hier liegen morgens auf dem von abgestorbenen Korallen übersäten Sandboden amerikanische Spitzkrokodile und sperren ihre Mäuler der Sonne entgegen. Sie leben mit den rosafarbenen Cucharetas, einer seltenen Reiherart, und einigen Nashornleguanen in einer Art Lebensgemeinschaft. Auch eine kleine Kolonie von Rosaflamingos nistet in den morastigen Uferregionen.

Die Hügel der Sierra de Baoruco im äußersten Südwesten der Halbinsel Baoruco gehören zu den dünnbesiedelten Landstrichen der Dominikanischen Republik. Nur vereinzelt trifft man in der von Kakteengestrüpp bedeckten Hügellandschaft auf Bauern, die in der Sabana de Algodón, der Baumwollebene, Rinder- und Ziegenzucht betreiben. Dagegen heben sich entlang der Küste zwischen den Orten Baoruco, Paraiso und Enriquillo die Palmenwälder am Strand von der türkisfarbenen Karibischen See mit ihren pittoresken, weißen Schaumkronen malerisch ab.

Der Weg in den Südosten der Republik führt von Santo Domingo aus die Küstenstraße entlang. Die Bucht bei La Caleta, einem Vorort der Hauptstadt, ist zum Unterwasser-Nationalpark erklärt worden, da der Fischbestand in den letzten Jahren erheblich zurückging. Ein Teil der Bucht von Boca Chica ist von einem Riff abgetrennt und kaum eineinhalb Meter tief. Diese Lagune ist das beliebteste Ausflugsziel der Bewohner von Santo Domingo, denn das klare Wasser lockt nicht nur Badegäste, sondern auch Surfer und Jet-Ski-Fahrer aus der Metropole zum Kurzurlaub. Ganz in der Nähe der kleinen Isla de Pinos, einer mit Pinien bewachsenen Insel, liegen große Hochsee-Yachten in der Bucht vor Anker.

Die weniger Betuchten suchen weiter östlich, entlang der Küstenregion der Juan Dolio, Erholung. Hier teilen sie die Strände mit den Touristen, die in den zahlreichen Hotelanlagen ihre Urlaubszeit verbringen. Die Sandstrände sind von felsigen Abschnitten durchbrochen, die von der Karibischen See unterhöhlt werden. Meterhohe Fontänen jagen zwischen den Felsen empor.

In San Pedro de Macoris erhebt sich am Ufer des Flusses der qualmende Schornstein einer der größten Zuckerraffinerien der Dominikanischen Republik. In dieser Stadt, die wegen des Zuckerbooms um die Jahrhundertwende expandierte, stehen noch heute zahlreiche Häuser und Villen im neoklassizistischen und viktorianischen Stil. Auch der Turm der 1913 fertiggestellten Kirche San Pedro Apóstol fällt ins Auge. Am Flußufer liegen kleine, bunt lackierte Fischerboote im Schatten einiger Bretterhütten.

Erwähnenswert ist auch La Romana, wo einst von dem US-Konzern Gulf & Western Company eine Zuckerraffinerie betrieben wurde und später die Ferienanlage Casa de Campo entstand. Die amerikanische Firma legte einen künstlichen Sandstrand an, installierte Golfplätze und Polofelder in einer von zahlreichen Bungalows zersiedelten Landschaft. Mit dem zunehmenden Tourismus weichen die kleinen und malerisch verwitterten Fischerboote im Hafen von La Romana großen Hochsee-Yachten. Wegen des vielfältigen Freizeitangebots erfreut sich dieser Ort in einer steppenartigen Landschaft ungebrochenen Zuspruchs kapitalkräftiger Urlauber, denn Casa de Campo wirkt in dem unwirtlichen Umland wie eine Oase mit üppiger Vegetation.

Auch das Künstlerdorf Altos de Chavón ist von Charles Bludhorn, dem einstigen Präsidenten von Gulf & Western, Ende der 70er Jahre im nachempfundenen Stil der Kolonialzeit erbaut worden. Verwinkelte Gassen und Gebäude aus Korallengestein, ein Brunnen mit wasserspeienden Fischen, Obelisken und die kleine Kirche Iglesia de San Estanislao im Zentrum gehören ebenso dazu wie das große Amphitheater, in dem Frank Sinatra, Julio Iglesias und andere Unterhaltungskünstler auftraten.

Von der Anhöhe über dem Chavón genießt man einen herrlichen Ausblick auf den gleichnamigen Fluß mit seinem palmenbewachsenen Ufer.

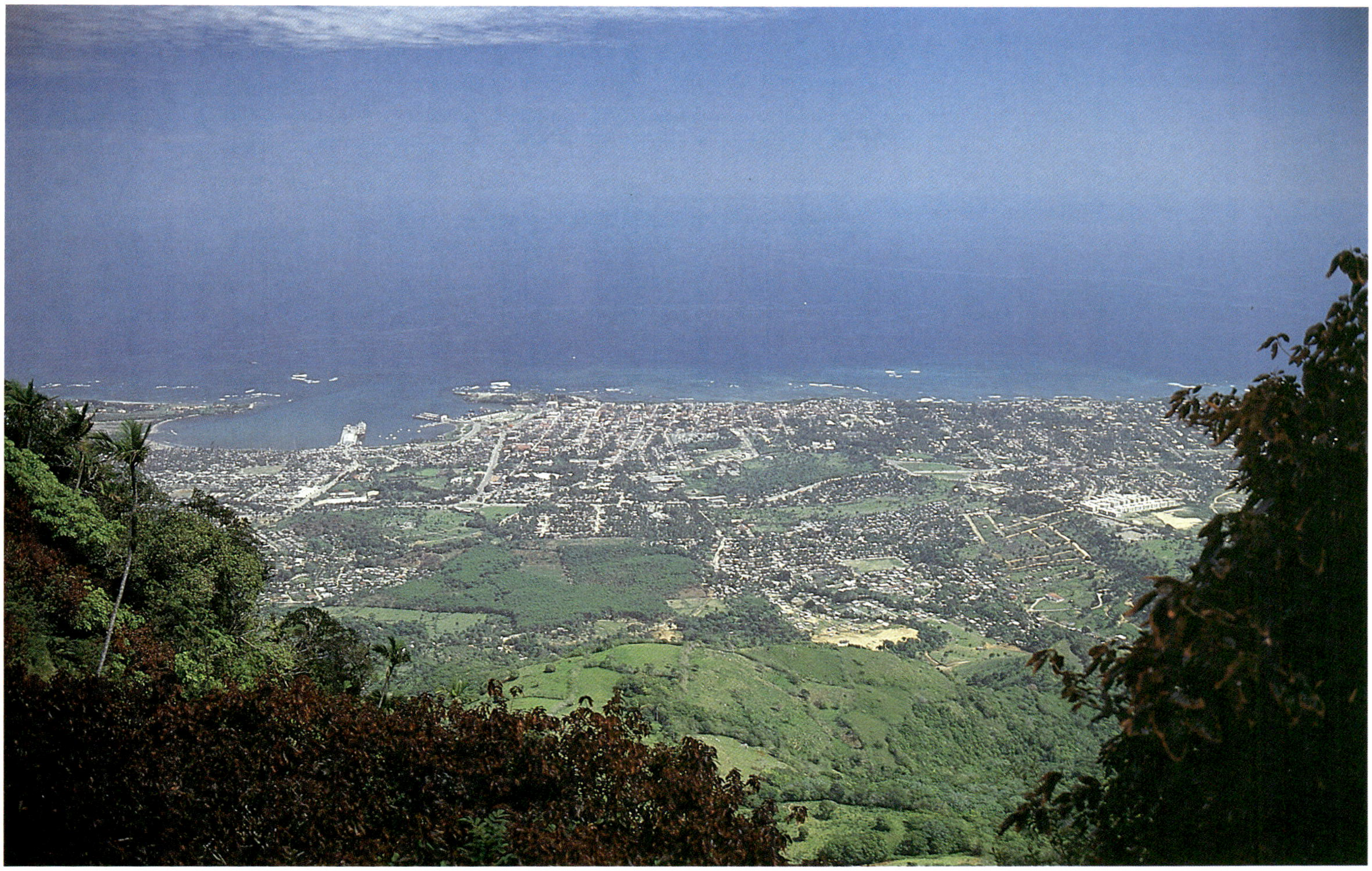

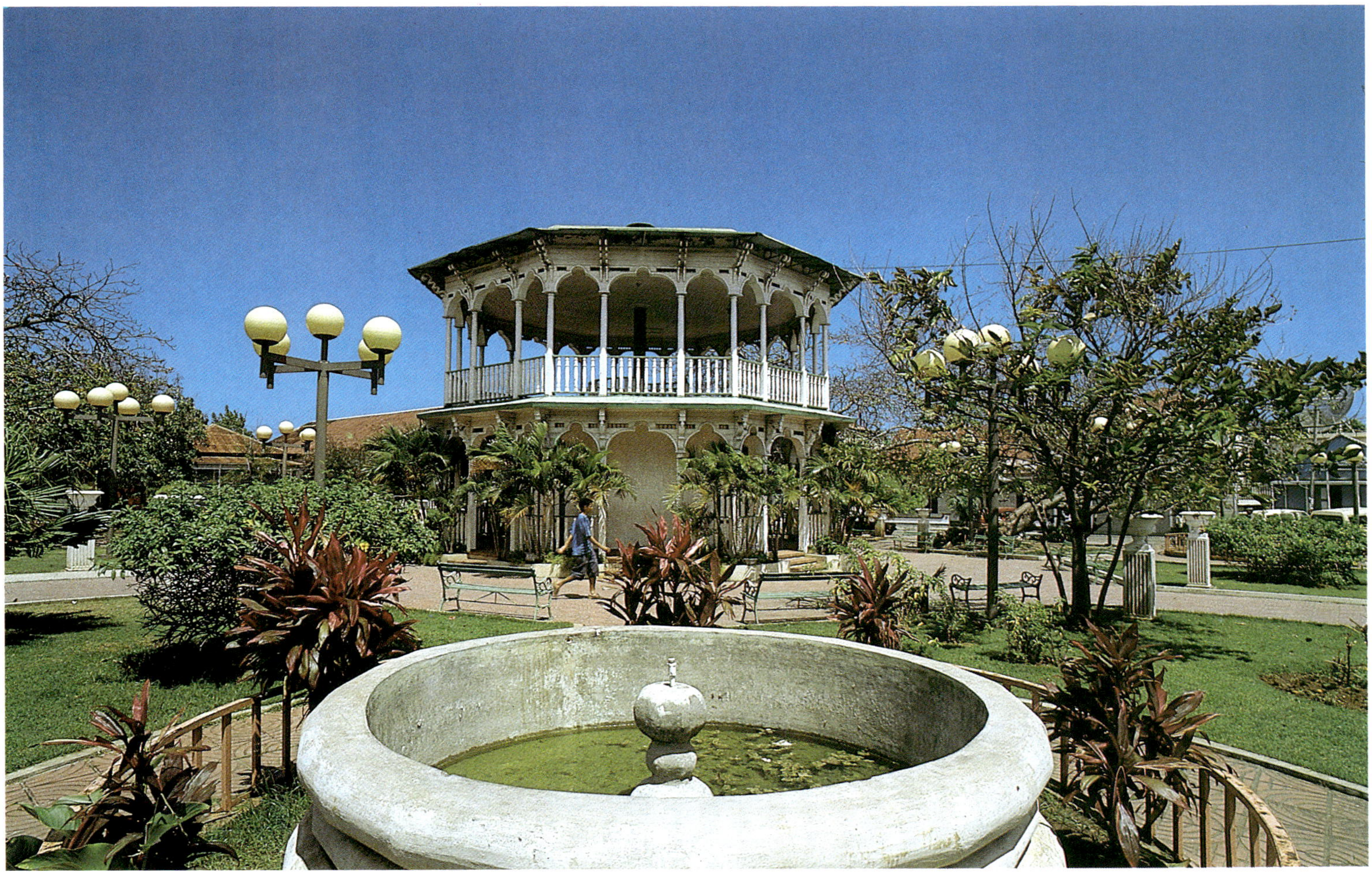

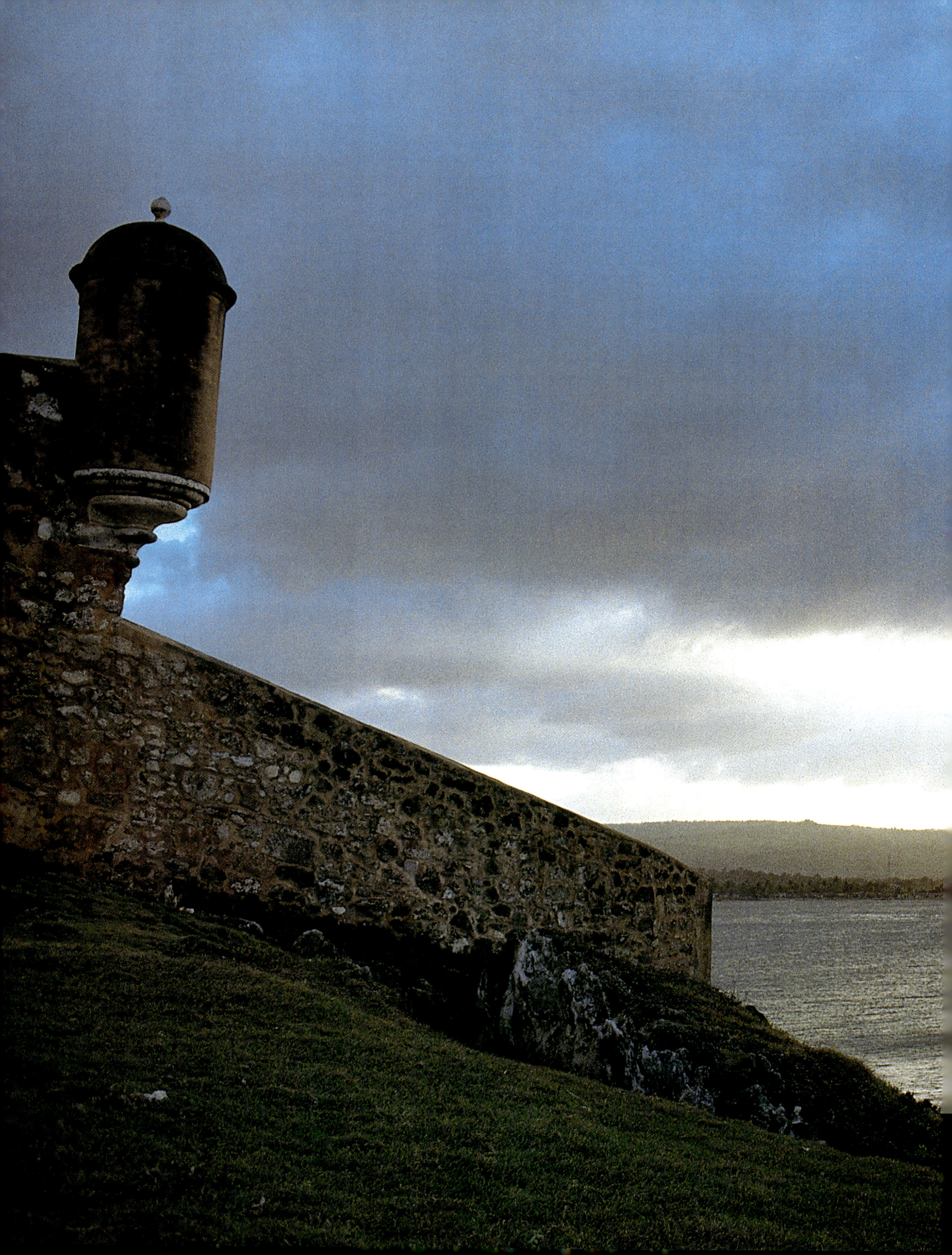

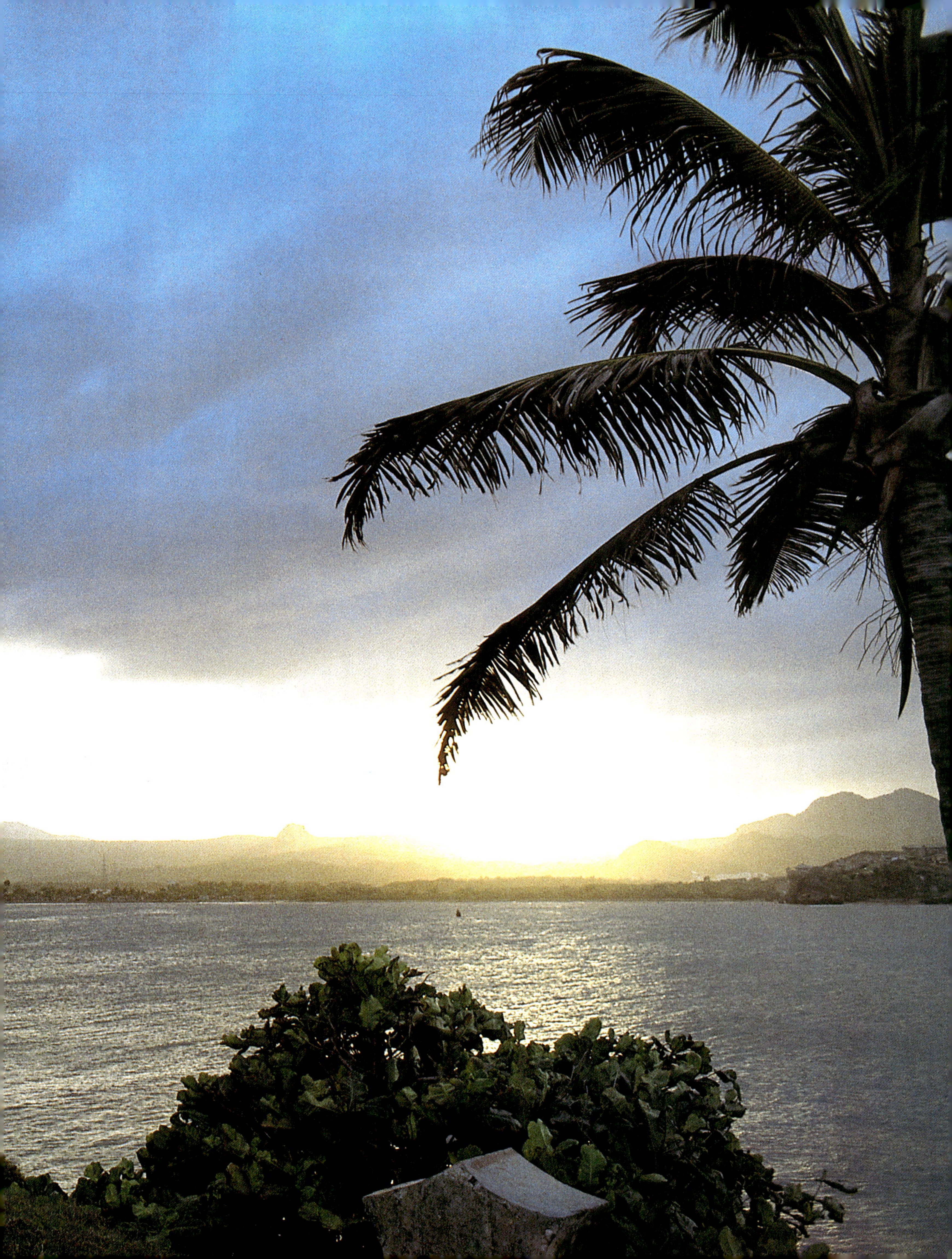

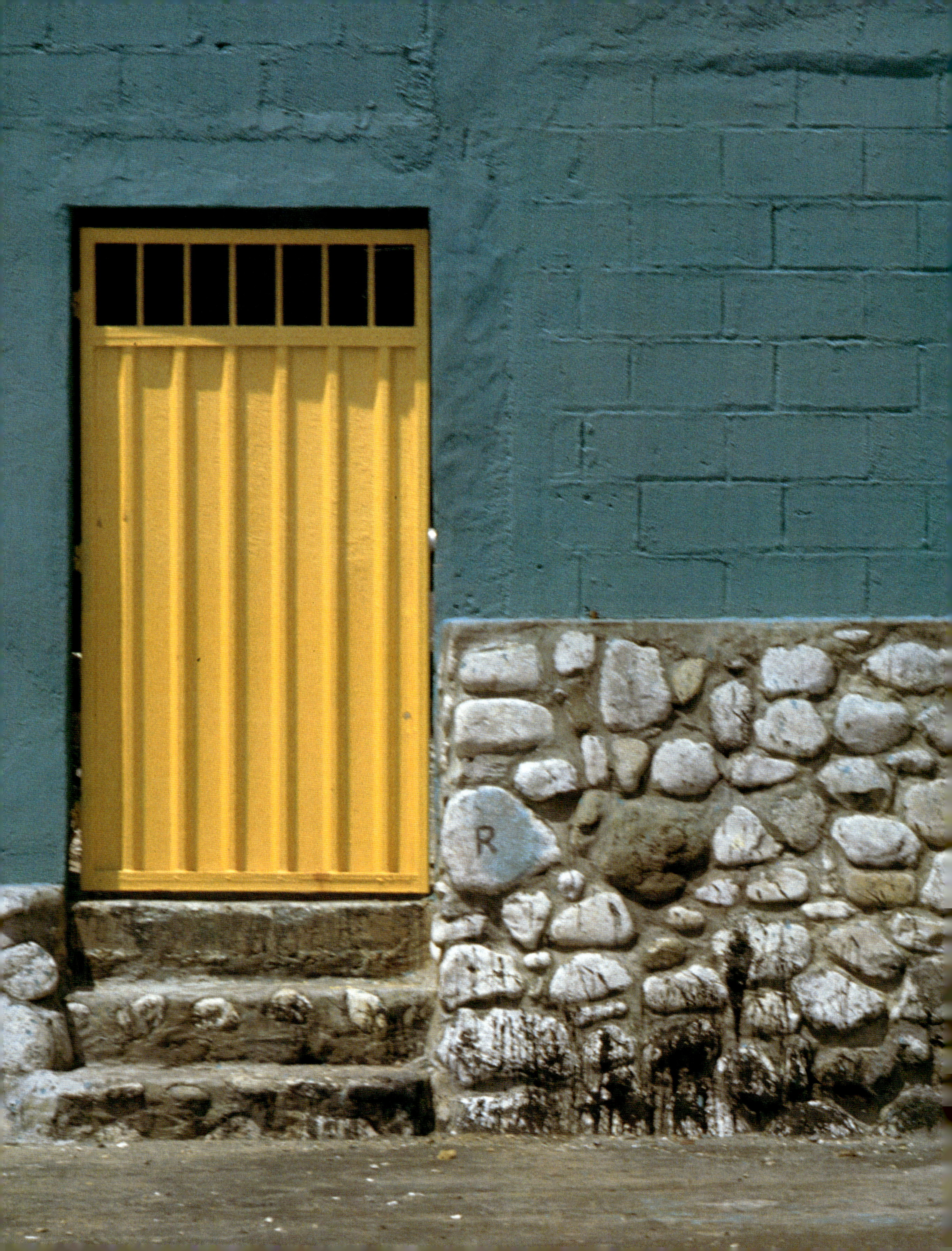
R

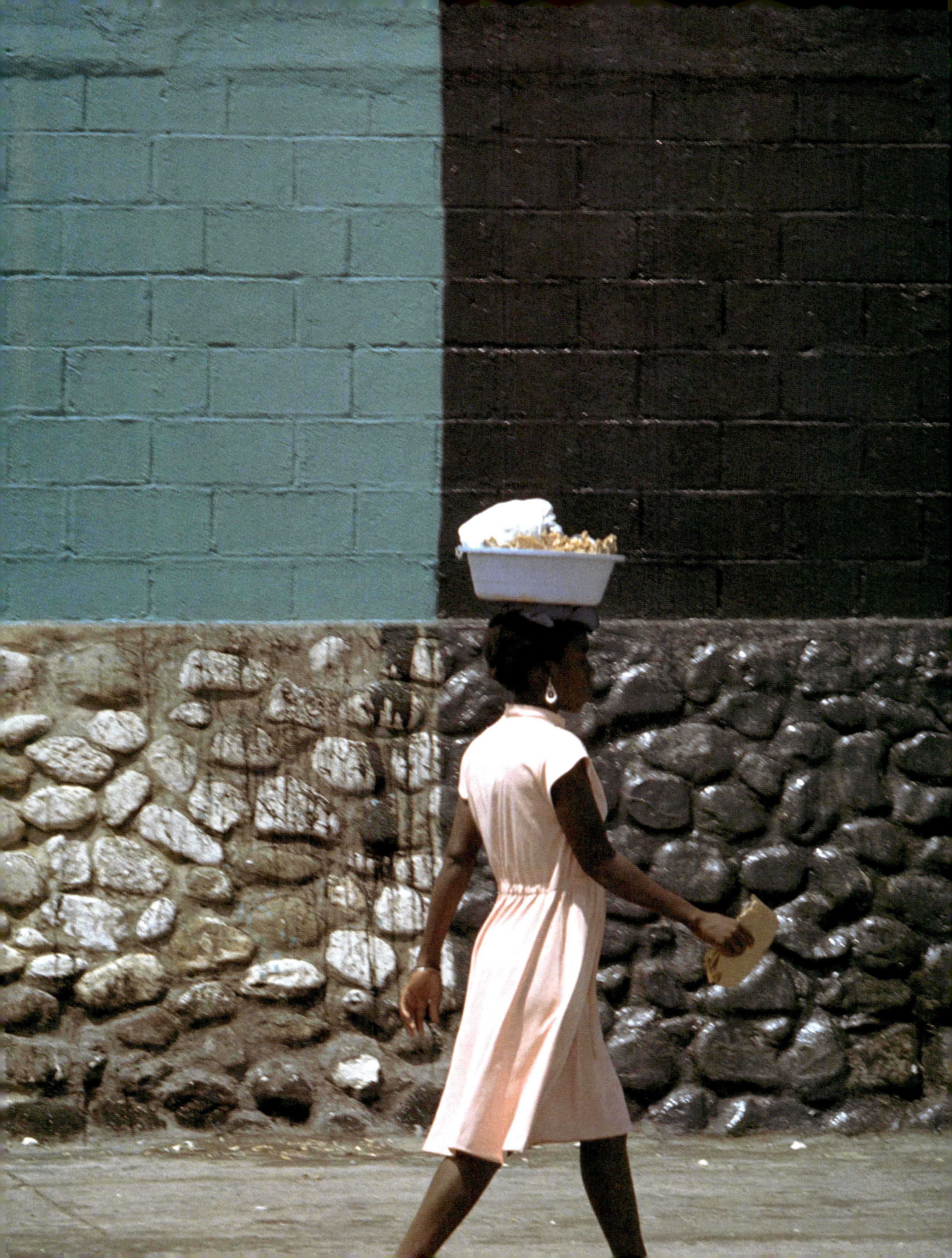

Das Monumento a los Héroes de la Restauración in der Universitätsstadt Santiago de los Caballeros ist schon von weitem sichtbar.

Vorhergehende Doppelseite:
Auf den Märkten wird frittierter Käse verkauft, den Frauen in Plastikschüsseln vom heimischen Herd zum Verkaufsstand tragen.

Um den Wallfahrtsort Higüey, der im Zentrum von Llano del Este liegt, weiden Rinder unter breiten, abgeflachten Baumkronen in der steppenartigen Landschaft. Von hier aus erreicht man über unbefestigte Straßen die östliche Küstenregion zwischen den Orten Punta Cana und Bávaro. Mit Kokospalmen bepflanzte Dünen ziehen sich um den Südostzipfel des Landes, wo der blaugrüne Atlantik feinen, weißen Sand an die Strände spült. Hier sind in den vergangenen Jahren riesige Ferienanlagen gebaut worden. Abgelegen existieren sie als völlig abgeschlossene Urlaubsdomizile mit allem, was sich viele Touristen für wenige Wochen im Jahr ersehnen.

Von Higüey aus führt der Weg in Richtung Norden über eintöniges Flachland in die Cordillera Oriental, einer Mittelgebirgslandschaft, deren Erhebungen kaum die 700-Meter-Grenze überschreiten. Hier, in der dünn besiedelten Landschaft, befinden sich Kaffee-, Kakao-, Bananen- und Ölpalmenplantagen. Von den Anhöhen blickt man über sanfte Hügel bis zum Naturpark Los Haitises. Eine Bootsfahrt, die in dem verträumten Fischerdorf Sabana de la Mar beginnt, führt zu Kalkfelsen, die Lebensraum für Kormorane und Pelikane bieten. Im feuchtwarmen Schatten riesiger Mangrovenbäume leben zwischen tropischen Sumpfpflanzen auch einige vom Aussterben bedrohte Seekühe. Über 200 Orchideenarten entfalten hier ihre farbenprächtigen Blüten.

Dies war ein kleiner Streifzug durch die wichtigsten Regionen des Landes, der deutlich zeigt, daß die Dominikanische Republik, die mit rund 48 000 Quadratkilometern Fläche kaum größer ist als die Schweiz oder das Bundesland Niedersachsen, eines der abwechslungs- und konstrastreichsten Länder dieser Erde ist.

Zwei Polizisten flankieren ein Reiterdenkmal in Santiago.

Der Reisanbau und die Viehwirtschaft sind wichtige Säulen der dominikanischen Landwirtschaft.

95

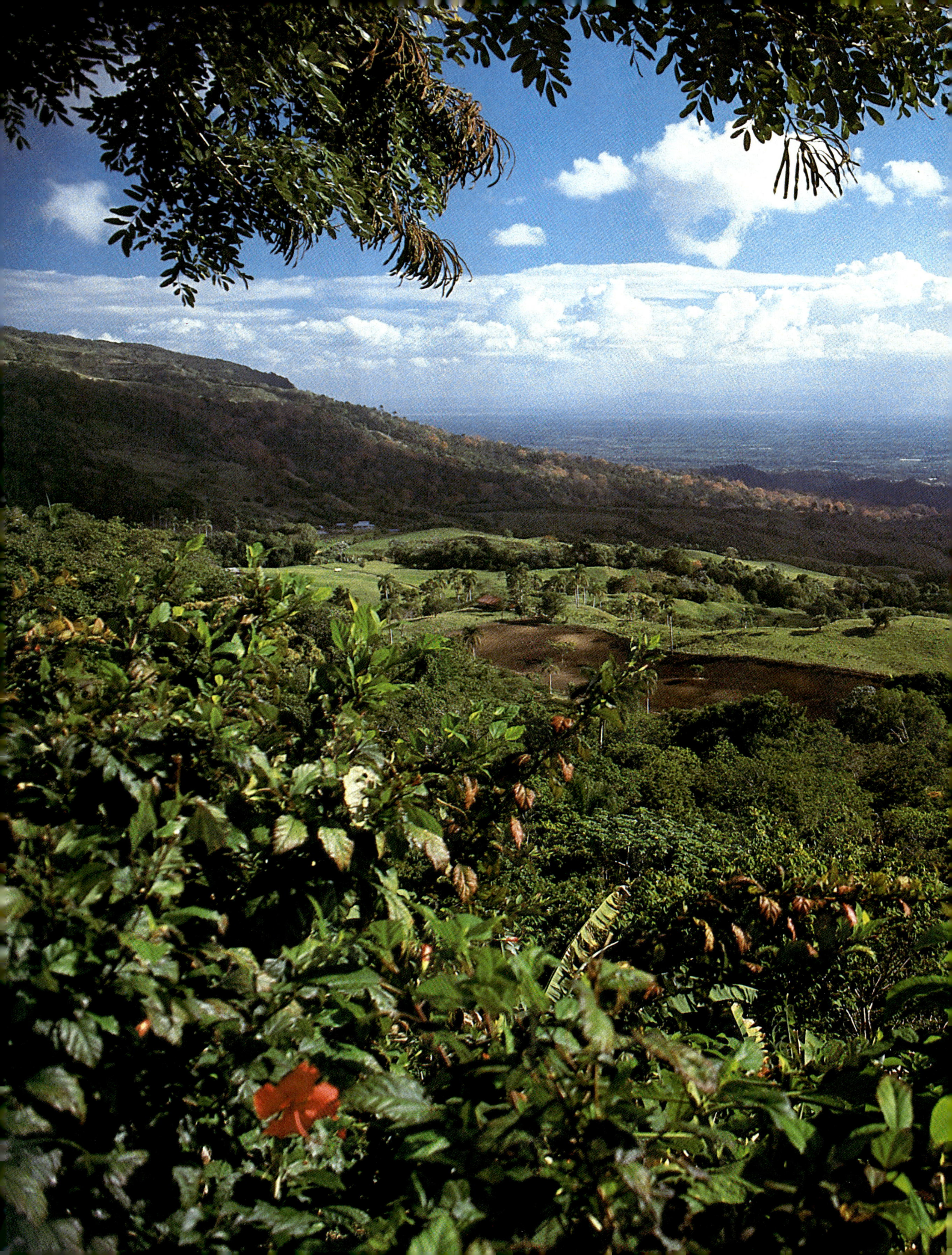

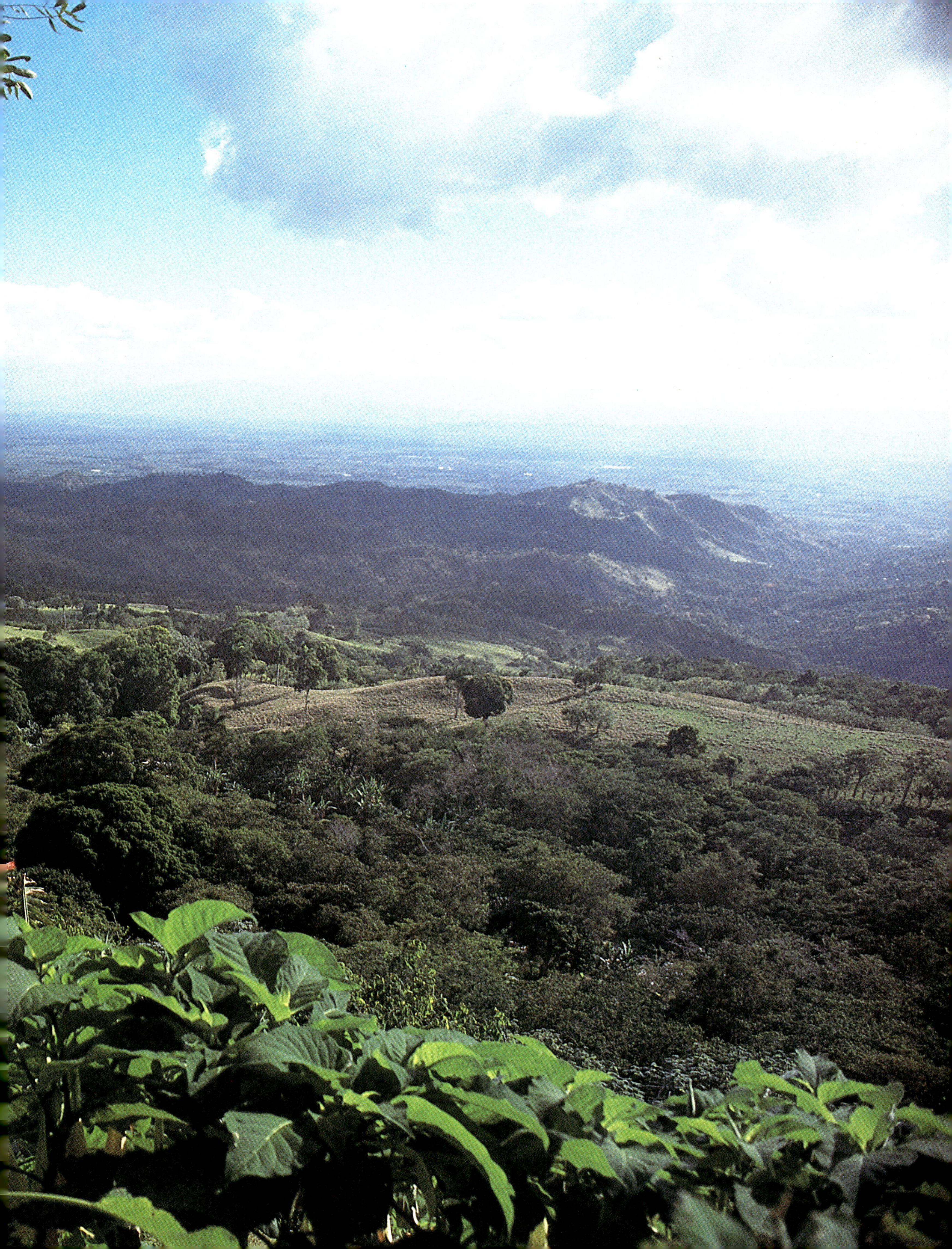

Auf der Hochebene bei
La Constanza wird Salat
angebaut.

Vorhergehende
Doppelseite:
Über die südlichen Ausläufer der Cordillera Septentrional hinweg blickt man
in das Cibao-Tal.

Die grünen Bäume heben sich als Farbtupfer vom Ocker der mit Steppengras überzogenen Hügelrücken ab.

Nachfolgende Doppelseite: In der fruchtbaren Hochebene bei La Constanza gibt es eine Vielzahl Gewächshäuser, Obst- und Gemüseplantagen.

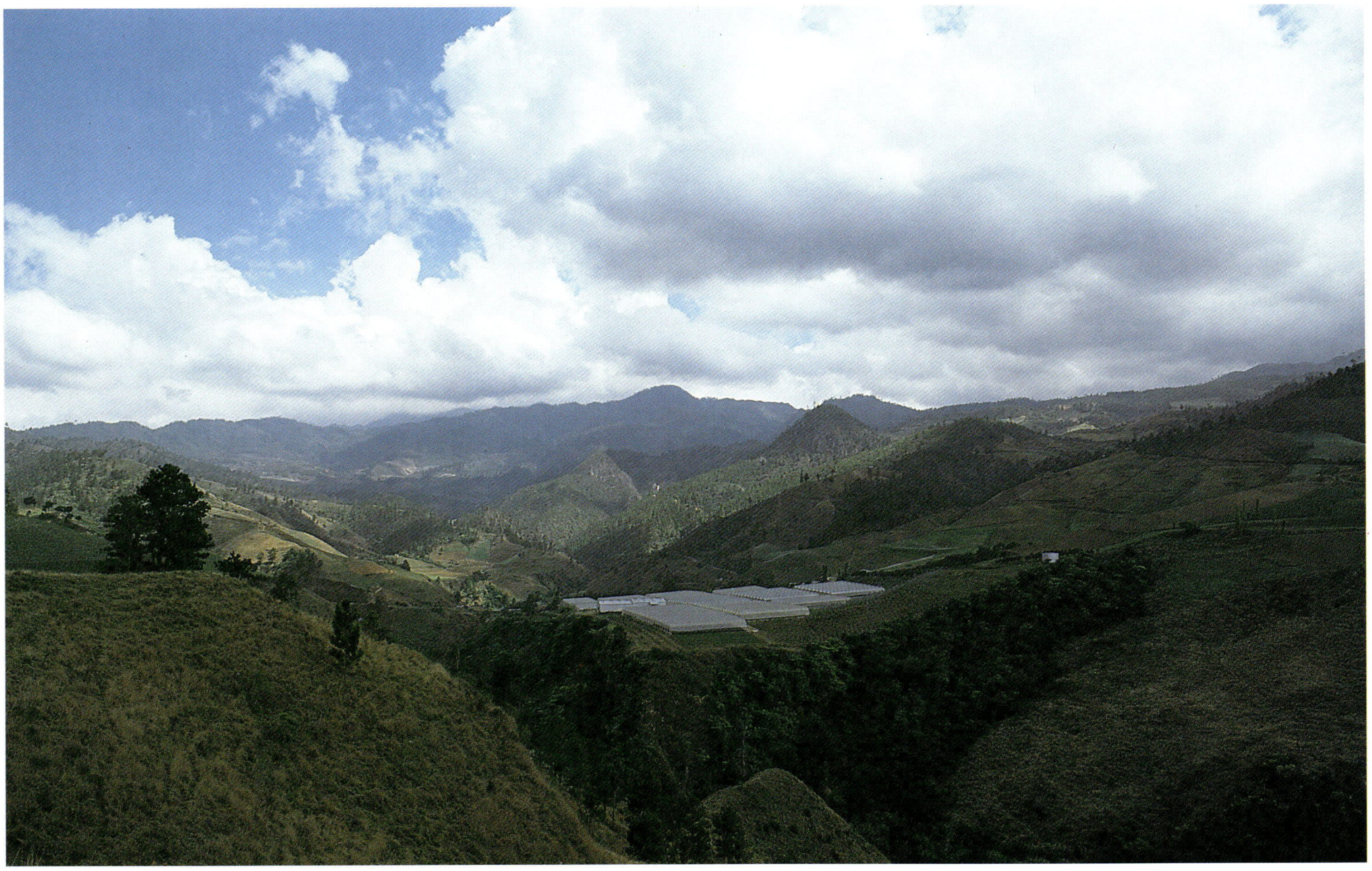

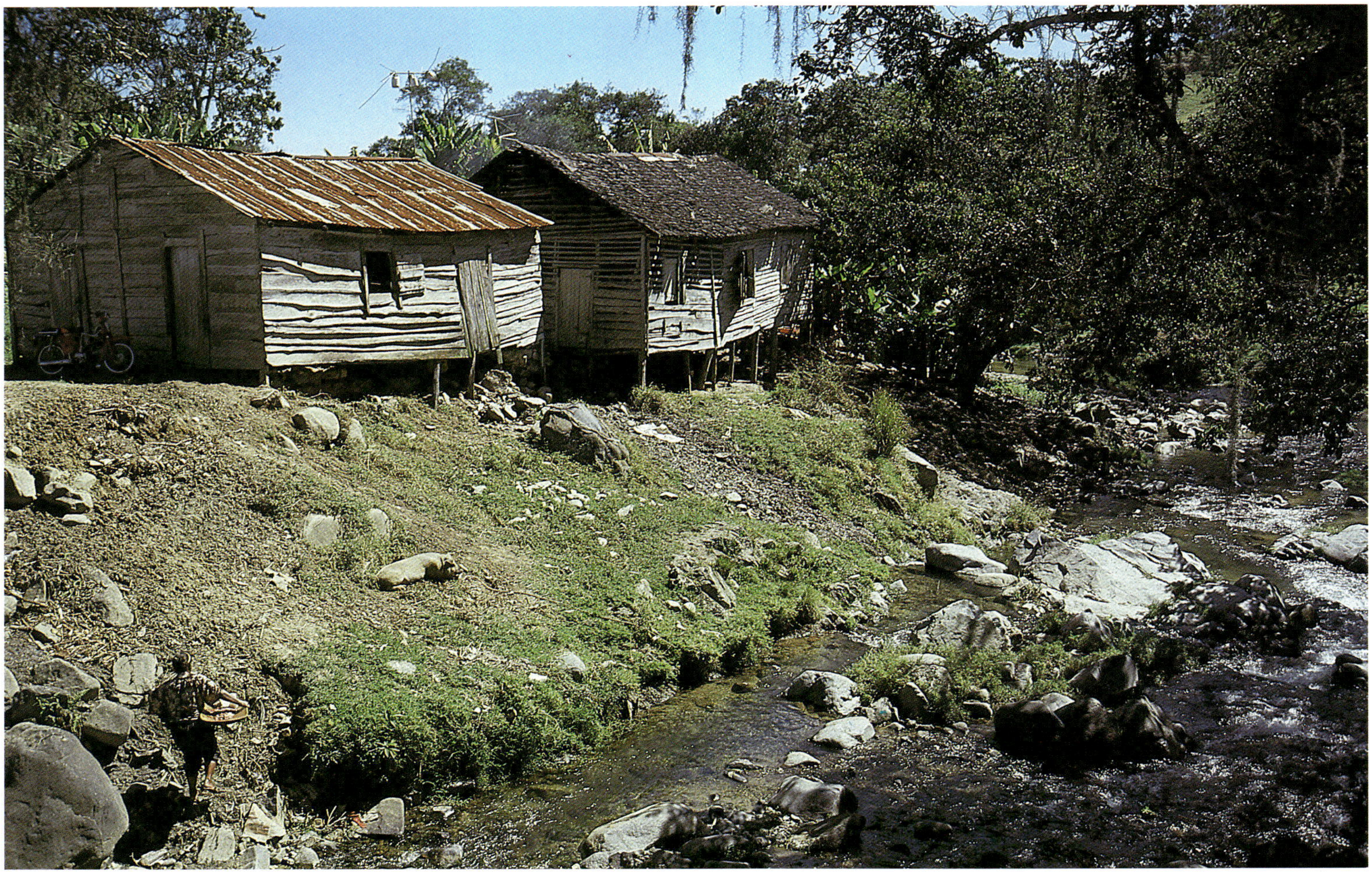

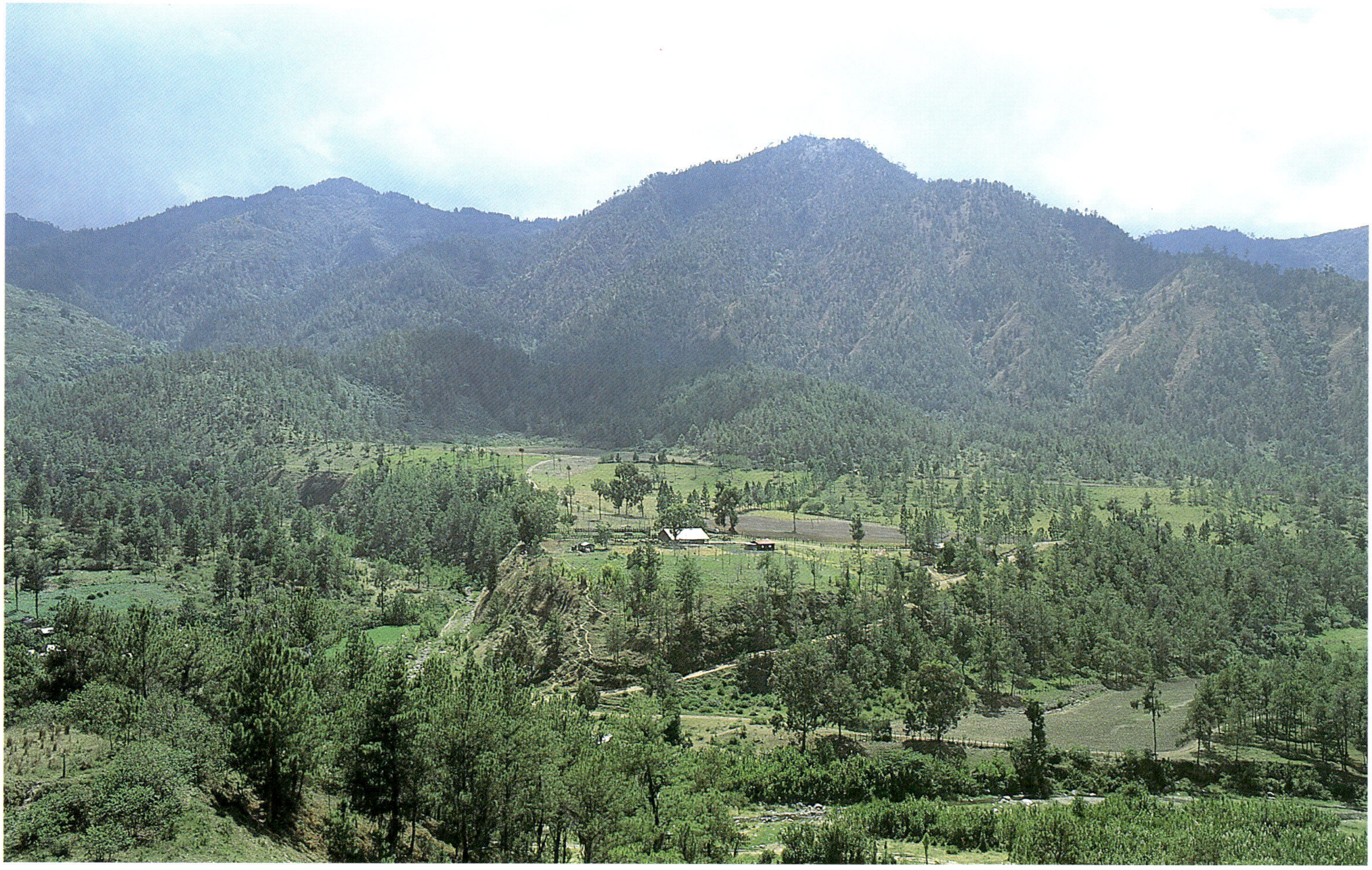

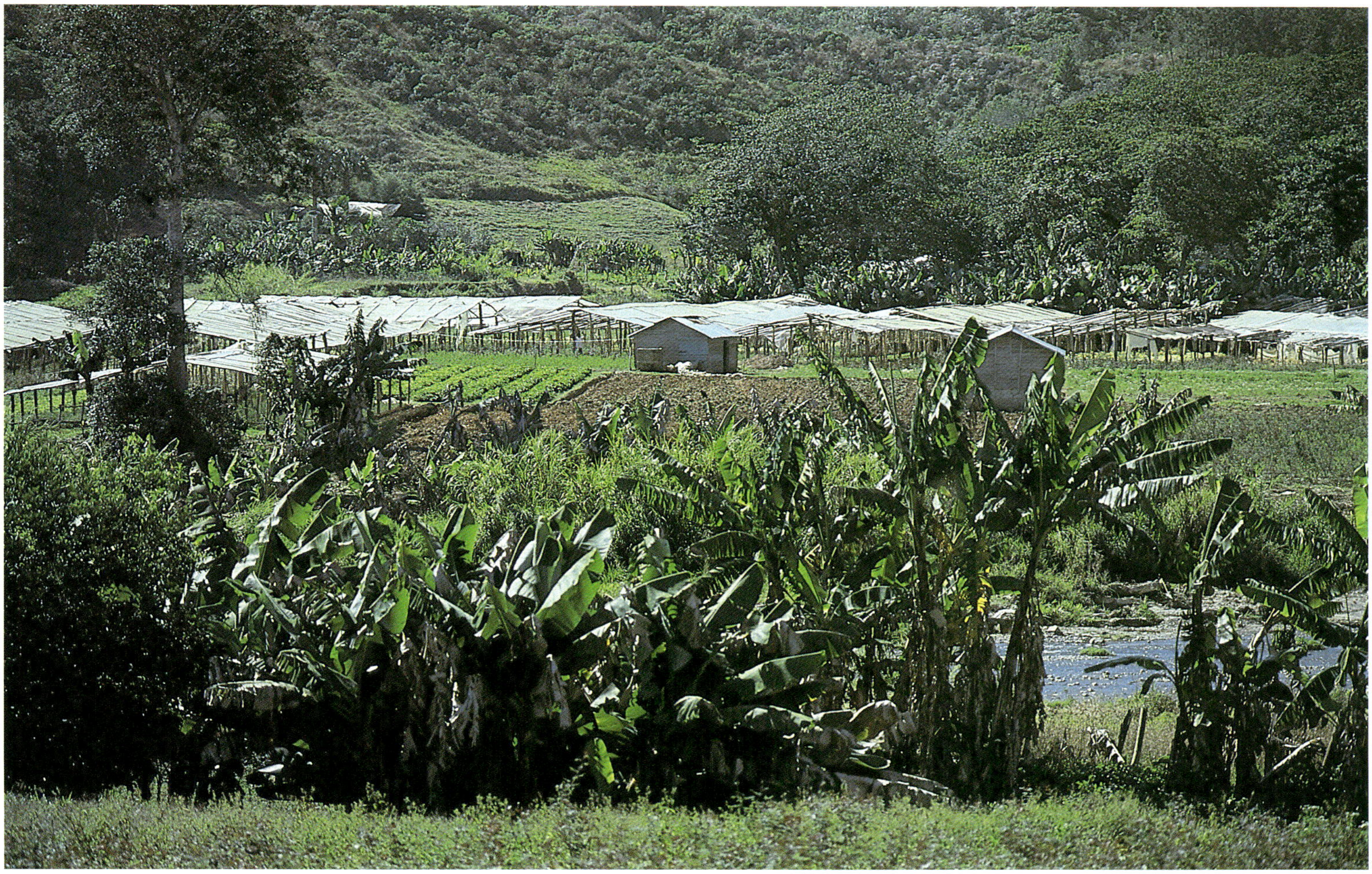

In der kontrastreichen Landschaft der Dominikanischen Republik sind unterschiedliche Naturphänomene zu beobachten: Bromelien verleihen Bäumen ein gespenstisches Aussehen (oben), bei La Constanza stürzt der Wasserfall Agua Blanco (unten) in die Tiefe. Vereinzelte Farnpalmen belegen, daß hier einst ein tropischer Regenwald wucherte.

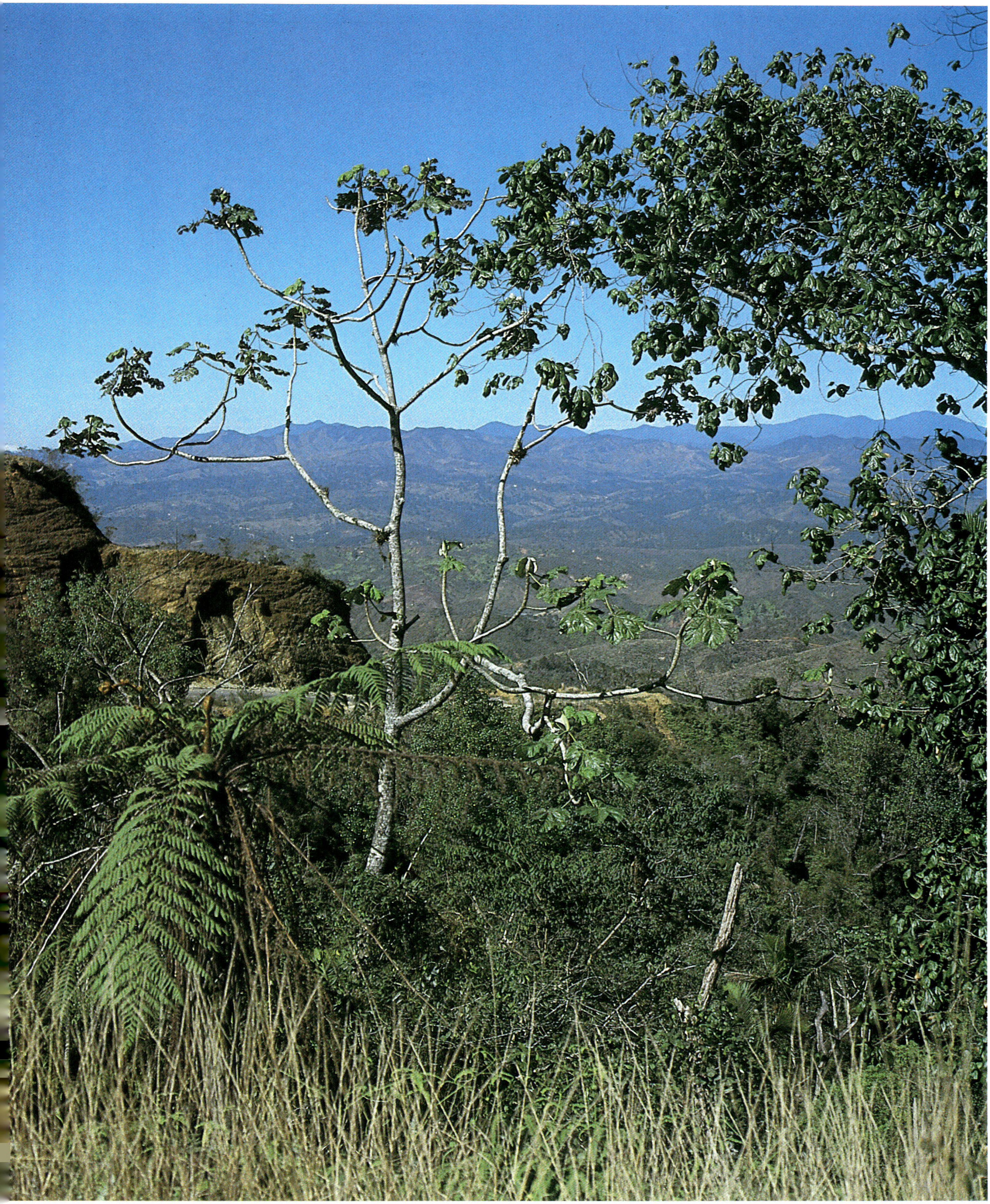

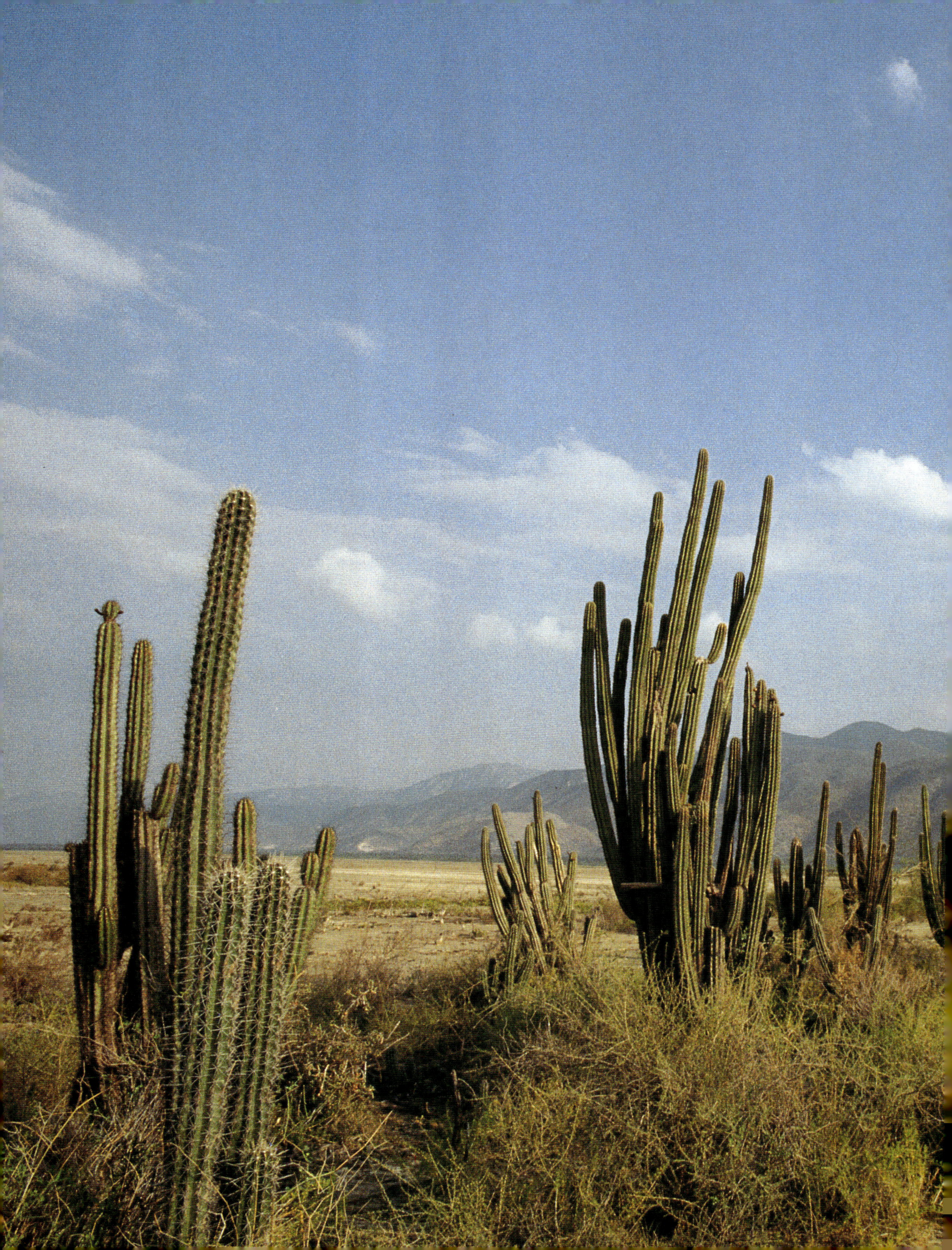

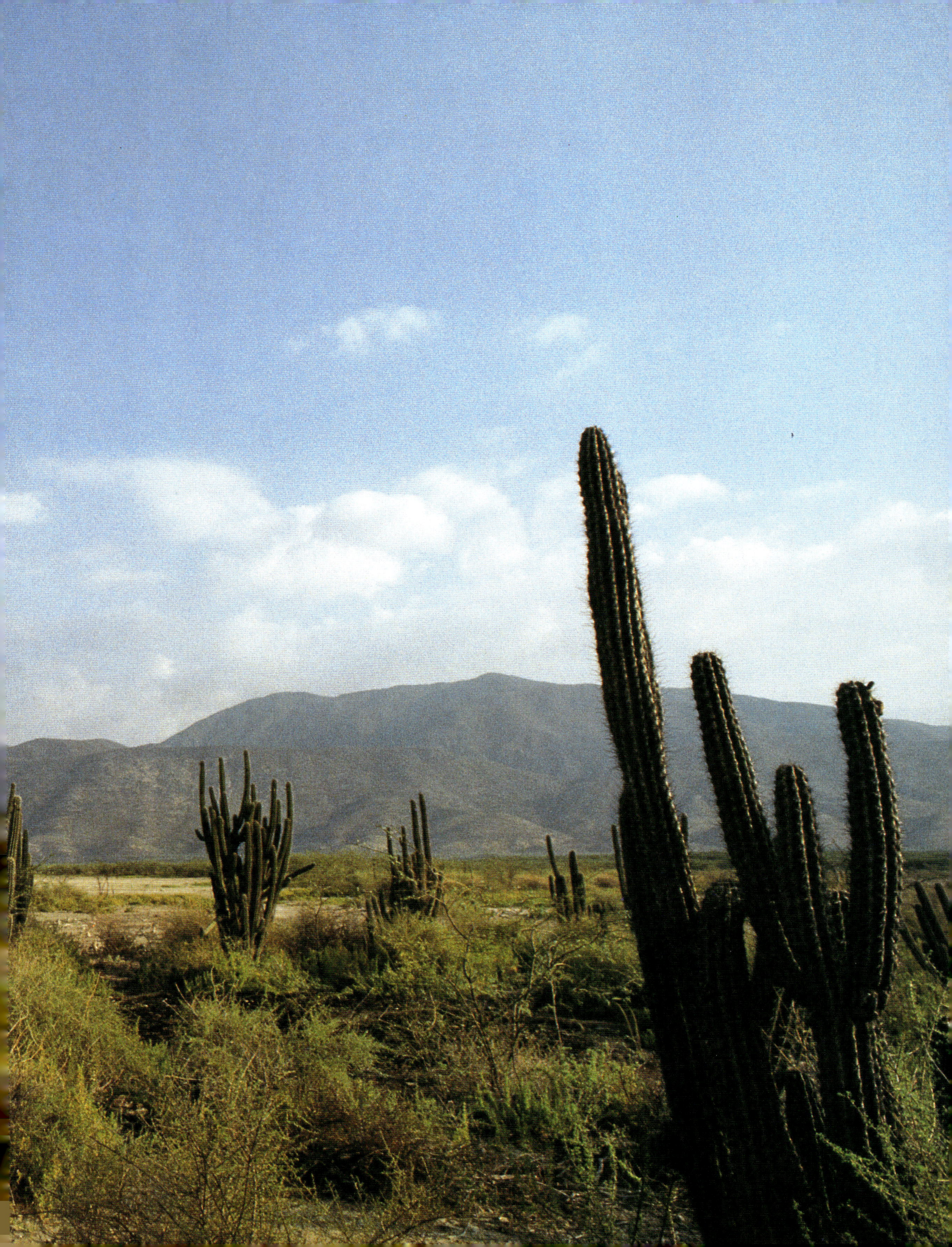

Vom Salzwasser und der Sonne gebleichte Baumstümpfe und Astgabeln säumen das Nordufer des Lago Enriquillo.

Bilder rechts:
In den sumpfigen Uferregionen nisten Rosaflamingos; auf der Isla Cabritos inmitten des allmählich austrocknenden Sees leben noch heute amerikanische Spitzkrokodile.

Vorhergehende Doppelseite:
Bei Jimaní ragen riesige Kakteen zwischen dornigem Gestrüpp aus dem trockenen Boden.

Der lehmige Salzboden am Südufer des Sees bietet nur wenigen Pflanzen Lebensraum. Im Hintergrund erheben sich die Bergrücken der Sierra de Neiba.

Bild links:
In der Nähe des Lago Enriquillo geben die in Fels geschlagenen Zeichen der Taíno-Indianer, Las Caritas genannt, bis heute Rätsel auf.

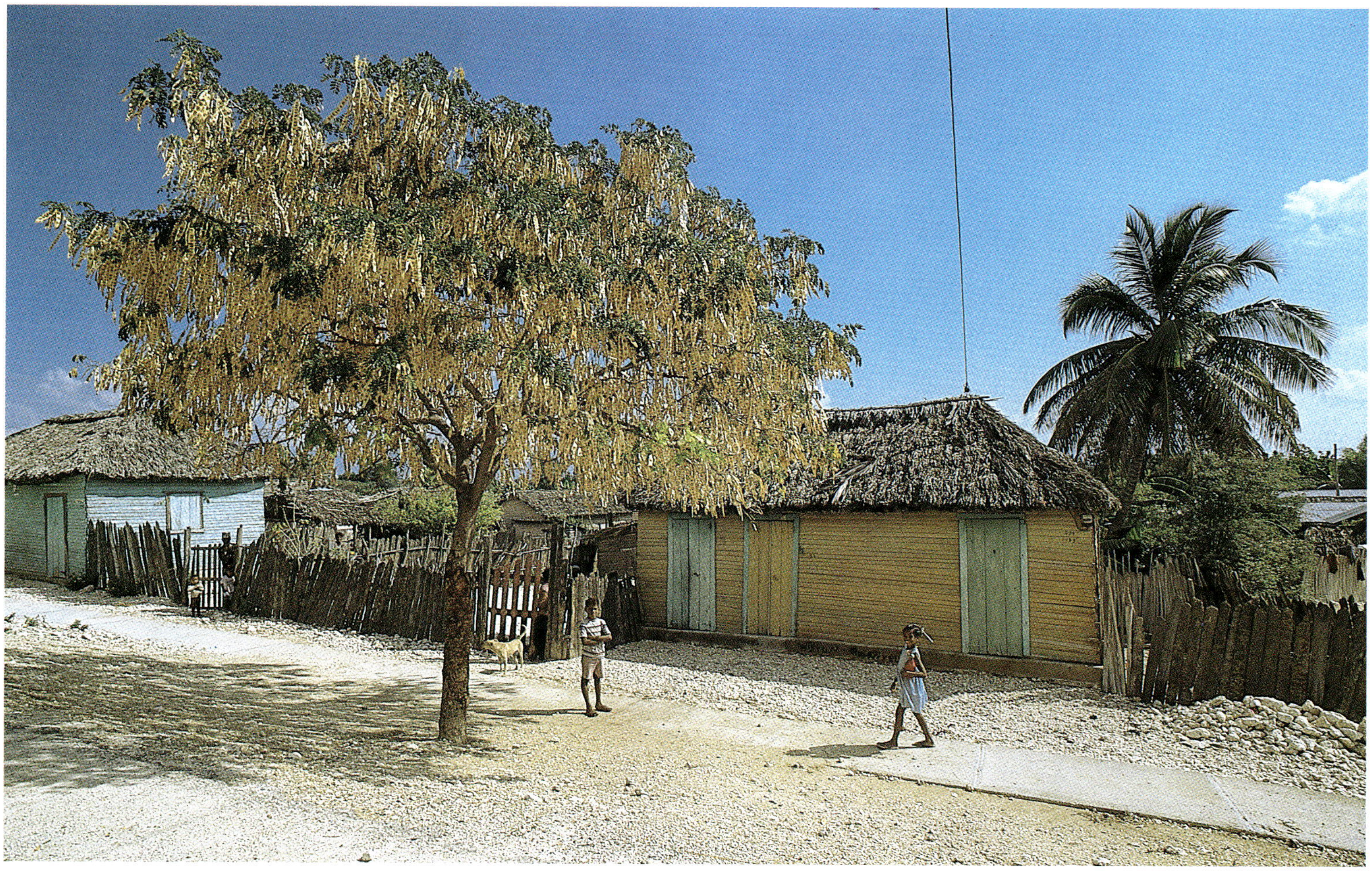

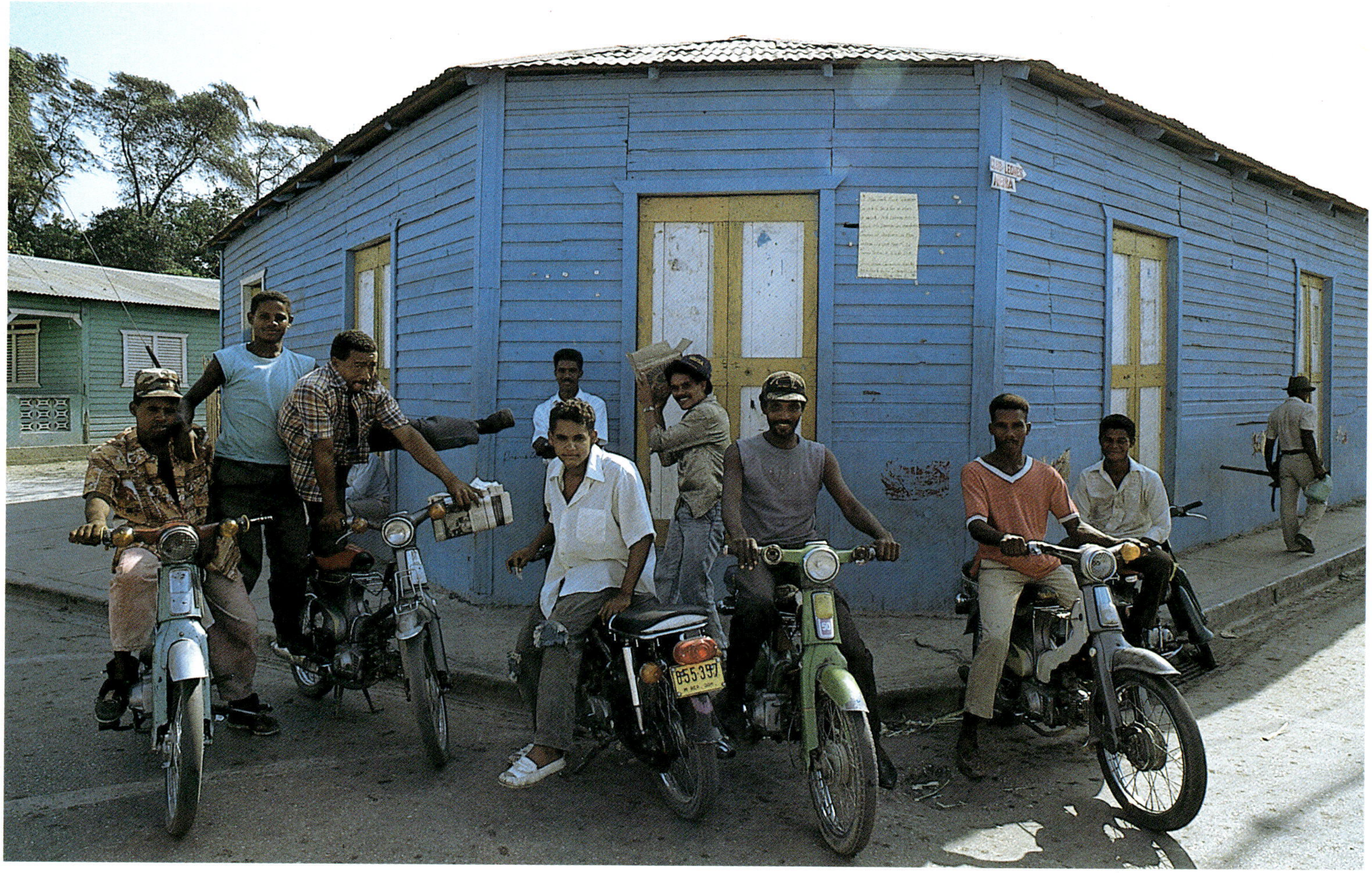

In der Mittagshitze ziehen sich die Bewohner von Tábara Abajo in die kühlen Räume ihrer Häuser zurück.

Bilder linke Seite:
Der Dorfplatz in Neiba mit einem Dividivi-Baum (oben). Viele der Jugendlichen – hier eine Gruppe in Tamayo – fahren heute Motorrad (unten).

Nachfolgende Doppelseite:
Türkis schimmert die Karibische See am Strand von Boca Chica.

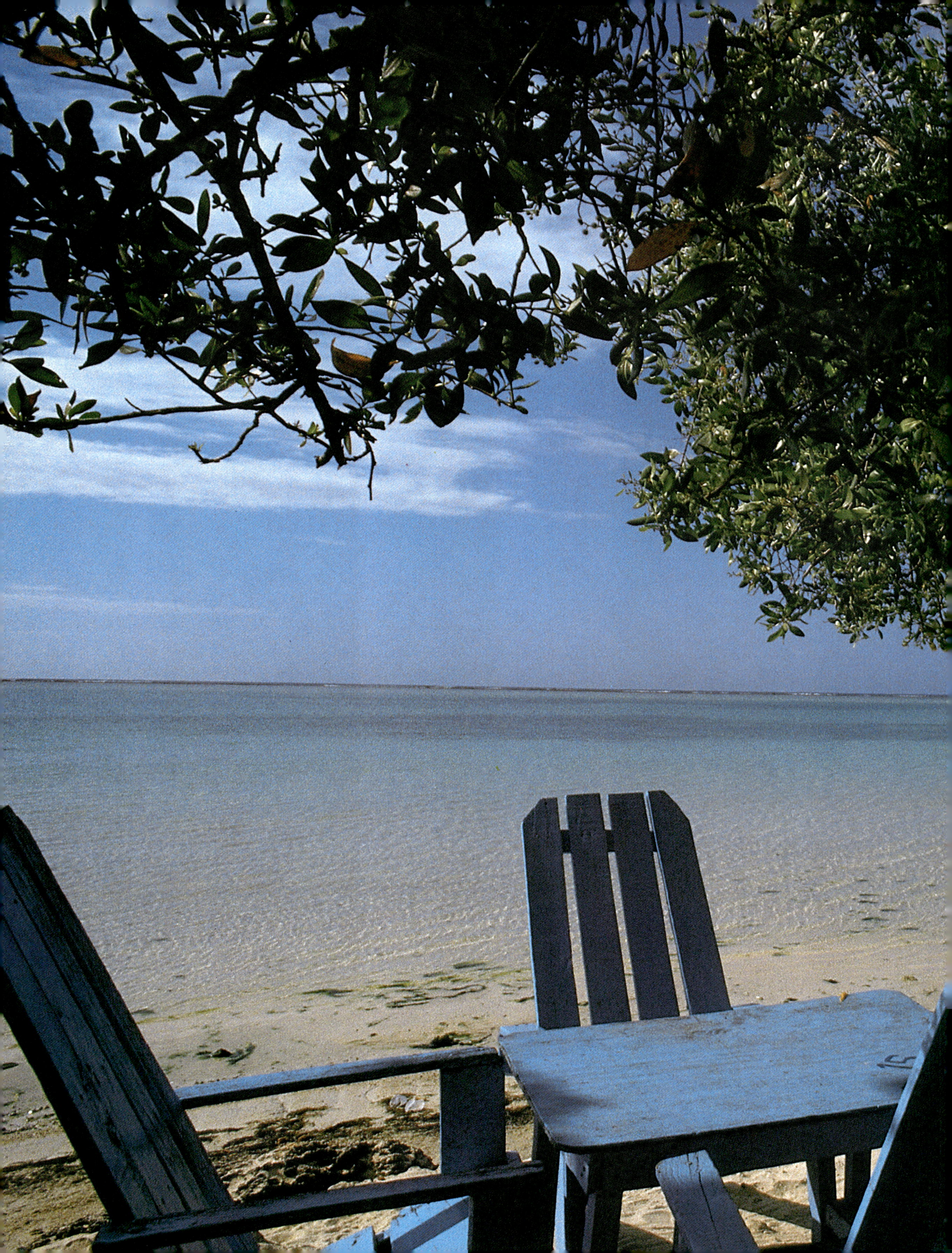

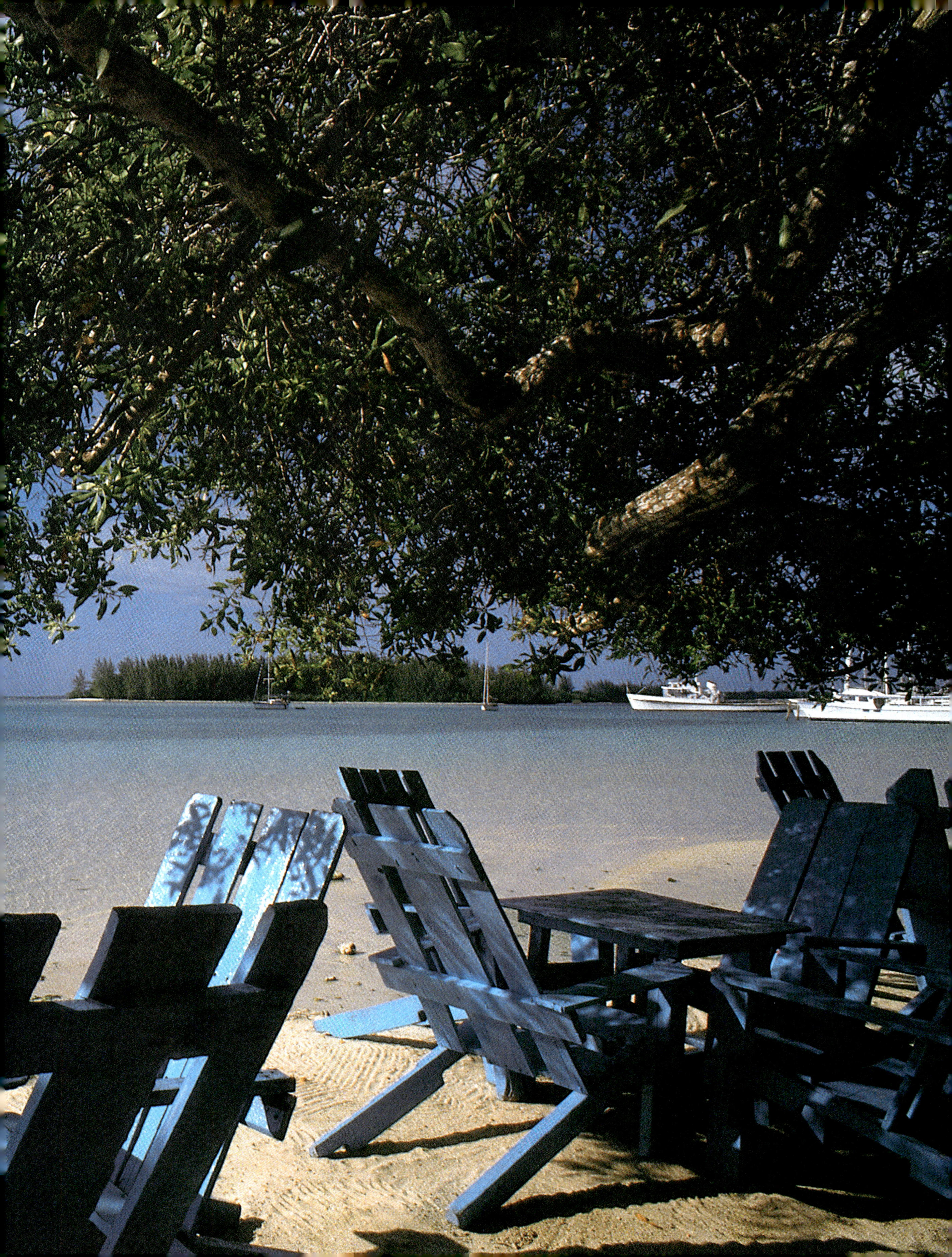

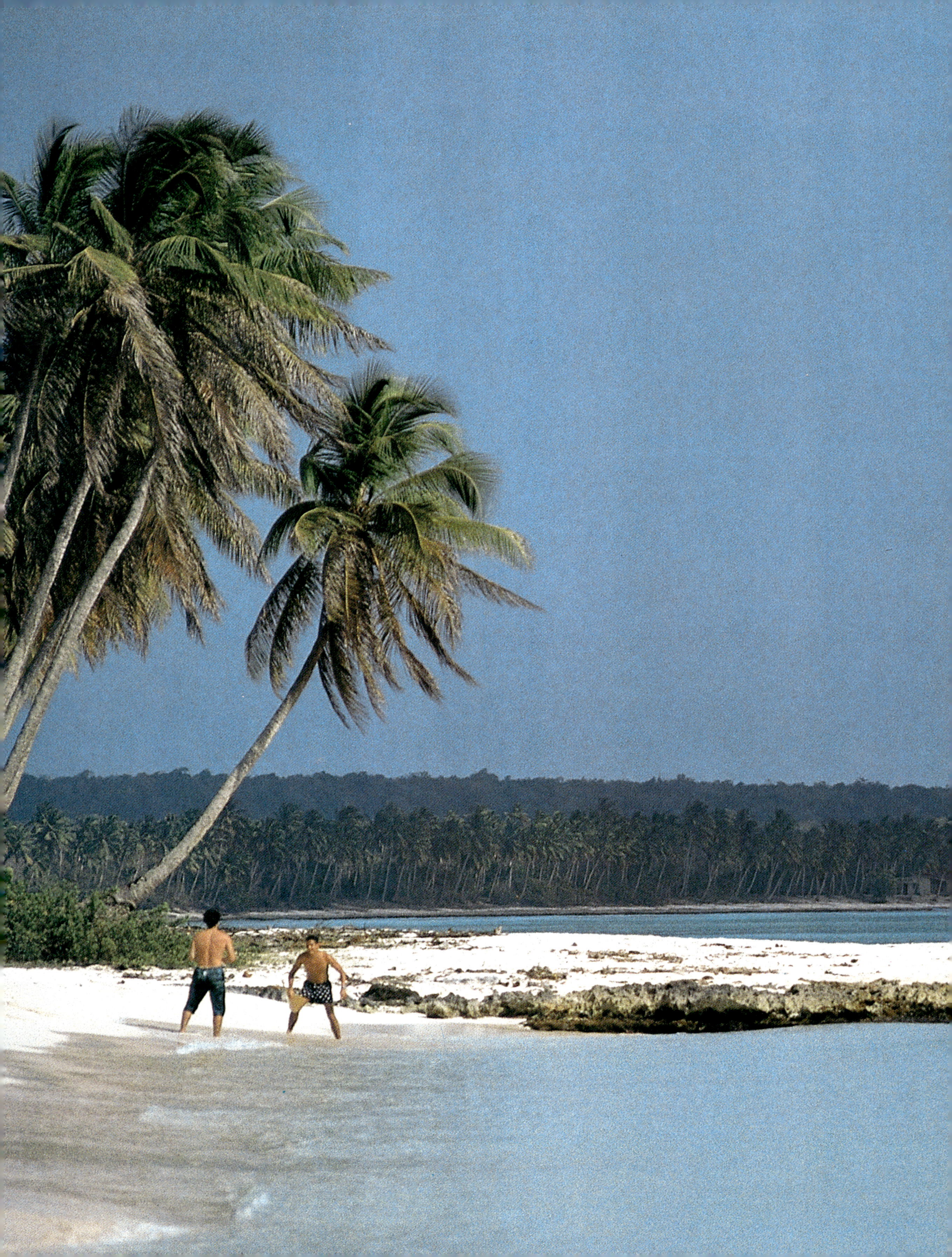

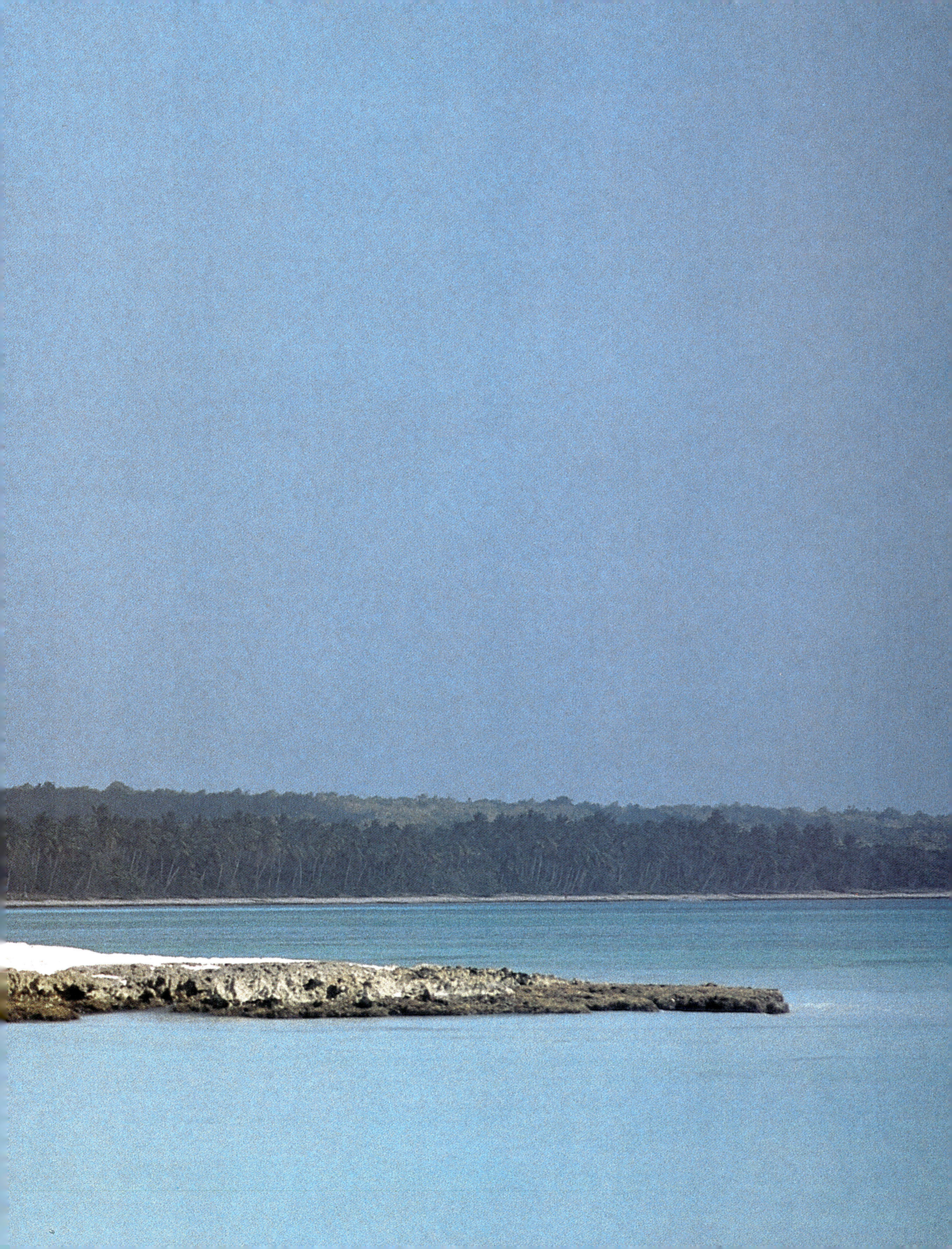

Eine Dorfkirche bei Bayahibe im Südosten der Insel. 98% der Bevölkerung sind Katholiken.

Bilder rechte Seite:
Karibische Strände: Die Uferregion von Bayahibe (oben) und von Juan Dolio (unten).

Vorhergehende Doppelseite:
Die von Kokospalmen dicht umsäumten Strände von Juan Dolio sind ein beliebtes Ausflugsziel für Wochenend-Urlauber aus Santo Domingo.

Nachfolgende Doppelseite:
Die weißen Sandstrände der Isla Catalina, die der Südküste bei La Romana vorgelagert sind, laden zum Baden ein.

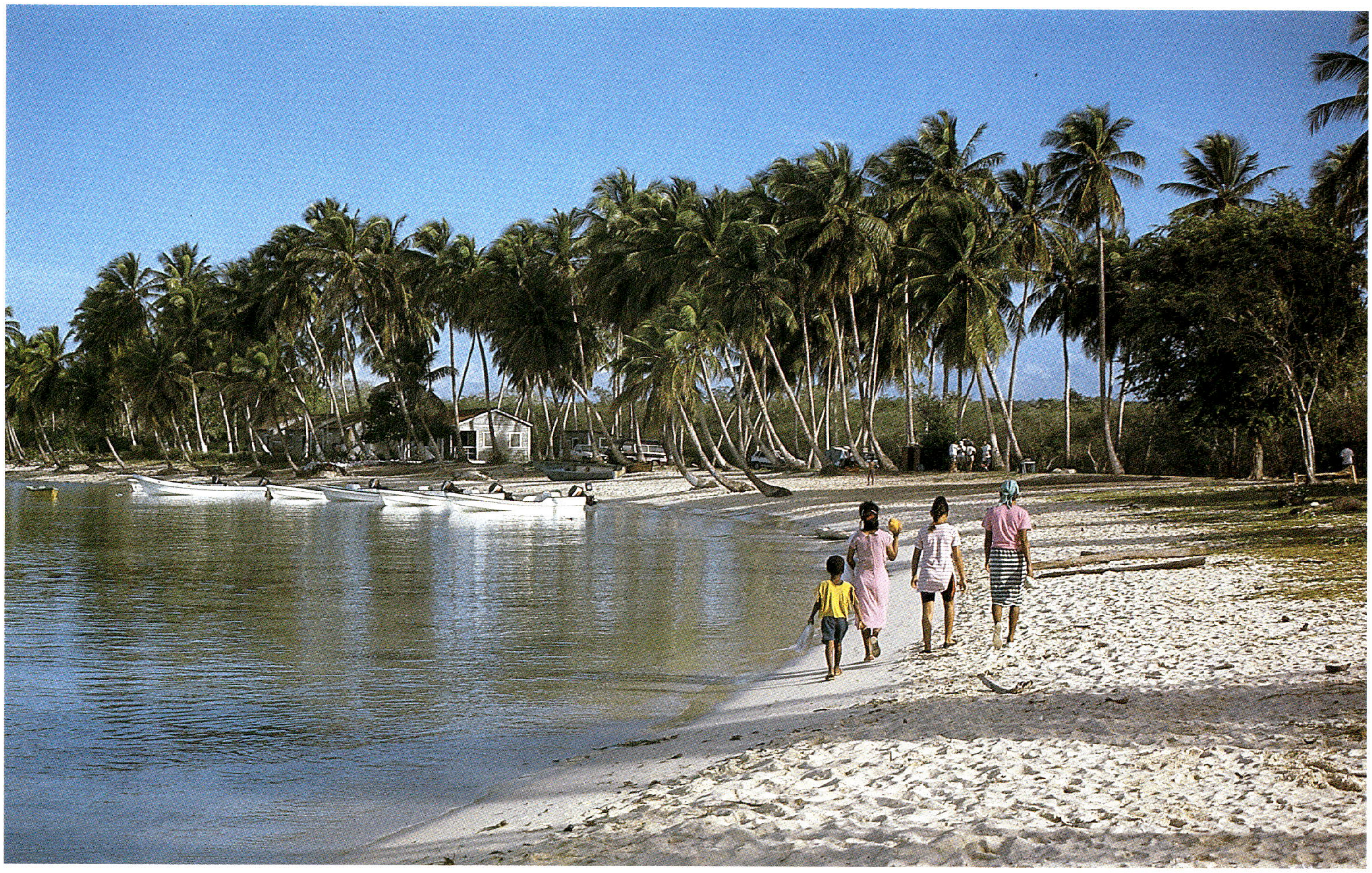

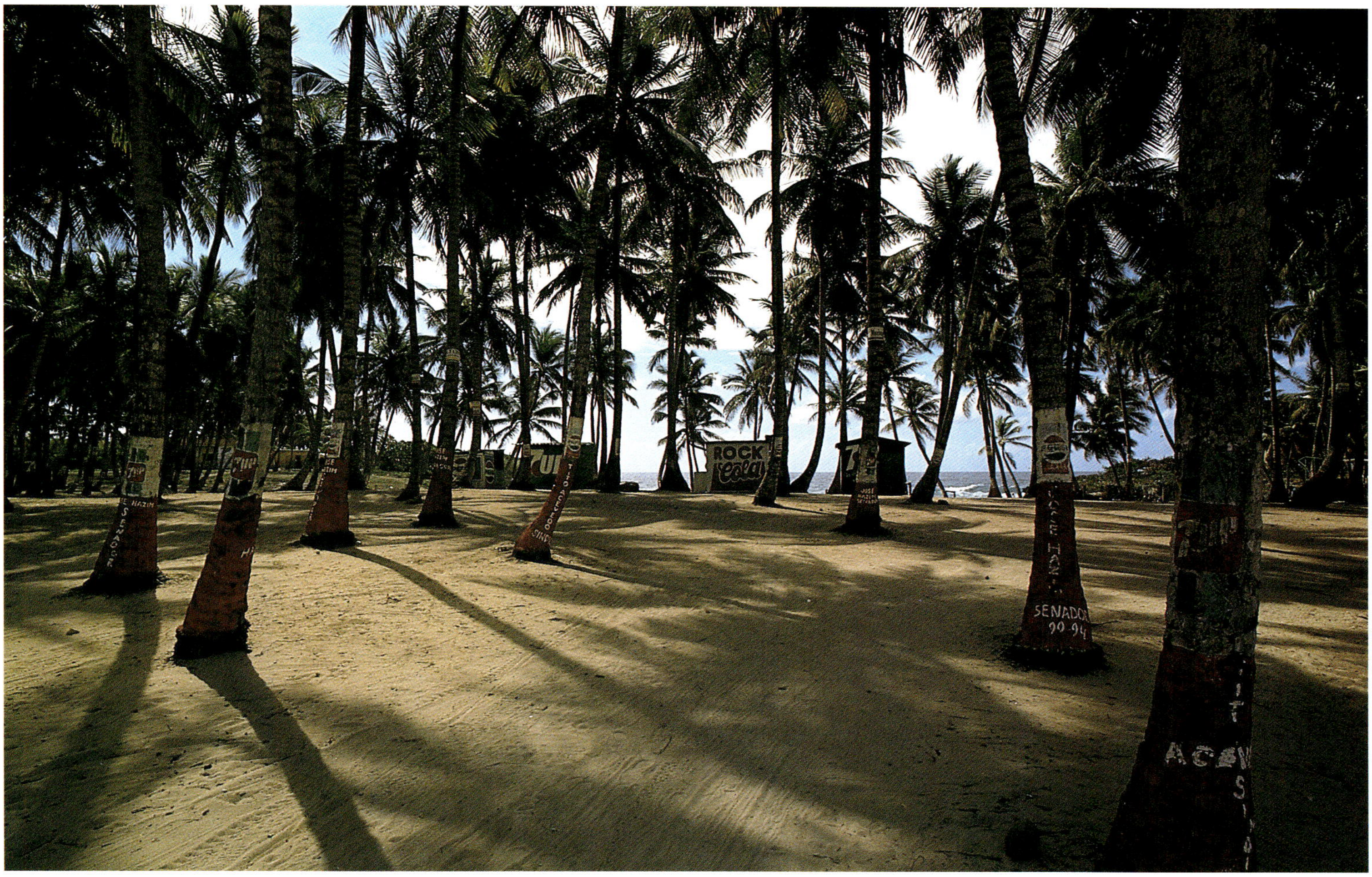
ROCK
SENADOR

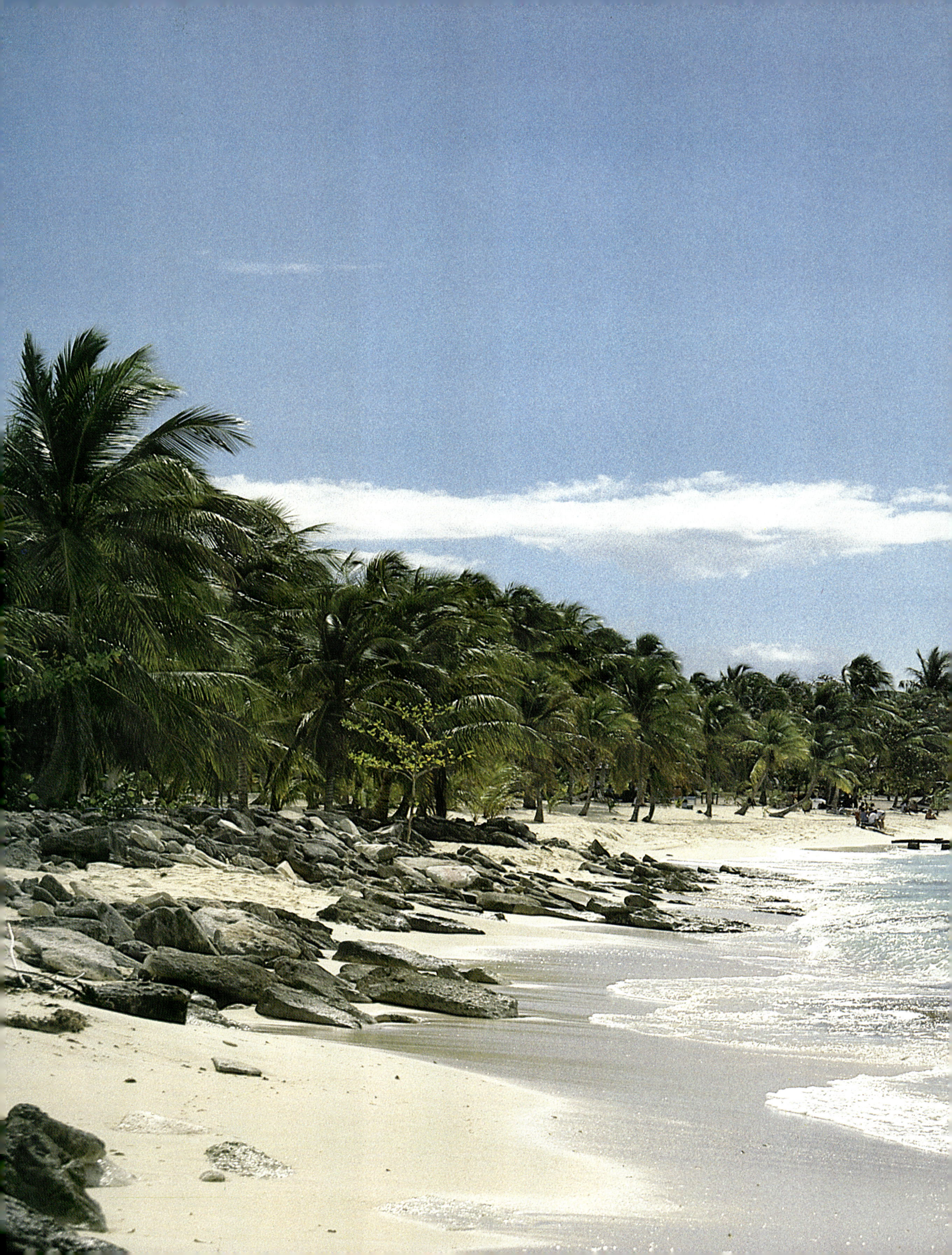

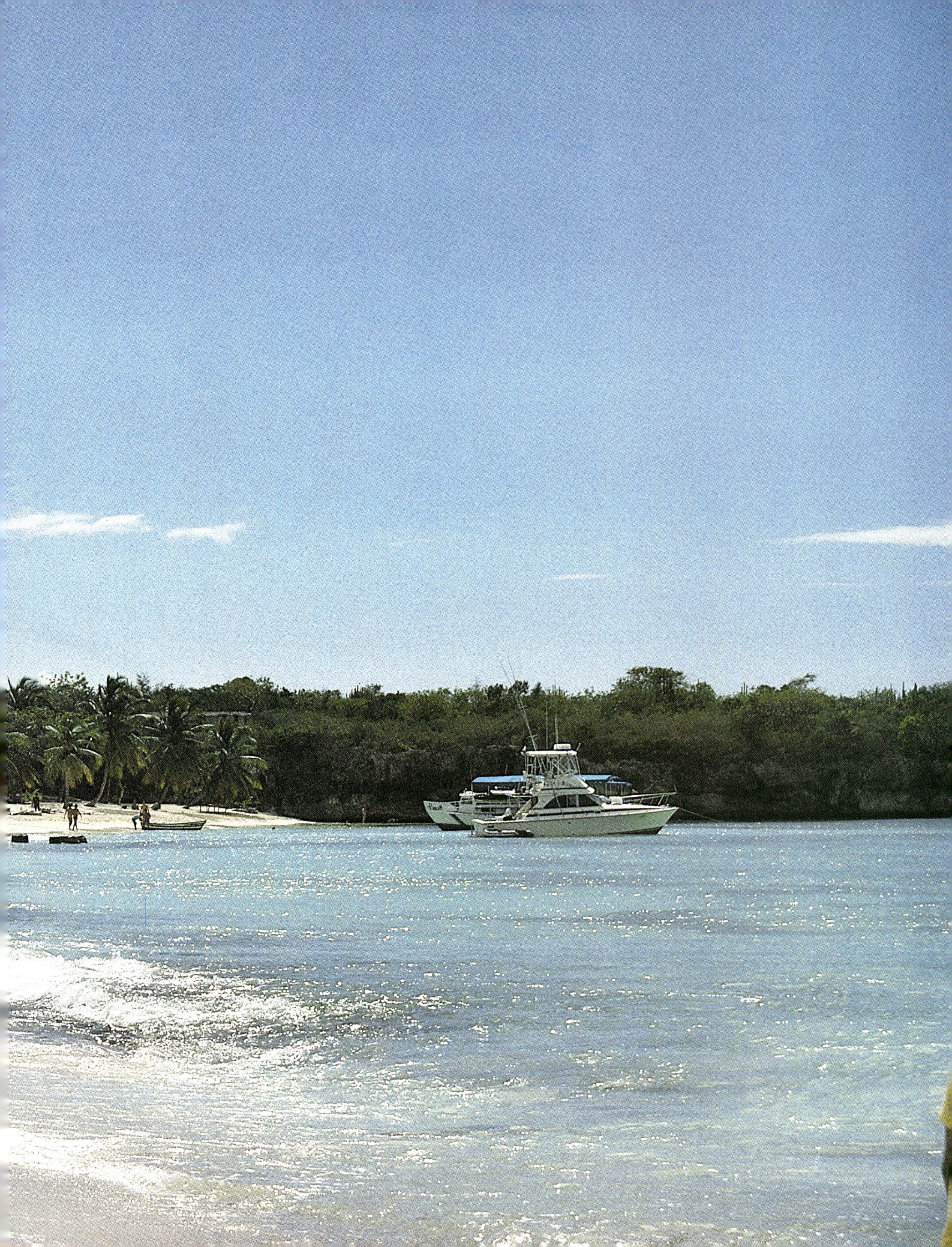

In der Kleinstadt Higüey steht der umstrittendste Kirchenbau der Insel, die Basílica de Nuestra Sra. de la Altagracia. Das gewaltige Gebäude aus Beton und Glas wurde von den französischen Architekten de Segonzac und Dupré entworfen. Der »Día de la Altagracia« am 21. Januar lockt alljährlich tausende Gläubige in die Kathedrale.

119

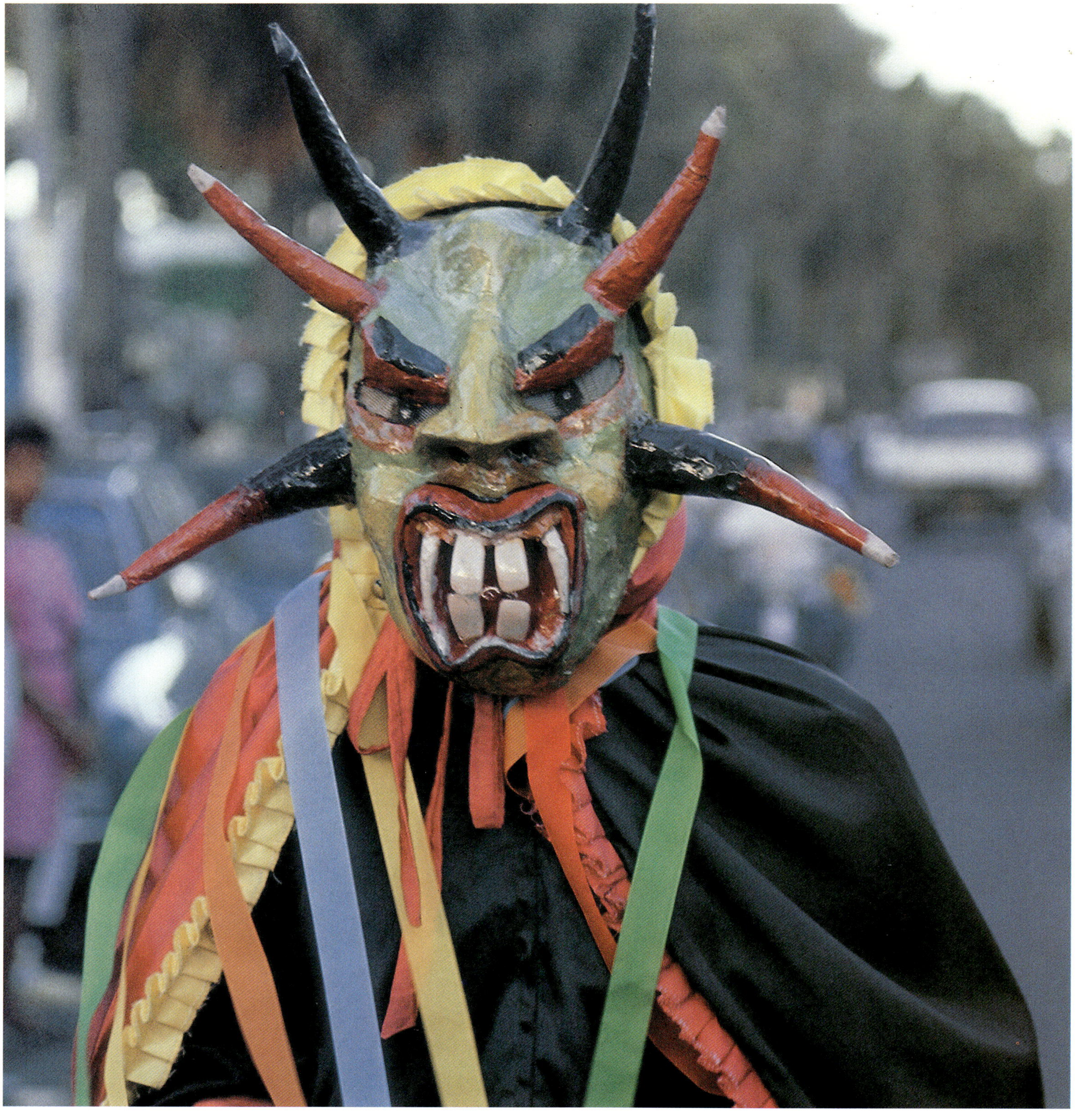

Kaleidoskop der Farben und Formen

Eine kulturelle Spurensuche

Die wechselvolle Geschichte der Dominikanischen Republik hat auch auf kulturellem Gebiet ein zersplittertes Erbe hinterlassen. *Cemis,* die kleinen Steinskulpturen der Taínos, erzählen von der religiösen Praxis der indianischen Vergangenheit. Auch im Kunsthandwerk sind bis heute Spuren der Taíno-Kultur wiederzufinden. Schriftliche Dokumente, die von der kulturellen Vergangenheit berichten, gibt es erst seit dem Beginn der Kolonialisierung, denn Kolumbus und andere Eroberer informierten das spanische Königshaus.

Im 16. Jahrhundert galt Hispaniola bereits als kulturelles Zentrum der Neuen Welt. Siedler gründeten die erste Universität Amerikas und bauten Gebäude im kolonialen Stil, die heute restauriert werden. Doch erst sehr viel später entwickelte sich eine eigenständige dominikanische Kultur.

Erst Ende des 19. Jahrhunderts, in der Zeit des »Renacimiento Dominicano«, wurden literarische Texte verfaßt, die als beredter Ausdruck eines neuen politischen Selbstbewußtseins gelten. Politische Traktate, journalistische Analysen und zeitgeschichtlich engagierte Literatur entstanden im Zuge der Freiheitskämpfe gegen Spanien und Haiti. 1874 wurde die erste Gedichtsammlung »La lira de Quisqueya« veröffentlicht. Als bekanntester Erzähler dieser Zeit gilt Manuel de Jesús Galván, als bedeutendste Poetin der nationalen dominikanischen Romantik Salomé Ureña de Heríquez. In diese Epoche fallen ihre Werke »Anacaona« und »En Defensa de la Sociedad«. Als dominikanischer »Klassiker« gilt der 1877 erschienene historische Roman »Enriquillo« von Manuel de Jesús Galván. Dieser erzählerische Text, der in zahlreichen Übersetzungen erschien, schildert das Leben eines Taíno-Kaziken, der den Widerstand gegen die spanischen Eroberer Anfang des 16. Jahrhunderts erfolgreich organisiert hat.

Auch im 20. Jahrhundert haben die politischen Verhältnisse die dominikanische Literatur geprägt. Morno Jimenes provozierte mit seiner experimentellen Literatur das Bildungsbürgertum und gründete 1921, gemeinsam mit den Schriftstellern Avelino und Zorilla, die Gruppe »El Grupo Postumista«, die bis heute als Wegbereiter der politisch engagierten Literatur des Landes gilt.

In der Ära des Diktators Trujillo litten viele der Künstler unter der beschnittenen Meinungsfreiheit, erduldeten Repressionen und gingen zum Teil ins Exil. In surrealen Texten, im Rückzug auf Innerlichkeit und Mystizismus, bauten einige Schriftsteller eine fiktionale Welt auf, die sich erst auf den zweiten Blick zugleich als Kritik an den herrschenden Zuständen lesen läßt. Eine wichtige Bewegung dieser Zeit, die von Freddy Gatón Arce initiiert wurde, nannte sich »La Poesía Sorprendida«.

In den 60er Jahren engagierte sich die »Generacíon del 60«, eine Gruppe sozialkritischer Autoren, die von den Ereignissen geprägt wurden, welche mit dem Sturz des Diktators Trujillo einhergingen. Schriftsteller wie Héctor Cabral oder Miguel Reyes bemühen sich bis heute, in ihren sozialkritischen Werken zwischen den einzelnen Gruppen der Gesellschaft zu vermitteln.

Heute gilt auch der ehemalige Präsident Juan Bosch als einer der wichtigsten Schriftsteller des Landes. Neben politischen und soziologischen Abhandlungen veröffentlichte er Erzählungen und Kurzgeschichten. Auch Joaquín Balaguer verknüpfte politisches und literarisches Schaffen. Er schrieb historische und politische Traktate, aber auch eine Geschichte der dominikanischen Literatur und seine viel diskutierte Autobiographie »Memorias de un Cortesano de la Época de Trujillo«, die sich mit seinen Erfahrungen in der Zeit der Trujillo-Diktatur auseinandersetzt. Auch Arce zählt mit seinen

Bild linke Seite:
Die Dämonenmaske wurde für den dominikanischen Karneval aus Pappmaché gefertigt und mit bunten Farben bemalt.

Bilder rechte Seite:
Der Jazzpianist Michael Camilo (oben) gehört zu den Publikumslieblingen in der Dominikanischen Republik. Dave Valentine, ein Flötist, ist bekannt für seine Improvisationen (unten).

Werken wie »Son guerras y amores« und »Celebraciones de quatro vientos« zu den bedeutendsten zeitgenössischen Literaten.

Die Zahl dominikanischer Maler ist heute sehr hoch, doch noch immer fehlt es an repräsentativen Sammlungen, die die bildende Kunst der vergangenen Jahrhunderte präsentieren. Bekannterweise beginnt die dominikanische Kunstgeschichte mit den Artefakten der Taínos, ihren Skulpturen und ihren Felsenbildern. Doch, vergleichbar mit der Entwicklung der Literatur in der Dominikanischen Republik, entfaltete sich die eigentliche moderne Kunst erst Ende des 19. Jahrhunderts. Einer der ersten Künstler, die von der europäischen Romantik inspiriert ihre Heimat thematisierten, war Alejandro Bonillo. Anfang dieses Jahrhunderts wurden kleine private Akademien gegründet, welche die Grundlage einer eigenständigen Entwicklung der dominikanischen Kunst waren. Ironischerweise wurde die Gegenwartskunst gerade in der Trujillo-Ära gefördert. Spanische Künstler, die in der »Escuela Nacional de Bellas Artes« lehrten, führten die Schüler weg von den europäischen Traditionen und ermutigten sie, einen eigenen, expressionistischen Stil zu entwickeln. Viele der zeitgenössischen Künstler haben in dieser Kunsthochschule studiert oder gelehrt. In den 60er Jahren, nach der Ermordung Trujillos, litt die Kunstszene unter drastischen Kürzungen staatlicher Subventionen. Sie war auf private Sponsoren angewiesen. Ein Teil der Künstler entschied sich, die Dominikanische Republik zu verlassen und im Ausland – in Europa oder den USA – zu arbeiten.

Gegenwärtig hat sich die Lage ein wenig verbessert. In der »Galería de Arte Moderno« in Santo Domingo und in der »Galería de Arte« in Altos de Chavón werden Werke zeitgenössischer Künstler ausgestellt. Viele Galerien in Santo Domingo setzen sich für die Gegenwartskünstler ein. Ihre Arbeiten unterscheiden sich von den meist in knalligen Farben gehaltenen Gemälde haitianischer Künstler, die massenhaft an den Straßenrändern verkauft werden. Motive der dominikanischen Künstler sind häufig Szenen aus dem Alltag, Märkte, Feste und das Leben der einfachen Menschen; auch Charakterstudien nehmen im Schaffen dieser Künstler einen großen Platz ein.

Über die Grenzen der Dominikanischen Republik hinaus haben Cuquito Peña, ein bedeutender Aquarellist, Ramón Oviedo und Domingo Lisz mit ihren künstlerischen Arbeiten Anerkennung gefunden. Zur Avantgarde zählen Sivano Lora und Fernado Ureña Rib, der keine Markt- und Straßenszenen malt, sondern abstrakte Bilder.

Der Tourismus und die verbesserte internationale Kommunikation bringen ständig neue Trends und Stilrichtungen mit sich, doch die Kunst und Kultur gerät zunehmend in die Gefahr, vollends kommerzialisiert zu werden.

Auch auf musikalischem Sektor ist in der Dominikanischen Republik Beachtenswertes geleistet worden. Die Volksmusik ist ohne den Einfluß der jahrhundertelangen Kolonialherrschaft nicht zu denken. Der Einfluß afrikanischer Elemente ist gering, spanische Elemente klingen dagegen in vielen Liedern und Tänzen noch nach.

Zu den populärsten Rhythmen zählt der Merengue, der ohne die Salonmusik des vergangenen Jahrhunderts und den Einfluß afrokubanischer Musik nicht zu denken ist. Doch auch lateinamerikanische Musik wie Salsa, Bolero oder Rumba sind hier bekannt. Als international bekannte Jazzer gelten der Pianist Michael Camilo und der Flötist Dave Valentine. Und für Liebhaber klassischer Musik gibt es ein Symphonieorchester, das im Teatro Nacional von Santo Domingo beachtenswerte Konzerte gibt. Und auch das Staatsballett mit seinen hervorragenden Tänzern und Tänzerinnen hat einen ausgezeichneten Ruf.

Daß nicht nur die hohe Kunst Ausdruck der gesellschaftlichen Verhältnisse ist, son-

123

dern auch der Karneval, darüber haben viele Kulturhistoriker nachgedacht. Auch in der Dominikanischen Republik gehört der *Carnaval* zum Brauchtum. Die zentrale Figur des dominikanischen Karnevals ist der *diablo cojuelo,* der hinkende Teufel, der im Februar sein Unwesen treibt. Sonntags läuft er im Februar durch die Straßen von La Vega, der karnevalistischen Hochburg des Landes, und zieht Schaulustigen und Passanten juchzend eine luftgefüllte Saublase über den Schädel.

Am 27. Februar, dem Tag der Unabhängigkeit und dem größten Nationalfeiertag, wohnen hochrangige Persönlichkeiten aus Politik und Gesellschaft auf einer Ehrentribüne am Malécon von Santo Domingo der größten Karnevalsparade bei. Unter ihren Augen ziehen Karnevalszünfte aus dem ganzen Land vorbei. Tanzende Schönheiten und Akrobaten sind ein Zugeständnis an den Tourismus, und auch die überdimensional großen Maggiflaschen, die hier auftreten, tragen anderen Interessen Rechnung.

Der Maskenumzug, der alljährlich in La Vega stattfindet, hat Tradition. Es wird angenommen, das Kubaner, die zu Beginn dieses Jahrhunderts in die Dominikanische Republik kamen, an seiner Entstehung beteiligt waren. Jede der beteiligten Gruppen hat ihre eigene Art des Verkleidens. Die ausgefallenen Kostüme, die man hier während des Umzugs sehen kann, werden von Hand geschneidert. Da für diese Kleidung oft hochwertige Materialien, Satin und Seide, verwendet werden, kostet eine Verkleidung häufig mehrere Monatsgehälter. Nur Mitglieder der von Sponsoren getragenen Zünfte können mit einer finanziellen Unterstützung rechnen.

Auch die auffälligen Masken sind handgefertigt, meist aus Pappmaché, das mit Kunstharzen gehärtet wird: Dämonen und Hexen sind hier zu finden, Raubtiere und Affenmasken, aber auch an Donald Duck erinnernde Verkleidungen. Der dominikanische Karneval zeigt – wie die Hochkultur – daß sich hier die unterschiedlichsten geschichtlichen und geographischen Einflüsse mischen. Die Fülle der regional unterschiedlichen Masken und Kostüme sind als Beispiele der dominikanischen Volkskunst zu begreifen; sie sind im Museo Folklórico de Tomás Morel und im Museo del Hombre Dominicano in Santo Domingo zu sehen.

Am 27. Februar treffen sich Karnevalszünfte aus allen Teilen des Landes am Malecón von Santo Domingo zum großen Festumzug.

Bild links:
Bei der Anfertigung der Masken und Kostüme sind der Phantasie keine Grenzen gesetzt. Die zentrale Figur des dominikanischen Karnevals ist der *diablo cojuelo,* der hinkende Teufel.

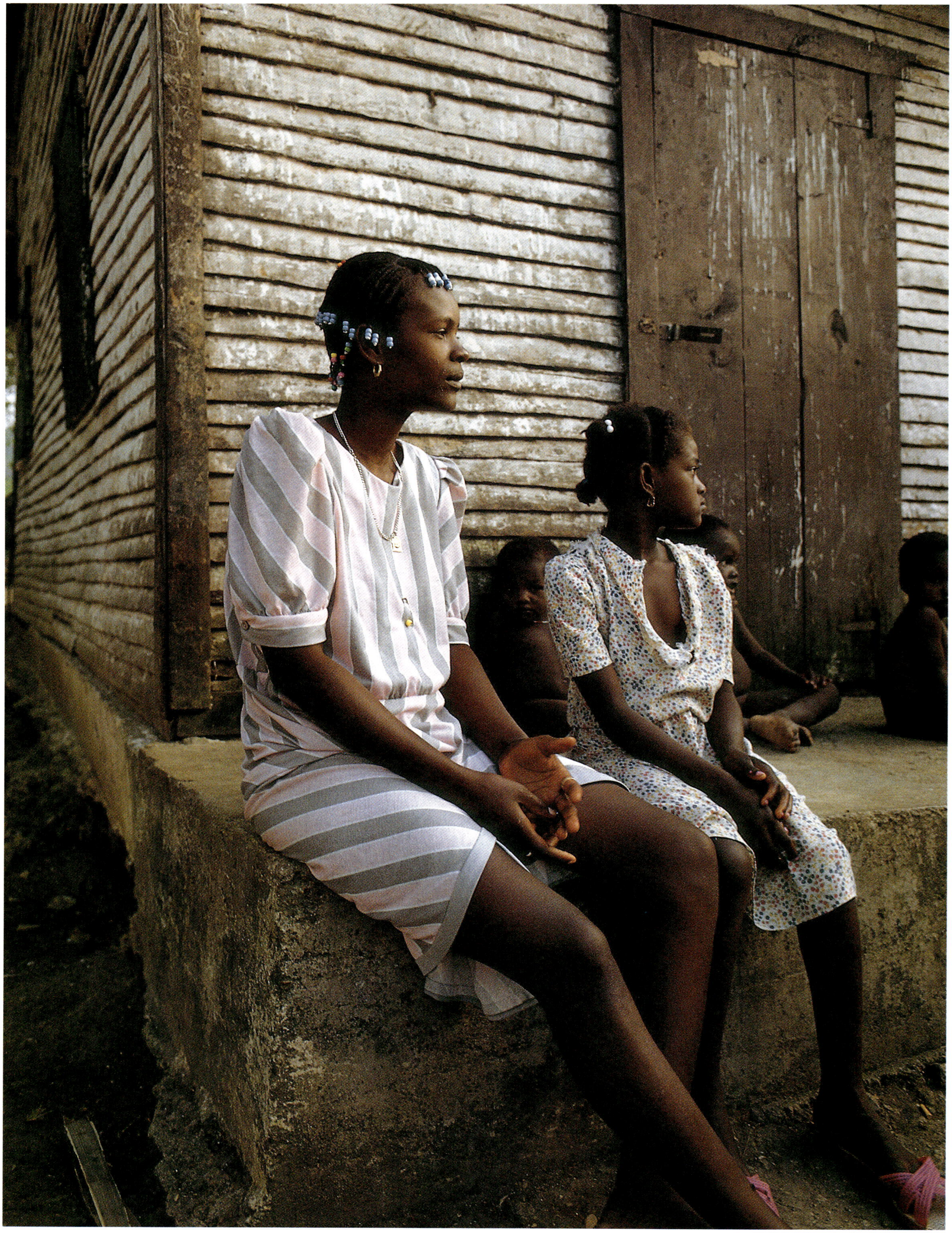

»Nimm's leicht!«

Über die Mentalität der Dominikaner

An der Avenida Maximo Gomez in Santo Domingo halte ich wie alle anderen mit einem Handzeichen ein Taxi an. Während ich noch darüber nachdenke, wie ich die Tür des alten Buick öffne, weil der Türgriff fehlt, stößt sie der freundlich lächelnde Fahrer von innen auf und zieht sie, nachdem ich eingestiegen bin, wieder zu. Der hinter mir sitzende Fahrgast verriegelt die Tür mit dem Haken am Türholm. In dem komfortablen Sitzpolster der in die Jahre gekommenen Limousine mache ich es mir bequem, als das lautstark laufende Radio plötzlich verstummt. Mit geübtem Griff rückt Ramón, so der Name des Fahrers, die als Antenne dienende Drahtschlaufe am Fensterrahmen zurecht, wobei der Innenspiegel herunterfällt – dafür dröhnt der Merengue schon wieder an meine Ohren. Ohne seinen Redefluß zu unterbrechen, hängt Ramón den Spiegel wieder vertikal ein. Ich versuche, die fehlenden Außenspiegel und den klappernden Kofferraumdeckel zu ignorieren und inhaliere die Abgase, die durch die Mittelkonsole in das Wageninnere dringen. Als uns Ramón mit annähernd Tempo 50 geschickt im Slalom um die Schlaglöcher herum durch den Verkehr steuert, klappt die Motorhaube des Wagens auf und zu. Mit einem lauten Fluch über die fehlende Schraube legt er seine Hand durch das geöffnete Seitenfenster auf die Haube.

Ramón ist 30 Jahre alt, verheiratet und hat vier Kinder. Den Lebensunterhalt für seine Familie bestreiten seine Frau als Sekretärin mit etwa 1000 Pesos im Monat und er mit Taxifahren. Seine Tageseinnahmen liegen zwischen 50 und 200 Pesos. Auf meine Frage, wie lange er sein Auto schon habe, lacht er auf. Den Wagen habe er für 50 Pesos am Tag gemietet. Aber er käme ganz gut zurecht, und obendrein mache ihm das Taxifahren Spaß. *Alegría,* Freude, heißt hier in der Dominikanischen Republik das Zauberwort, und so nennt sich auch ein kleiner Obst- und Gemüsemarkt in Sosúa.

Die heitere Lebensart, mit der die Dominikaner ihr Leben meistern, scheint sich in ihrer Kleidung zu spiegeln, auf jeden Fall legen die Menschen in diesem Land außerordentlich viel Wert auf ein korrektes Aussehen, für die lässige Kleidung der Touristen haben sie häufig nur wenig Verständnis. Farbenfrohe Hemden und Hosen mit Bügelfalte sind ein Muß für die Männer, und auch die Frauen trifft man stets in modischen Sommerkleidern oder aufwendig geschneiderten Blusen, die mit einem eleganten Rock kombiniert werden. Selbst die Kinder sind, sogar beim Spielen, immer adrett gekleidet. Die Mädchen tragen häufig schon im zarten Alter von drei bis vier Jahren bunte Schleifchen im Haar.

Kinder spielen in diesem Land, dessen Bevölkerungsmehrheit jünger als 35 Jahre alt ist, eine bedeutende Rolle. Sie garantieren den Fortbestand der Familien, deren Altersversorgung und erhöhen die Einflußmöglichkeiten der Familien. Beziehungen, *relaciones,* zu Ämtern, Behörden und Institutionen erleichtern das Leben und um so größer eine Familie ist, um so mehr *relaciones* können aufgebaut werden. Daher kann es kaum verwundern, daß sich ein großer Teil des Lebens hier auf die täglichen Verpflichtungen innerhalb der Familie bezieht.

Kinderlose Familien gibt es kaum. Über lange Zeit verzeichnete die Dominikanische Republik die höchste Bevölkerungswachstumsrate in Lateinamerika. Doch diese Einstellung hat natürlich Auswirkungen auf die Stellung der Frauen in der dominikanischen Gesellschaft. In der patriarchalischen Gesellschaft wird immer noch ein traditionelles weibliches Verhalten erwartet. Eine kinderlose Frau wird nahezu isoliert.

Maria, eine 29jährige Kellnerin in einer Cocktailbar, erzählt, sie sei in ihrem Freun-

Bild linke Seite:
Ruhepause: Zwei Frauen, drei Kleinkinder. In der patriarchalischen Gesellschaft wird noch immer ein traditionelles weibliches Verhalten erwartet, eine kinderlose Frau wird nahezu isoliert.

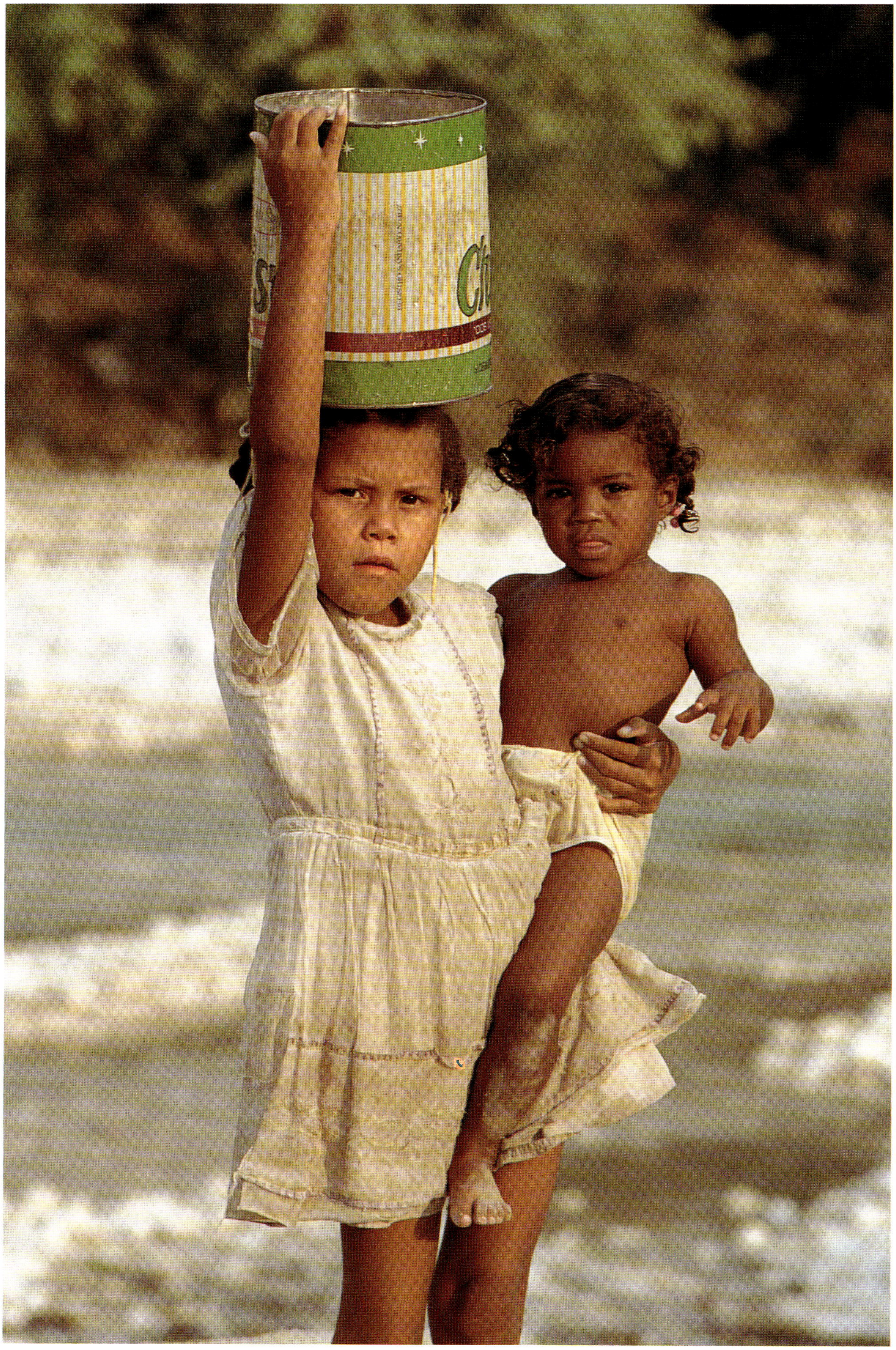

deskreis die einzige Frau ohne Kind. Gern hätte sie eines, denn nur so könne sie – auch unverheiratet – ihre Fruchtbarkeit beweisen und gewänne damit die ersehnte Anerkennung ihrer Umgebung. Auf meine Frage, wie sie denn bei ihrem Beruf und dem geringen Einkommen ein Kind erziehen wolle, erwidert sie völlig sorglos, daß sie sich diese Aufgabe mit den Nachbarn und Freundinnen teilen würde. Die anderen hätten es nicht anders gemacht, und was ihre Freundinnen könnten, das könne sie schon lange.

Diesem weiblichen Selbstverständnis, das sich fast unwidersprochen durch alle Gesellschaftsschichten zieht, steht der Machismo gegenüber. Jungen in der Dominikanischen Republik werden schon von klein auf so erzogen. Sie treffen sich zum Beispiel in Santo Domingo am Malécon zu einem vielbeachteten Wettkampf auf ihren Mountain-Bikes, mit denen sie in halsbrecherischem Tempo gewagt um Parkbänke und Palmen herumkurven und die Mitstreiter – auch mit dem Fahrrad als Waffe – aus dem Rennen schlagen. Stolz zeigt der vierjährige Julio eine Narbe am linken Arm. Doch nicht nur das früh eingeübte Imponiergehabe, auch der trainierte Körper und Trinkfestigkeit kennzeichnen den Machismo. Die männlichsten der Männer, die sogenannten *tigres,* sind hochbegehrt. Frauen sonnen sich als *novia* an der Seite des größten *tigre,* wenngleich diese Rolle auch nur von kurzer Dauer ist. Das ständige, rituelle Buhlen der Männer um die Gunst der attraktiven Damen führt nicht selten dazu, daß die beste Freundin der *novia* von heute schon nach wenigen Tagen deren Platz einnimmt.

In den Großstädten bricht dieses traditionelle Gesellschaftsgefüge allmählich auf. Während es auf dem Land noch zu den häuslichen Pflichten der Frau gehört, kilometerweit Wasser vom Fluß in großen Eimern auf dem Kopf heimwärts zu transportieren, organisieren sich intellektuelle Frauen in den Städten. Sie haben sich das Ziel gesetzt, das weibliche Selbstbewußtsein zu verändern, denn auch in den gesellschaftlich gut gestellten Schichten leben Frauen bis heute in Abhängigkeit von ihren Ehemännern.

Ein anderer Wandel hat sich im Bildungsbürgertum längst vollzogen. Man plant sein Leben und die berufliche Laufbahn und verkehrt in gebildeten Kreisen. Mit diesem elitären Bewußtsein distanzieren sich besonders in der Hauptstadt Santo Domingo die Intellektuellen von den einfachen Menschen auf dem Lande. Deren Lebensrhythmus ist von der Feldarbeit bestimmt, die nicht unabhängig vom Wetter gesehen werden kann. Die Landbevölkerung lebt von einem Tag auf den anderen, langfristige Planungen gibt es kaum. Bei gutem Wetter herrscht in der Dominikanischen Republik allgemein Optimismus, bei schlechtem ist Lustlosigkeit zu

Bild linke Seite:
Ein siebenjähriges Mädchen trägt Wasser vom Fluß und zugleich ihre kleine Schwester nach Hause.

Ein BMX-Rad-Wettkampf am Malecón von Santo Domingo.

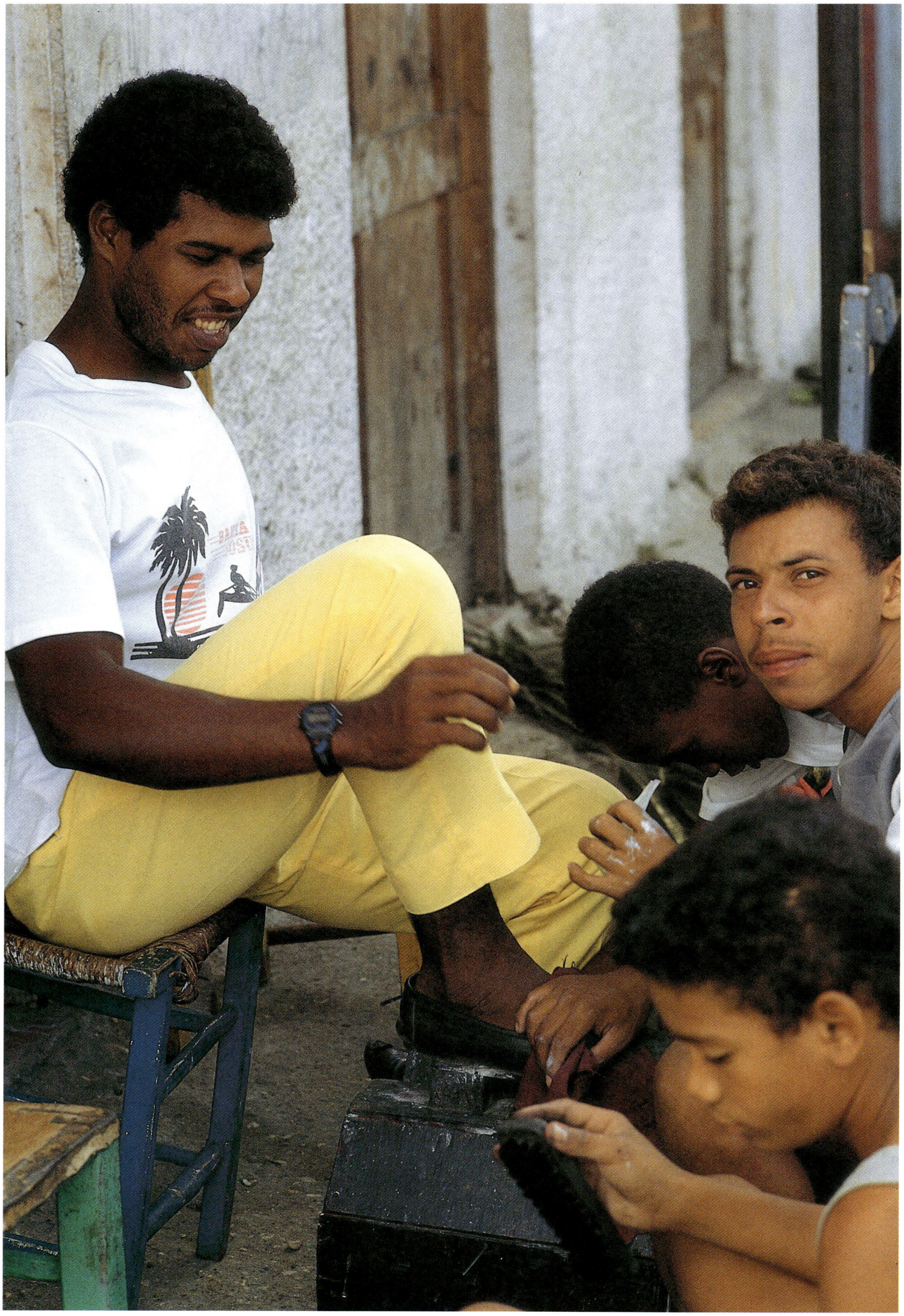

spüren. »Was mir zur Last fällt, das ist nicht mein Leben!« sagt ein Obstverkäufer und benennt damit eine Haltung, die nicht nur ihm zu eigen ist.

Das Weltbild der Dominikaner hat sich durch den wachsenden Tourismus in den vergangenen zehn Jahren gewaltig verändert. Vor einigen Jahren gab es kaum deutsche Touristen, heute wissen die Menschen dort, daß es alte und neue Bundesländer gibt. Dieses Wissen wird keineswegs in der Schule vermittelt. Auch wenn seit 1971 eine Schulpflicht bis zum 14. Lebensjahr besteht, so gibt es dennoch einen hohen Anteil an Analphabeten in der Bevölkerung. Offiziell werden 30% genannt. Die Dunkelziffer dürfte um einige Prozent höher ausfallen. Es gibt zuwenig Lehrkräfte, die außerdem sehr schlecht bezahlt werden. Die Schulbücher kosten viel Geld, und auch die Schulkleidung, meistens beigefarbene Hosen und Röcke sowie hellblaue Hemden und Blusen, müssen privat bezahlt werden. So kann eine Familie auf dem Land oder in den Armenvierteln der Stadt bestenfalls eines ihrer Kinder zur Schule schicken. Wer sich staatlich fördern lassen will, muß nicht nur außergewöhnlich begabt sein, sondern auch enormes Glück haben. Es werden nur wenige Stipendien vergeben.

Daher wählen viele einen anderen Weg, um ihr Leben so gut wie irgend möglich zu meistern. Der Lebensunterhalt muß verdient werden, mit einem Bauchladen, einer Imbißbude oder als Schuhputzer. Auch als T-Shirt-Maler kann man hier leben oder als Träger von Einkaufstaschen im Supermarkt, wo man täglich in nur vier bis sechs Stunden 20 bis 40 Pesos verdienen kann. Die Dienstkleidung wird gestellt, und man kann kommen, wann und so oft man will. Für die ältere Bevölkerung ohne Schulbildung, insbesondere für ehemalige Kleinbauern, ist eine Tätigkeit als Wächter zur attraktiven Verdienstmöglichkeit geworden. Oft sieht man sie mit Kollegen im Schatten einer Palme sitzen – und auch hier gilt als *tigre,* wer den meisten Rum verträgt.

Die Menschen messen ihre Lebensqualität hier mit anderen Maßstäben. »Das Wichtigste im Leben ist, jedermann das Gefühl zu geben, eine Persönlichkeit zu sein, auch wenn er nicht über materiellen Besitz verfügt!« Dieser Satz stammt von keinem Philosophen, sondern von einer Kellnerin in einer Hotelbar. Es scheint der Schlüssel zu der sprichwörtlichen Gastfreundschaft der Dominikaner zu sein. »*Este es mi país!*« verkündet Sergio Vargas stellvertretend für seine Landsleute in seinem neuen Merengue-Hit: »Dies ist mein Land!« Selbstbewußt und stolz präsentieren die Dominikaner ihre Heimat, in welcher der respektvolle Besucher stets zuvorkommend behandelt wird.

Bild linke Seite: *Limpiabotas,* Schuhputzer, cremen, putzen und bürsten um die Wette.

Der *frío-frío*-Händler bietet Säfte auf gestoßenem Eis an.

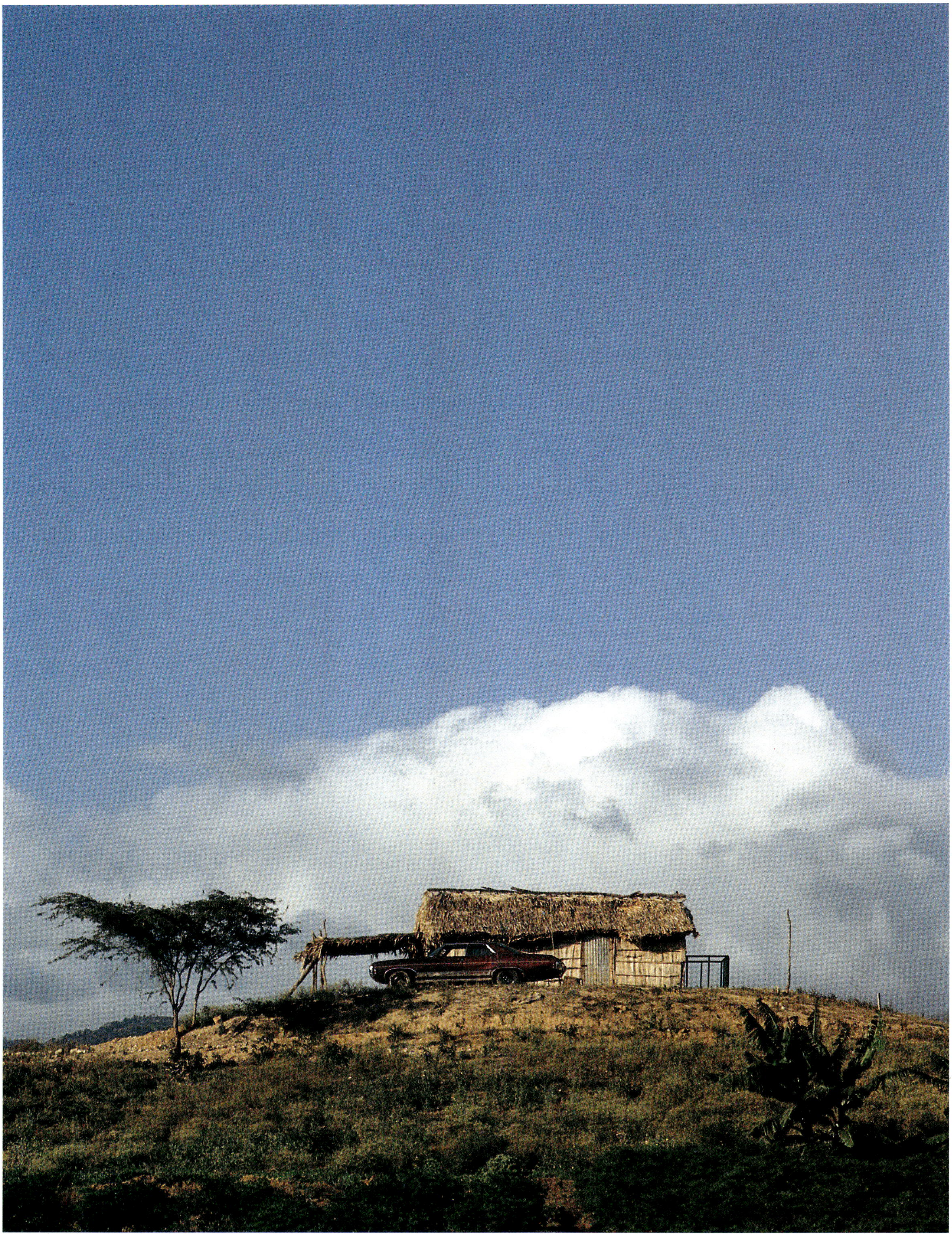

Divertimiento

Alltag in der Dominikanischen Republik

Es ist Ende Juli, und ich befinde mich am Malecón von Santo Domingo inmitten einer ausgelassen singenden und tanzenden Menschenmenge. Unzählige Paare drehen sich im Kreis, überall schwingen sich eng aneinanderschmiegende Hüften im Rhythmus des Merengue.

Über seine Herkunft wird spekuliert. Salonfähig wurde dieser Tanz vermutlich durch den Oberst Juan Bautista Alfonseca (1810 bis 1875), der eine Reihe von Märschen und volkstümlichen Liedern komponierte. Daß er den Merengue »erfunden« haben soll, darf bezweifelt werden, denn volkstümlichen Erzählungen nach entstand er vermutlich auf einem Piratenfest: Die berüchtigten Seeräuber von La Tortuga sollen dabei ihre Holzbeine im Spiel gehabt haben. Glaubwürdiger erscheint jedoch die Vermutung, daß schwarzafrikanische Sklaven den Tanz im 18. Jahrhundert nach Hispaniola brachten, wo er sich im Laufe der Kolonialzeit mit französischen und spanischen Folkloreelementen vermischte. Der Merengue wird mit ganz kleinen Schritten aus der Hüfte heraus getanzt. Diese Bewegungen auf engstem Raum führt man derweil auf die eingeschränkte Beinfreiheit der Sklaven zurück, deren Füße häufig mit schmiedeeisernen Ketten verbunden waren. Im vergangenen Jahrhundert war der Tanz verpönt, zeitweise sogar verboten, da die erotisch anmutenden Hüftbewegungen der engverbunden miteinander tanzenden Paare die gesellschaftlichen Vorstellungen verletzten. Hoch im Kurs standen demgegenüber in den vornehmen Kreisen spanische Gesellschaftstänze wie La Tumba, die der höfischen Tradition entlehnt und auf Distanz der miteinander Tanzenden abgestellt waren. Auf dem Lande vergnügte man sich mit den von schwarzafrikanischen Rhythmen abgeleiteten Tänzen Mangulina oder Bambula. Seinen Durchbruch erreichte der Merengue erst, als er Ende der 30er Jahre durch das Radio verbreitet wurde. In diesen Jahren wuchs seine Popularität; heute ist er aus dem täglichen Leben aller Bevölkerungsschichten nicht mehr wegzudenken.

Ursprünglich bestand die klassische Merengue-Kapelle – das *pericio ripiao* – aus einem Trio, ausgestattet mit Tambora, Güira und Marimba. Die Tambora, eine kurze Trommel, wird aus einem ausgehöhlten Baumstamm gefertigt, auf der einen Seite mit der Haut einer Geiß, auf der anderen Seite mit der eines Bocks bespannt. Die Güira erinnert an eine Muskatreibe. Sie besteht aus einem konischen Holz- oder Metallzylinder, der mit einem Stab gerieben wird. Und die Marimba, ein großer Holzkasten mit einer runden Öffnung, vor der mehrere saitenähnliche Metallblätter montiert sind, wird gezupft. Anfang dieses Jahrhunderts wurde das Trio durch einen Akkordeon-Spieler ergänzt, heute findet sich in einer umfangreich instrumentierten Merengue-Kapelle häufig zudem ein Gitarrist. Maracas, Rasseln, Blasinstrumente und Synthesizer kamen dazu.

Die Merengue-Texte erinnern an die afroamerikanische Blues-Tradition. Zu den populärsten, über die Landesgrenzen hinaus bekannten Interpreten zählen heute Sergio Vargas und die Gruppe Juan Luis Guerra y 4:40. Ihre Texte handeln von Liebe, Frauen, vom Nationalstolz, aber auch von Armut und Prostitution.

In der kleinen Dorf-Diskothek von Samaná tanzt zu später Stunde ein siebenjähriges Mädchen in einem bezaubernden weißen Kleidchen: Leicht und locker läßt sie ihre Hüfte im schnellen Rhythmus der Musik kreisen, beklatscht von Freunden und unter den feucht-glänzenden Augen ihrer stolzen Mutter. Es wird gesungen, gelacht, getanzt, und die Stimmung erreicht ihren Höhepunkt, wenn der Rhythmus allen Anwesenden durch Mark und Bein geht und man sein ei-

Bild linke Seite:
Eine Hütte inmitten der weitläufigen Landschaft.

Der Hahnenkampf gehört zu den Gesellschaftsspielen in der Dominikanischen Republik. In jedem Dorf werden Wetten abgeschlossen.

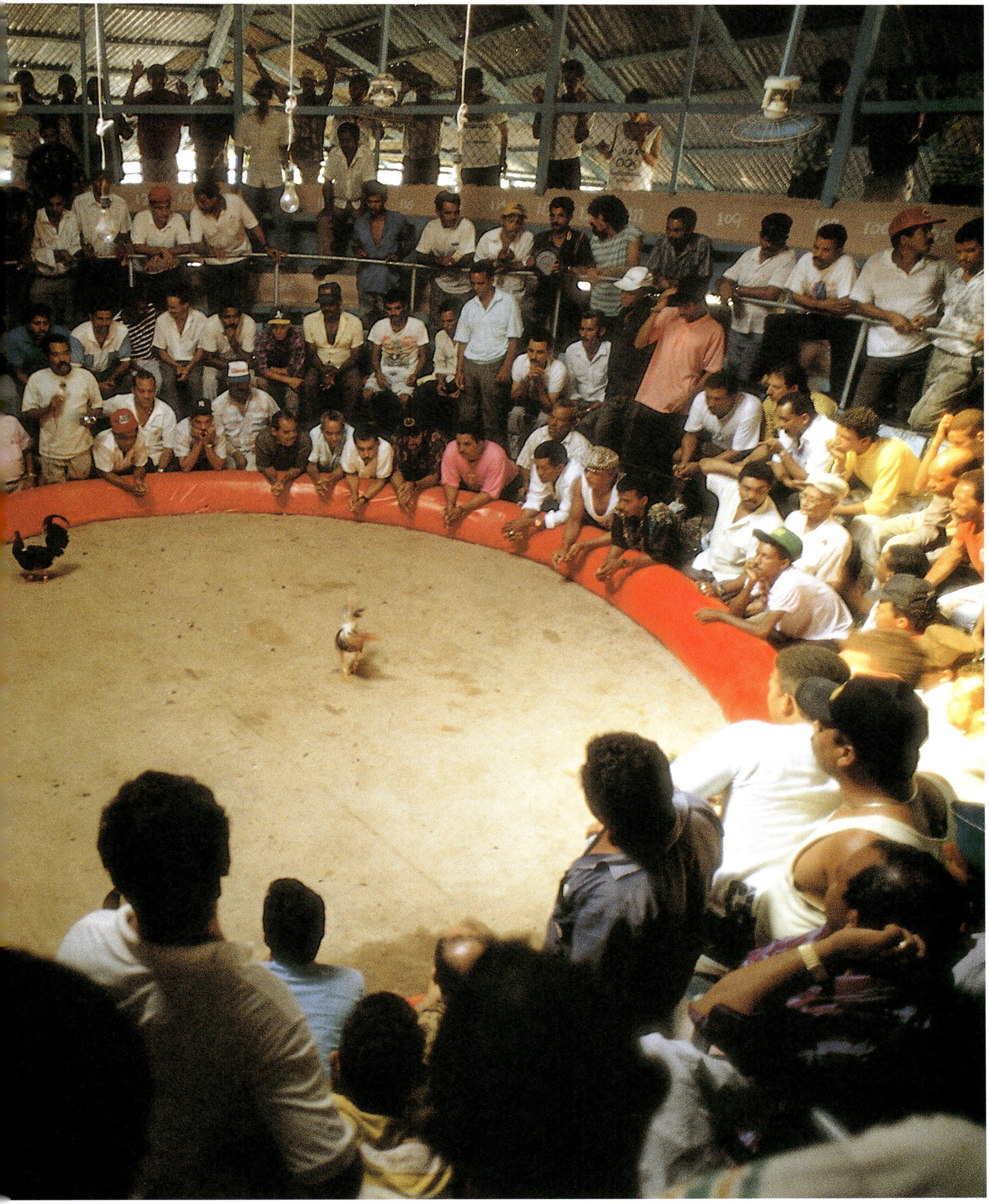

Bilder rechte Seite:
Das Motorradfahren steht nicht nur bei den Jugendlichen hoch im Kurs. Die beliebteste Freizeitbeschäftigung ist das Domino-Spielen, aber auch Baseball gehört zu den großen Leidenschaften der Menschen in der Dominikanischen Republik.

genes Wort nicht mehr verstehen kann. Der Merengue ist mehr als ein bloßer Tanz, er ist alltagskultureller Ausdruck des gegenwärtigen Lebensgefühls der Menschen in der Dominikanischen Republik. Man hört ihn überall, in den Büros, am Arbeitsplatz, in den Geschäften und auf den Märkten. Er dröhnt sowohl aus dem kleinsten Transistorradio als auch aus dem Ghettobluster, der geschultert durch die Straßen getragen wird und um den herum sich im Park kleinere Gruppen scharen.

Ganz gleich, wohin die Menschen hier gehen, ob zum Einkaufen oder ins Büro, überall treffen sie Freunde oder Verwandte. Sie bleiben stehen, um den neuesten Klatsch auszutauschen. Sogar der Verkehrspolizist verläßt deswegen – ungeachtet des Verkehrsaufkommens – für unbestimmte Zeit seine Kreuzung, der Taxifahrer blockiert die Straße und läßt seine Fahrgäste kurz warten, weil sein Cousin ihm die Ereignisse des Vorabends mitteilen will. Oder die Dame an der Kasse im Supermercado ist angesichts eines Treffens mit ihrer Nachbarin von der Wiedersehensfreude so eingenommen, daß man vorzugsweise eine andere Kasse aufsucht, will man den Laden vor Ablauf einer Stunde wieder verlassen. Zeit spielt hier eine andere Rolle, selbst wenn sie drängt: »*No importa*«, »Nur nichts überstürzen« oder »Nu it Hudle«, wie die Alemannen sagen, so lautet der Kommentar, den man häufig hört.

Arbeit und Freizeit sind in der Dominikanischen Republik kein Gegensatz. In seinem Bestreben, sich den Tag möglichst angenehm zu gestalten, wird die Maxime verfolgt: *divertimiento* – man könnte es frei übersetzen mit vergnüglicher Zerstreuung. Jedermann verfügt hier frei über seine Zeit, und die genießt man gern mit anderen. Beobachten kann man diese Haltung in allen Gesellschaftsschichten. So verbringt der reiche Dominikaner seine Zeit mit Freunden auf einer Yacht, beim Polo oder Golfspiel. Abends trifft man sich wieder, im Spielcasino oder in einem erstklassigen Restaurant zum gemeinsamen Dinner. Daß Kontaktfreudigkeit dabei überall im Vordergrund steht, zeigt sich auch im Verhalten der einfachen Bevölkerung. Ob im Schaukelstuhl auf dem Balkon sitzend, ob im Büro am einzigen Telefon mit der Tante plaudernd – kommt ein Bekannter oder ein Freund vorbei, wird alles andere zweitrangig. Die Unterhaltung mit einem Freund ist im Zweifelsfall wichtiger als das Geschäft. Hat man sich verabredet, so sind zwei bis drei Stunden Verspätung »normal«. Um eine Ausrede sind die Dominikaner nie verlegen: Sie verfügen über einen reichhaltigen Schatz an Ausreden, *excusas*. So beginnt der für 20 Uhr angekündigte Film eineinhalb Stunden später und auch im Kino herrscht Jahrmarktstimmung: Kinder jagen sich zwischen Holzbänken, ständig treffen neue Besucher, die Namen ihrer Freunde rufend, ein, von denen sie dann unter lautstarkem Johlen begrüßt werden. Cola-, Bier- und Rumflaschen machen die Runde, ein Film läuft begleitend im Hintergrund mit. Und bei jedem Stromausfall geht ein Raunen und Quietschen durch den Raum.

Nach dem Ende eines zweitklassigen Films läßt man sich auf dem *motoconcho*, einem knatternden Motorrad nach Hause fahren. Nahezu jeder hat sein Auspuffrohr angebohrt, so daß man sich während der Fahrt am liebsten die Ohren mit den Fingern zustopfen würde, wenn man sich nicht festhalten müßte. Dieser Taxidienst ist für die Jugendlichen einerseits Arbeit, andererseits verschafft ihnen der Besitz eines Motorrades Stolz und Ansehen. Überdies kommen die PS-Freier bei den jungen Damen natürlich besser an. Nicht selten sieht man auf so einem Mofa oder einer 80er drei bis vier Personen.

Eine andere, sehr beliebte Freizeitbeschäftigung ist das Dominospiel. An eigens dafür gezimmerten Tischen sitzen vier Personen, umringt von einer Schar Schaulustiger, und knallen die weißen Steine auf die Holzplatte. Man sieht solche Grüppchen an vielen Straßenecken oder unter schattigen Bäumen, wo sie sich spielerisch die Zeit vertreiben. Große Bedeutung hat auch das Baseballspiel. Dieser Männersport hat während der nationalen Meisterschaft – von Oktober bis Februar – Hochsaison. Von März bis September spielen die meisten dominikanischen Spitzenspieler in der US-Liga.

Begeisterte Anhänger hat jedoch ein ganz anderer Männersport: *pelea de gallos*, der Hahnenkampf. In jeder Stadt und nahezu jedem Dorf findet dieses Schauspiel einmal wochentags und samstags nachmittags statt. Die aus Holz und Maschendraht errichtete *gallera*, die Hahnenkampfarena, ist der Tempel des Machismo. Hier versammeln sich Arme wie Reiche, um nicht selten Monatsge-

137

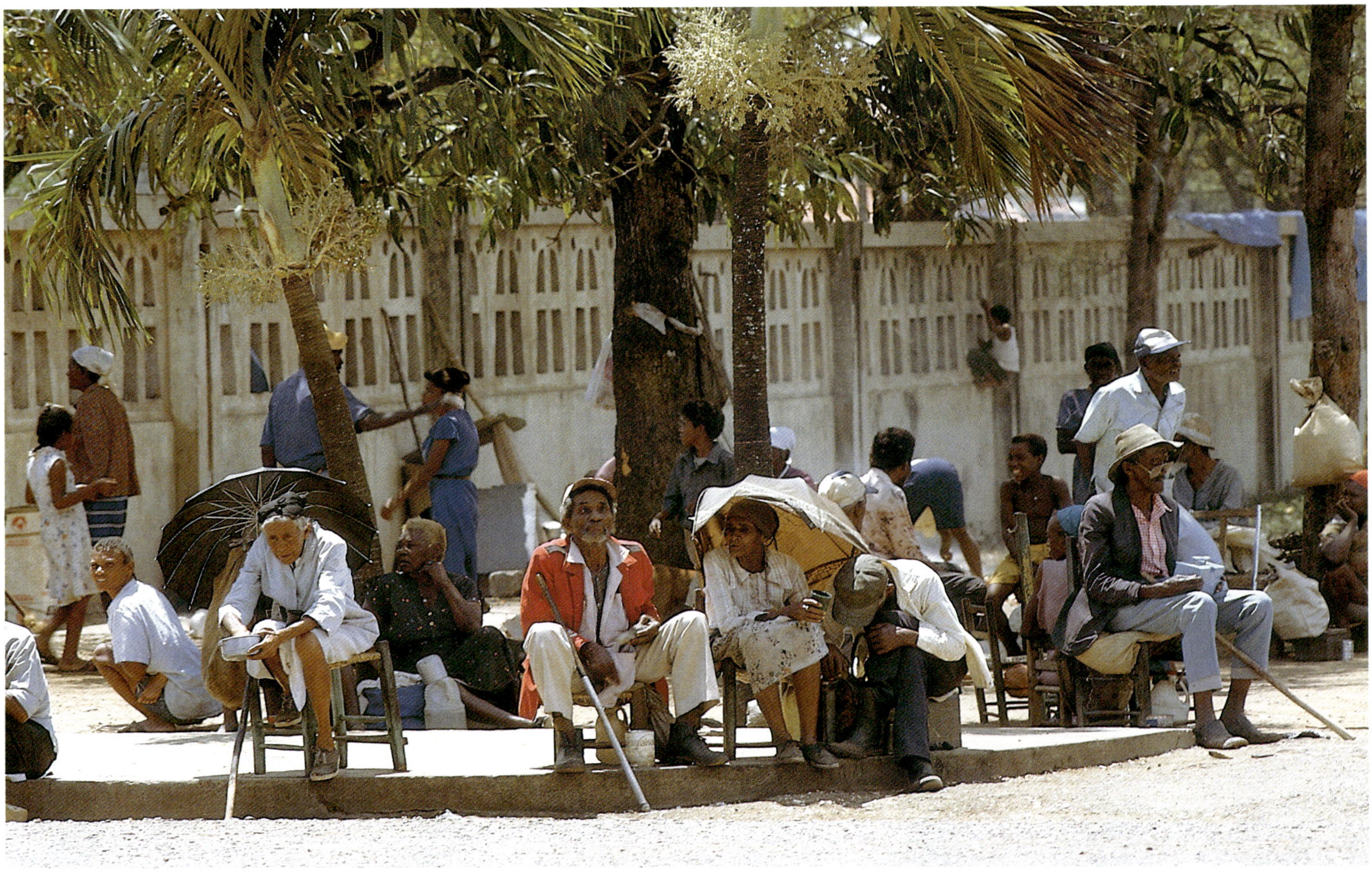

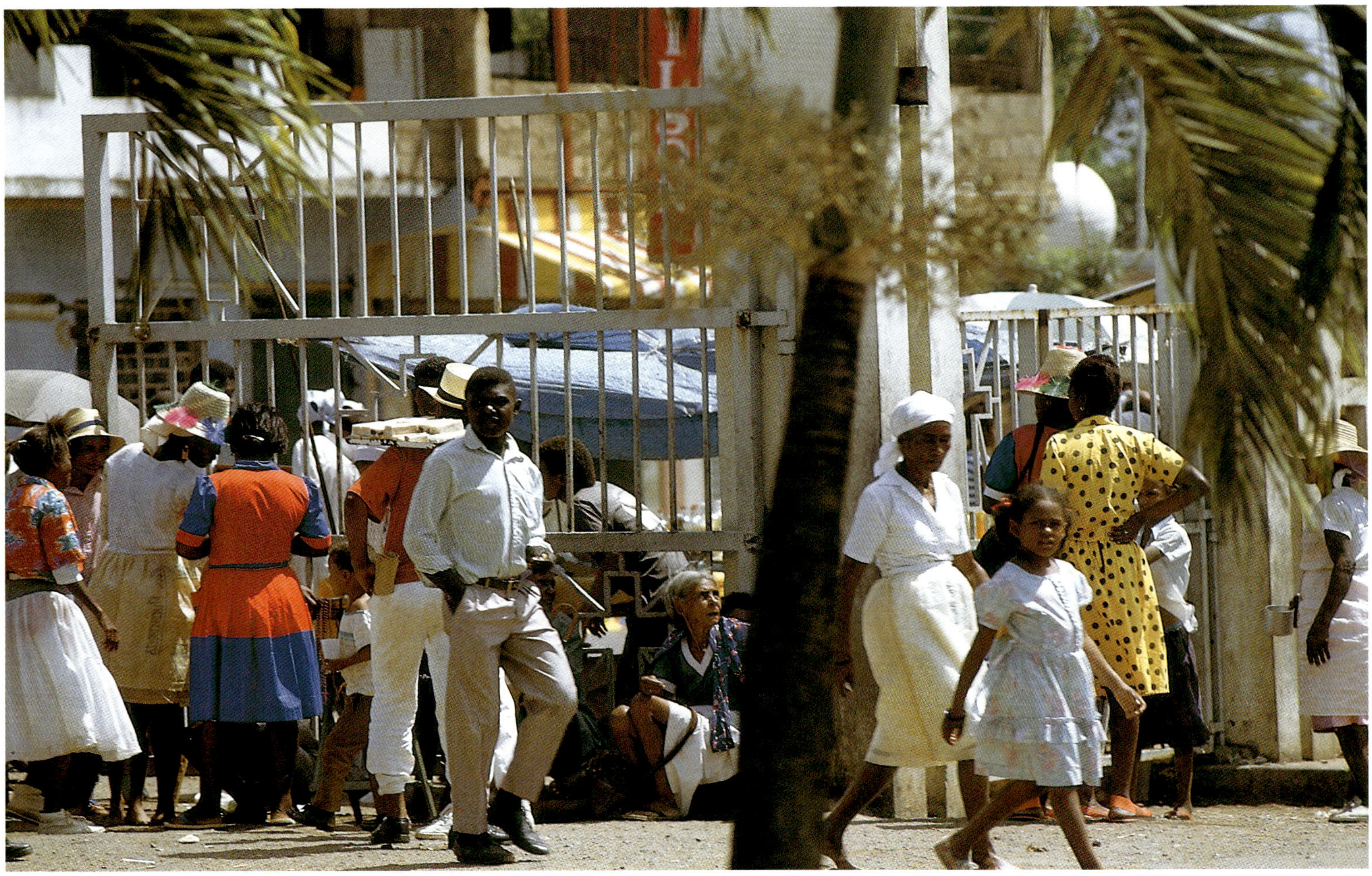

hälter oder Autos zu verwetten. Gesetzt wird bei jedem Kampf auf einen der widerstreitenden Hähne, die nach sechsmonatigem Training mit dornartigen Sporen aus Schildpatt an den Füßen bewaffnet aufeinander losgelassen werden. Im Mittelpunkt eines Kampfes steht nicht unbedingt der Hahn als Symbol für Wachsamkeit, Stärke und Kampfgeist, sondern vielmehr sein Besitzer. Einer macht gegen den anderen mobil, die Stimmung wird aufgeheizt, die Anfeuerungsrufe der rund 100 Zuschauer werden immer lauter, je heftiger sich die beiden Hähne attackieren. Schließlich stolziert triumphierend der eine Hahn aufrecht und laut krähend über den grünen Teppichboden an seinem müden und resigniert wirkenden Gegner vorbei. Doch plötzlich wird er von diesem mit einem einzigen Sprung niedergestreckt. Dieser Kampf ist nach einer knappen Viertelstunde vorüber, der nächste wird nach 20 Minuten vom Schiedsrichter abgebrochen – unblutig wie in den meisten Fällen.

Auch das Fernsehen ist aus dem Alltag nicht mehr wegzudenken. Selbst auf den Wellblechdächern der Armenviertel ragen unzählige Antennen oder ähnliche Eigenkonstruktionen in den Himmel und holen eine Vielzahl von Familienserien und Spielshows in die Stuben. Die Apparate laufen ständig – bis zum nächsten Stromausfall. Dann setzt man sich eben in seinen Schaukelstuhl vor die Haustür und beobachtet das Treiben in den Straßen. Hier ist die Bühne des Lebens. Auf den mit Schlaglöchern reich verzierten Asphaltböden spielt sich der dominikanische Alltag ab. Daran teilnehmen kann jeder, der sich seine freie Zeit dafür nimmt.

Vor den Toren der Wallfahrtskirche in Higüey.

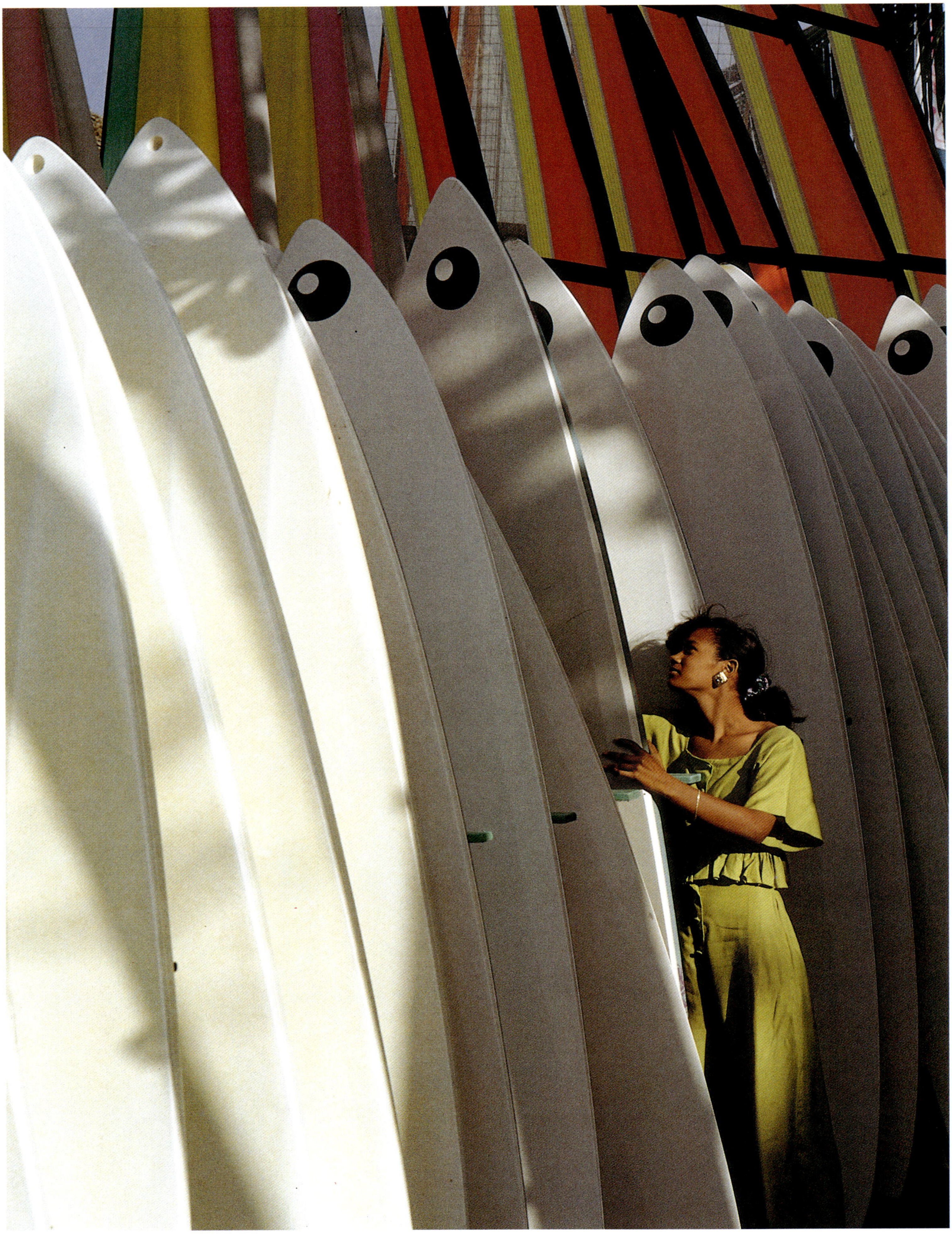

Von der Leichtigkeit des Seins

Veränderungen durch den Tourismus

500 Jahre nach der Entdeckung der Insel Hispaniola durch Christoph Kolumbus hat der Tourismus die Dominikanische Republik erobert. Waren es bis Mitte der 80er Jahre nur einige hunderttausend Urlauber, die das Land besuchten, so wurde 1989 erstmals die Millionengrenze überschritten.

Heute ist der Tourismus zum größten Devisenbringer des Landes geworden, und bis zum Beginn der 500-Jahr-Feierlichkeiten im Jahr 1992 erhofft sich die dominikanische Regierung eine weitere Expansion dieses Wirtschaftszweiges. Nicht alle Regionen sind bislang im gleichen Umfang für den Fremdenverkehr ausgebaut worden. Die Region der Juan Dolio an der Südküste oder der Großraum um Puerto Plata wurden besonders gefördert, und auch die Orte Sosúa und Cabarete sowie die Halbinsel Samaná gehören inzwischen zu den aufstrebenden touristischen Reisezielen. Auch Punta Cana am Südostzipfel und die Region um die Hafenstadt Barahona im Südwesten bereiten sich auf kommende Urlauberströme vor. Erfreulicherweise hat die Auflage der Regierung, im Küstenbereich nicht über Palmenhöhe zu bauen, bis heute erfolgreich verhindert, daß hier gigantische Betonwüsten entstehen konnten.

Um der wachsenden Zahl der Touristen ausreichend Unterkünfte anbieten zu können, räumt die Dominikanische Republik ausländischen Investoren aus den USA, Kanada, Frankreich, Spanien und anderen europäischen Ländern verschiedene Vergünstigungen ein, sofern sie in die touristische Infrastruktur investieren, das Verkehrsnetz erweitern, Hotelanlagen errichten und vorwiegend dominikanisches Personal einstellen. Dadurch werden viele Arbeitsplätze im Bausektor und im Dienstleistungsbereich geschaffen. Beim Ausbau hat die Baubranche allerdings mit dem mangelhaften Zustand der Straßen zu kämpfen, wenngleich die Dominikanische Republik im Vergleich zu anderen lateinamerikanischen Ländern ein weit verzweigtes Straßennetz besitzt.

Doch der zunehmende Fremdenverkehr bringt nicht nur Vorteile mit sich. Gelder, die die Regierung in die aufwendigen Restaurierungsarbeiten und Repräsentationsbauten investiert, werden andernorts eingespart. Investitionen in die Bildungspolitik werden beispielsweise vernachlässigt. Auch die Mentalität der Menschen verändert sich angesichts dieser Bedingungen. Mangelhafte Bildung und der sehr weit verbreitete Wunsch, möglichst schnell viel Geld zu verdienen, leisten nicht zuletzt auch der Prostitution erheblichen Vorschub. In Sosúa bieten in einschlägigen Lokalen und auf den Straßen unzählige Menschen, Frauen wie Männer, ihre Liebesdienste an. Die Gefahren von Aids, hier SIDA genannt, sind nur wenigen bewußt, wirksame Schutzmaßnahmen werden daher nur unzureichend getroffen.

Die sozialen Probleme sind mit dem schnell wachsenden Tourismus nicht geringer geworden. Urlauber, die ihr Budget mit vollen Händen ausgeben, vermitteln den Bewohnern den Eindruck, daß in anderen Ländern der Welt Milch und Honig fließen. Ein neues Anspruchsdenken macht sich breit, und viele, insbesondere junge Menschen, sehnen sich danach, ihr Heimatland so schnell wie möglich zu verlassen. Sie wollen erfahren, wie es in anderen Ländern aussieht. Mit Studenten, denen man zum Beispiel als Betreuer von Ständen im Mercado Modelo in Santo Domingo begegnet, kommt man schnell in ein Gespräch, da sie zumeist Englisch sprechen können. Schwieriger gestaltet sich ein Gedankenaustausch mit den Menschen auf dem Land oder am Strand, die kaum ihre Muttersprache Spanisch beherrschen. Dennoch sind auch sie in der Regel höflich zuvorkommend und bemüht, mit den Touristen ins Gespräch zu kommen, um

Bild linke Seite:
Eine reiche Auswahl an Surf-Brettern findet man in Cabarete an der Nordküste.

Nachfolgende Doppelseite:
Auch in Boca Chica an der Südküste wird der Wassersport großgeschrieben.

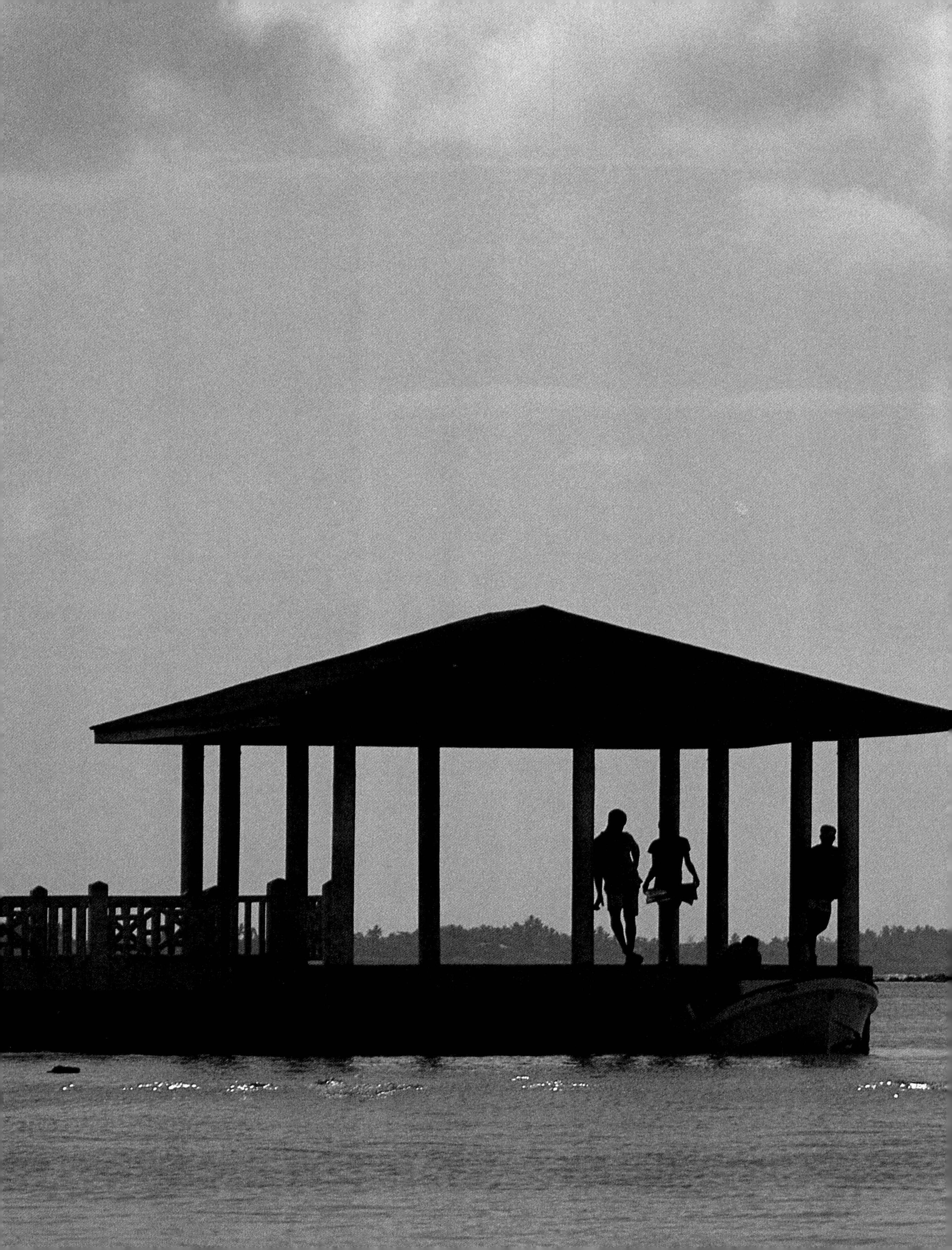

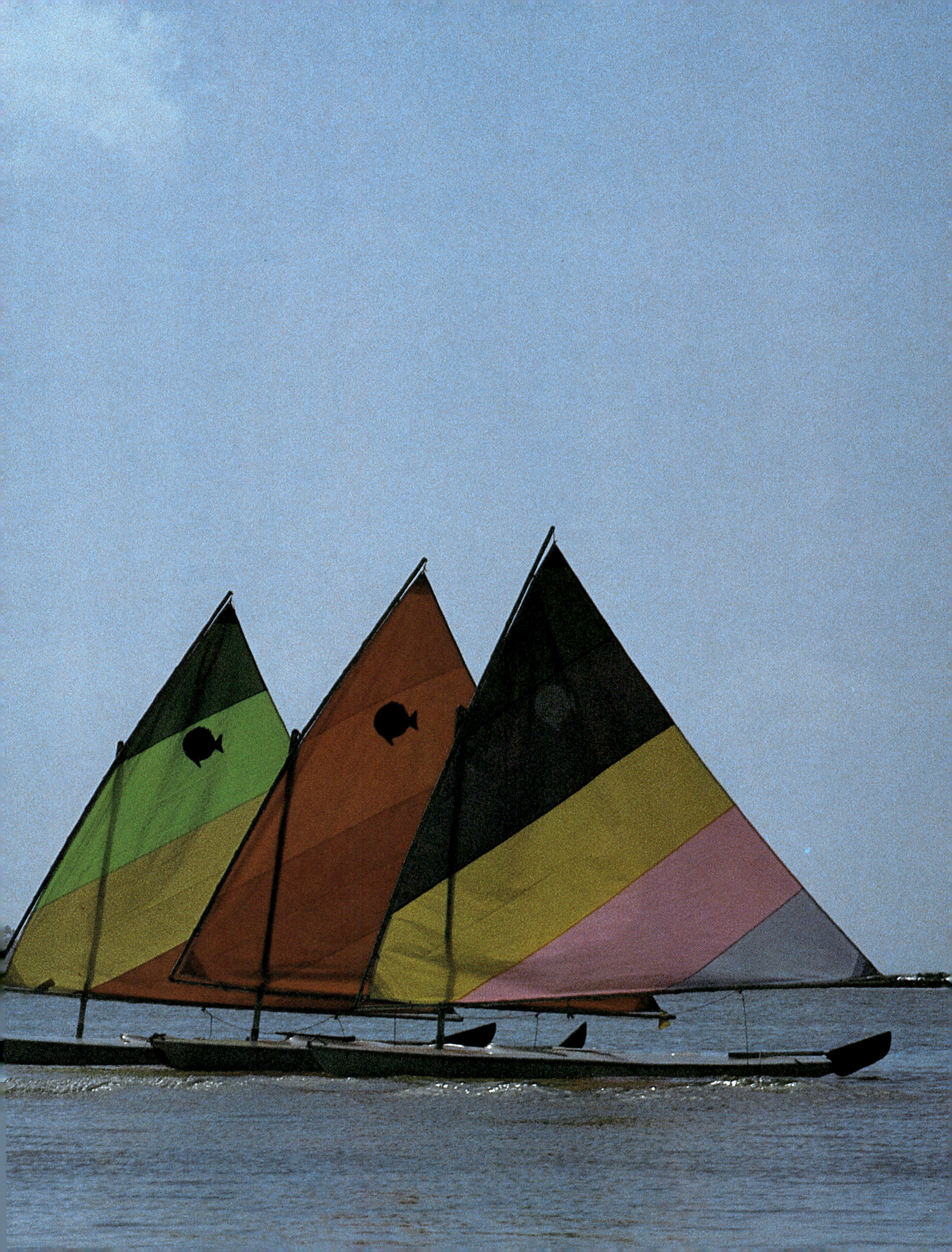

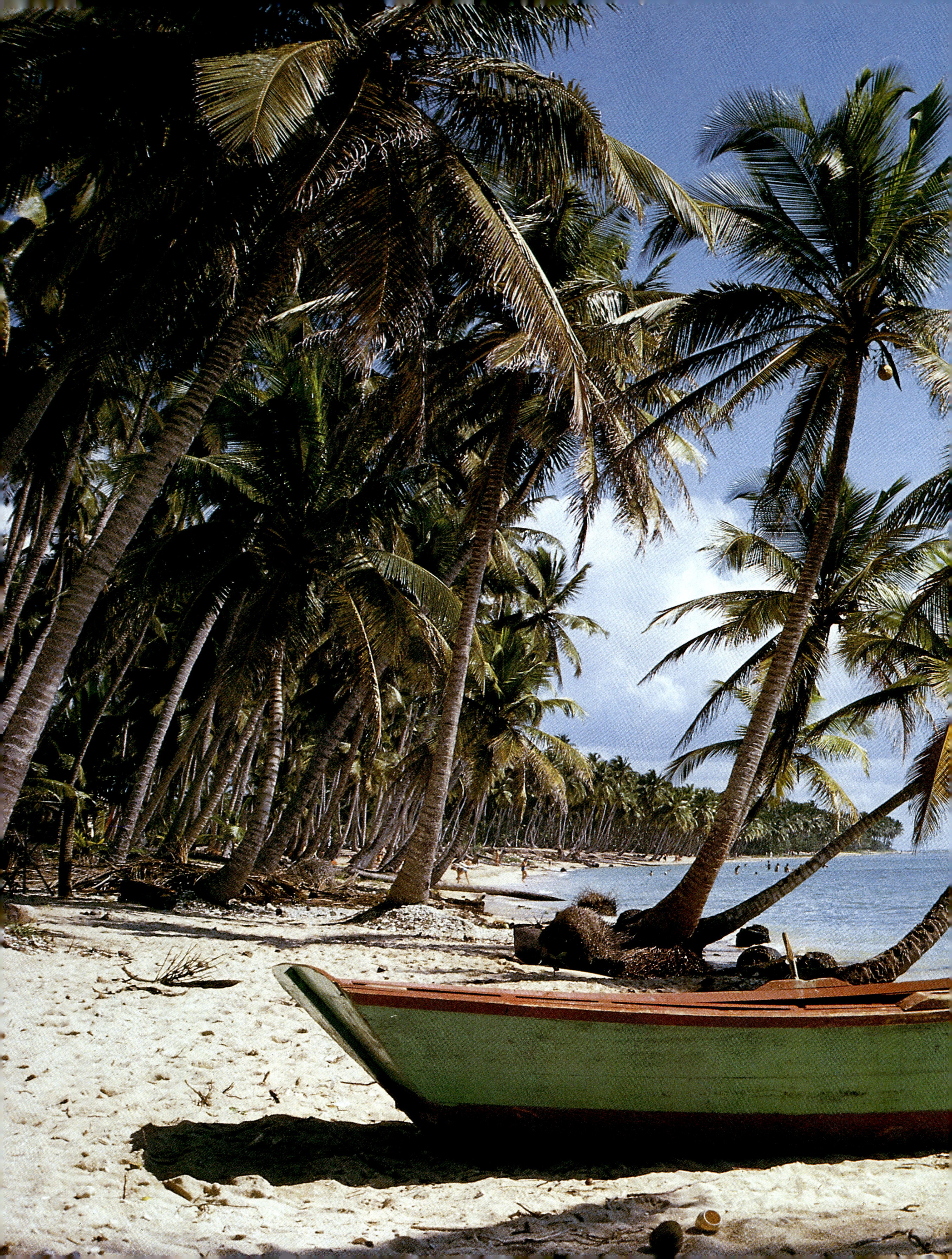

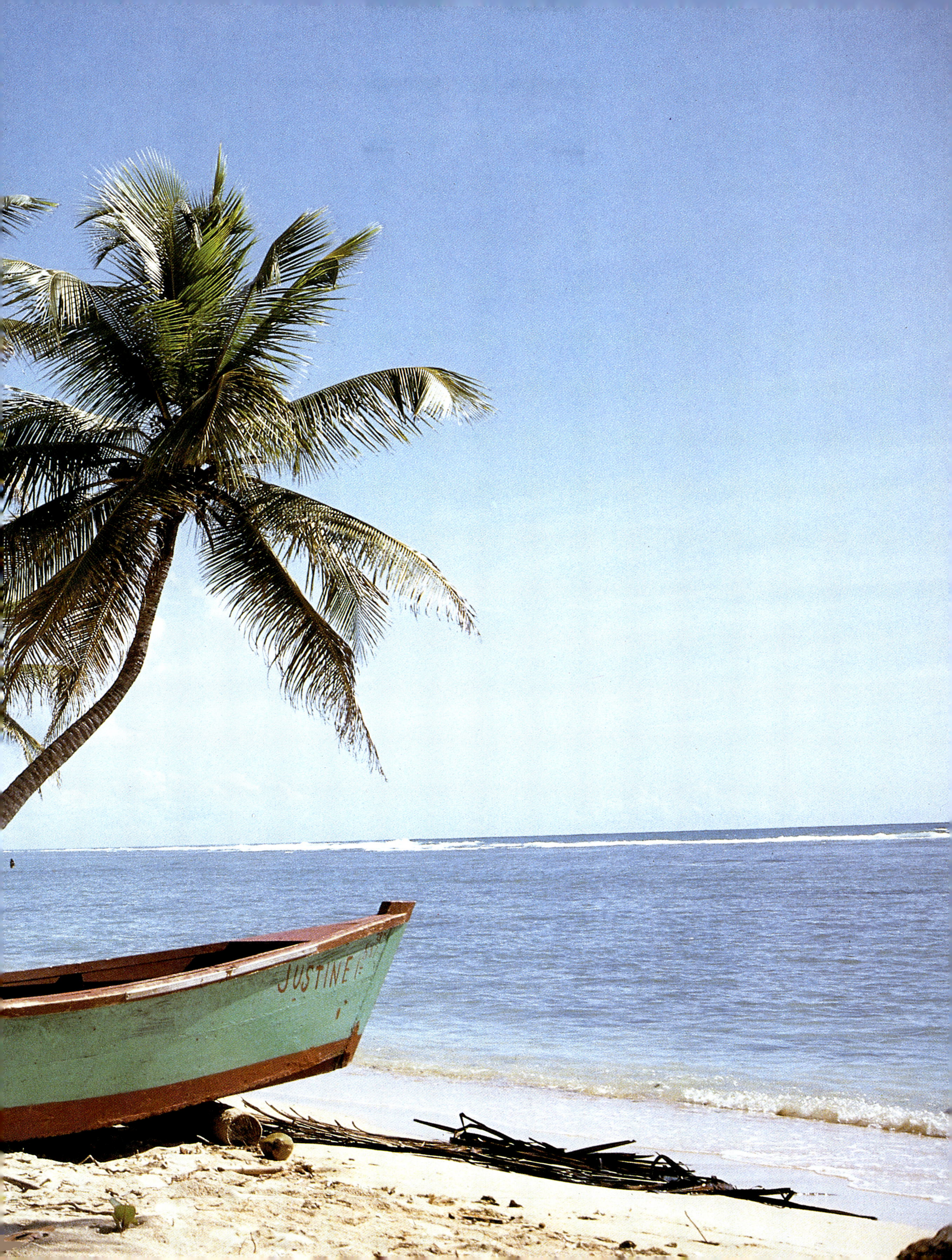
JUSTINE

Bilder rechte Seite:
Eine junge Frau rührt unter einem Dach aus getrockneten Palmblättern am Strand einen *sancocho* (oben). Mit den Schalen von Kokosnüssen wird die Feuerstelle geheizt, auf der später das *Casabe*-Brot gebacken wird (unten).

Vorhergehende Doppelseite:
Am Strand von Juan Dolio.

Nachfolgende Doppelseite:
Altos de Cavón ist ein Ort, der unter der Regie der amerikanischen Firma »Gulf & Western Industries« nach dem Modell einer kolonialen Siedlung aus dem 16. Jahrhundert gebaut wurde. Im Zentrum des pittoresken Dorfes steht die Kirche Iglesia de San Estanislao.

etwas über deren Heimat und die Verhältnisse dort zu erfahren. Im Gegenzug führen sie die Besucher der Insel in die Brauchtümer und Sitten ihrer Heimat ein.

Diese Einführung beginnt meistens mit dem Merengue, der zu allen Tageszeiten und überall getanzt wird. Gern nehmen die Dominikaner den Besucher bei der Hand und bringen ihm den richtigen Hüftschwung bei. Nach einigen *Cuba libre* lernt es sich leichter. Als Getränk bevorzugen viele der Bewohner auf der Insel den Rum allerdings unvermischt auf Eis; schließlich kann man nur auf diese Weise den unverfälschten Geschmack genießen. Rum, der ausschließlich aus Rohstoffen des Zuckerrohrs destilliert wird, trinkt man hier eben – insbesondere unter Männern – sehr gerne.

Da es auf der Insel unzählige tropische Früchte gibt, werden überall Mixgetränke und Obstsäfte angeboten. Häufig werden diese Fruchtsäfte mit Milch gemischt; aber auch die typischen *tragos* (Drinks) wie *Piña Colada* oder *Daiquiri* erfreuen sich großer Beliebtheit. Mit Zimt oder Vanille verfeinert werden die Getränke grundsätzlich mit gestoßenem Eis serviert. Das gilt auch für die beiden in der Dominikanischen Republik gebrauten Biersorten *Presidente* und *Quisqueya*. Zuweilen gefrieren die Getränke bereits beim Einschenken. Das sogenannte *frio-frio,* ein von fahrenden Händlern auf den Straßen angebotener, farbiger und sehr süßer Sirup auf gestoßenem Eis, sollte man allerdings nur mit gebotener Vorsicht genießen. Vorzuziehen ist der dominikanische Kaffee, insofern man ihn extra stark und mit viel Zucker oder Milch mag.

Gern essen die Bewohner der Dominikanischen Republik Süßigkeiten. Oftmals sind sie mit Früchten vermischt. Zu den Spezialitäten gehört der *flan de leche,* einen Karamelpudding, oder der *biscocho,* ein Biskuitkuchen, der mit farbigen Sahnemustern verziert wird. Die eigentliche dominikanische Küche, die *Cosina Criolla,* hat eine jahrhundertelange Tradition. Das Hauptgericht ist ein Eintopf, *sancocho* oder *salcocho* genannt, eine Mischung aus *plátanos,* Kochbananen, und verschiedenen Gemüsesorten, der scharf gewürzt vor allem mit Pfeffer und rotem Paprika und Knoblauch, die den Geschmack abrunden, serviert wird. Eine genaue Rezeptur gibt es nicht, da die Sklaven für diesen Eintopf vermutlich die Tischreste ihrer spanischen Herren verwendeten. Die Trennung von Küche und Wohnhaus, insbesondere auf dem Land, ist ebenfalls »Erbe« der kolonialen Verhältnisse. Auf einer Holzkohlenfeuerstelle, die heute vielerorts mit Butangas betriebenen Gasherden gewichen ist, wird das Essen in großen Töpfen zubereitet. Meist wird die Mahlzeit dann auch an Bekannte und Nachbarn verteilt, ein Brauch, der sich in Zeiten von Lebensmittelknappheit entwickelt hat. Schließlich werden nur so viele Lebensmittel eingekauft, wie man sie gerade zum Kochen benötigt. Kühlschränke fehlen, und wegen des heißen Klimas ist eine Vorratshaltung kaum möglich. Die Hitze ist auch der Grund dafür, daß die Hauptmahlzeit erst abends nach Sonnenuntergang eingenommen wird. Zu einer solchen *cena* gehört auch *arroz con habichuelas,* Reis mit schwarzen Bohnen, die zumeist in *moro,* einer roten Soße aus Tomatenmark, Zwiebeln und Knoblauch serviert werden. Aus der Taíno-Zeit stammt die kartoffelartig schmeckende Yucca-Wurzel. Sie ist bis heute ein Grundnahrungsmittel. Ihr Mehl wird zur Zubereitung des Casabe-Brotes verwendet, denn Brotgetreide wächst nicht in tropischem Klima. Inzwischen nimmt jedoch das aus importiertem Weizenmehl gebackene Toastbrot den größten Teil der Backwaren ein. Ein weiteres traditionelles Gericht ist der *mondongo,* ein Kuttel-Eintopf, der oft auf den Tischen der einfachen Bevölkerung steht.

Auch Fischgerichte gehören auf die Speisekarte der Dominikanischen Republik. Sie sind jedoch nicht stark verbreitet, da sie wegen giftiger Meerespflanzen in den karibischen Gewässern oftmals – insbesondere in den Sommermonaten – ungenießbar sind. Lediglich der Butt, der *mero,* kann ganzjährig verzehrt werden. Beliebt sind alle Schalentiere der Region, Krebse und Langusten, Tintenfisch und die in reichlich Fett gebratenen Riesenmeeresschnecken.

Selbstverständlich umfaßt der reichhaltige Speiseplan der Dominikanischen Republik auch frisches Gemüse. Möhren, Paprika oder Kohlrabi, die zumeist gedünstet als Beilage serviert werden, gehören ebenso dazu wie Fleischtomaten, Weißkohl und Kopfsalat.

Durch den Tourismus hat auch die internationale Küche Einzug gehalten. Besonders beliebt ist die Pizza, wenngleich der

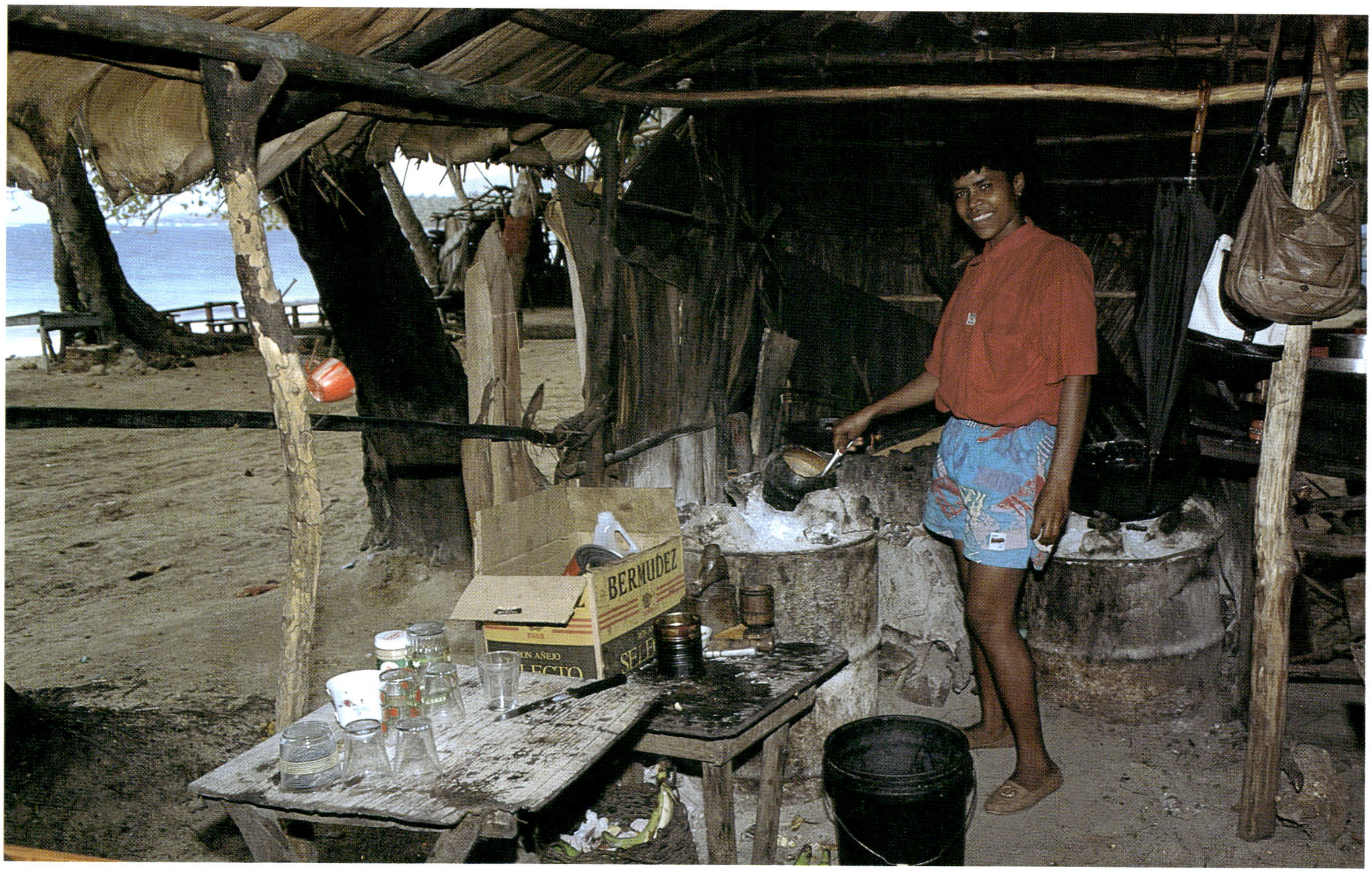
BERMUDEZ

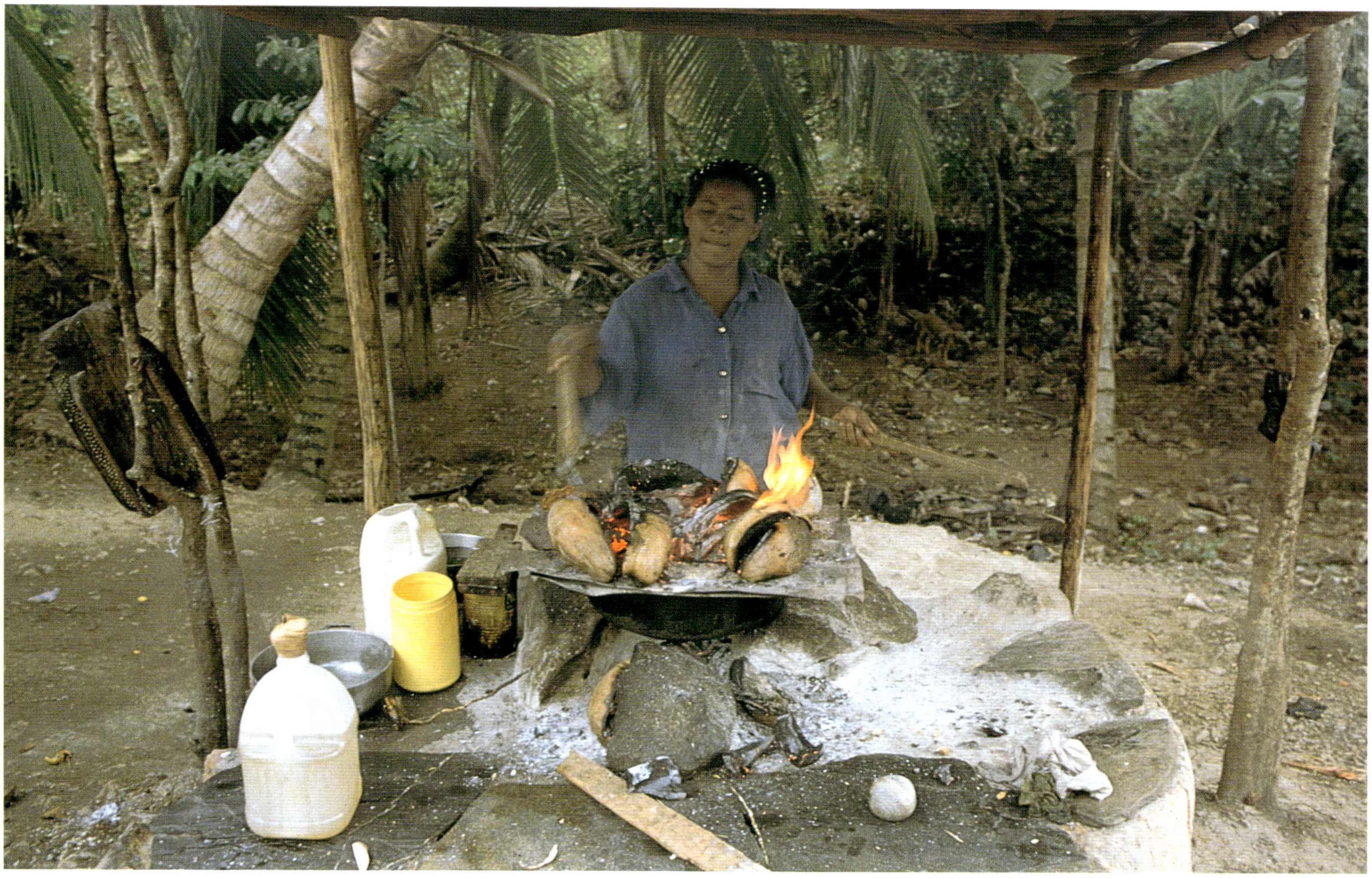

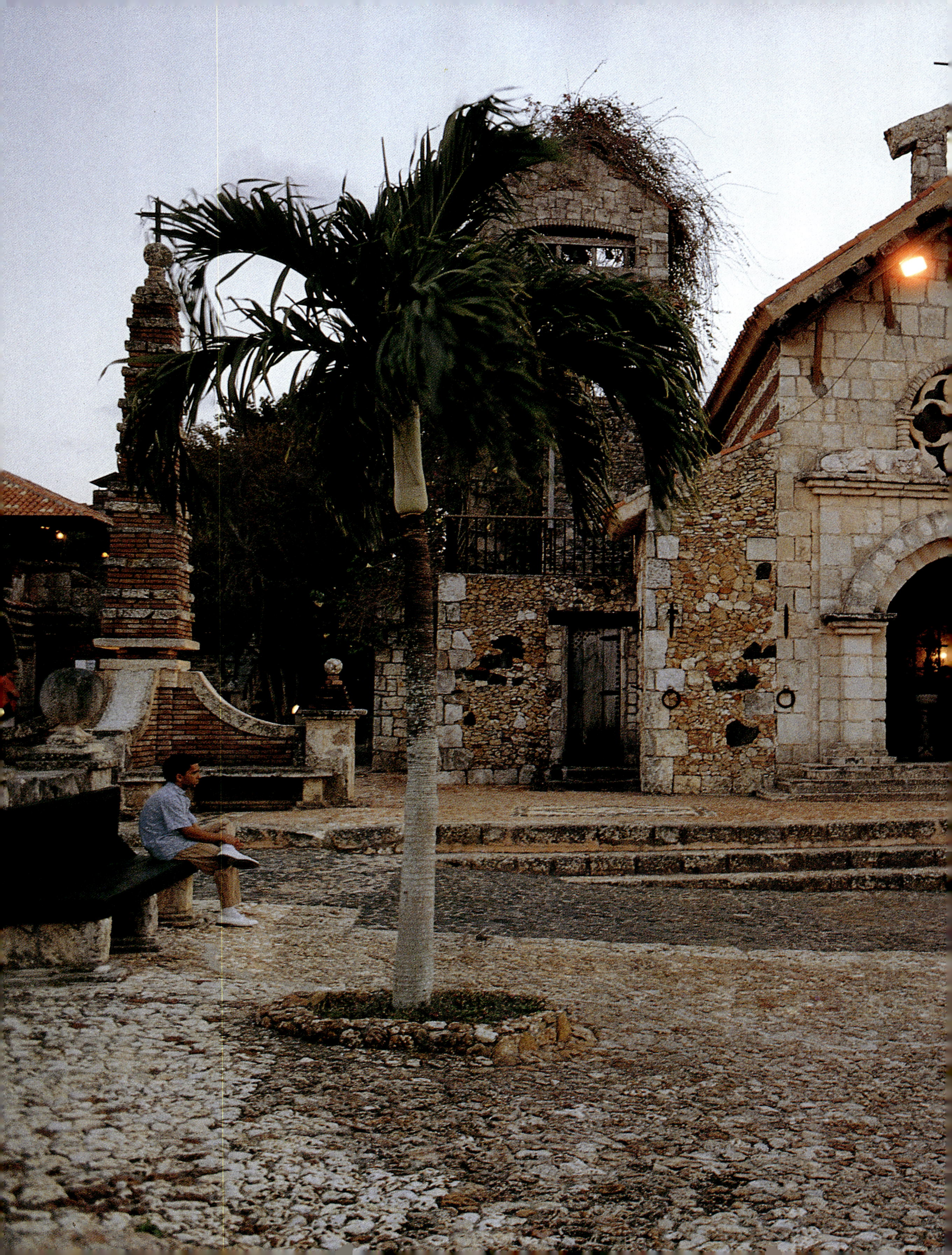

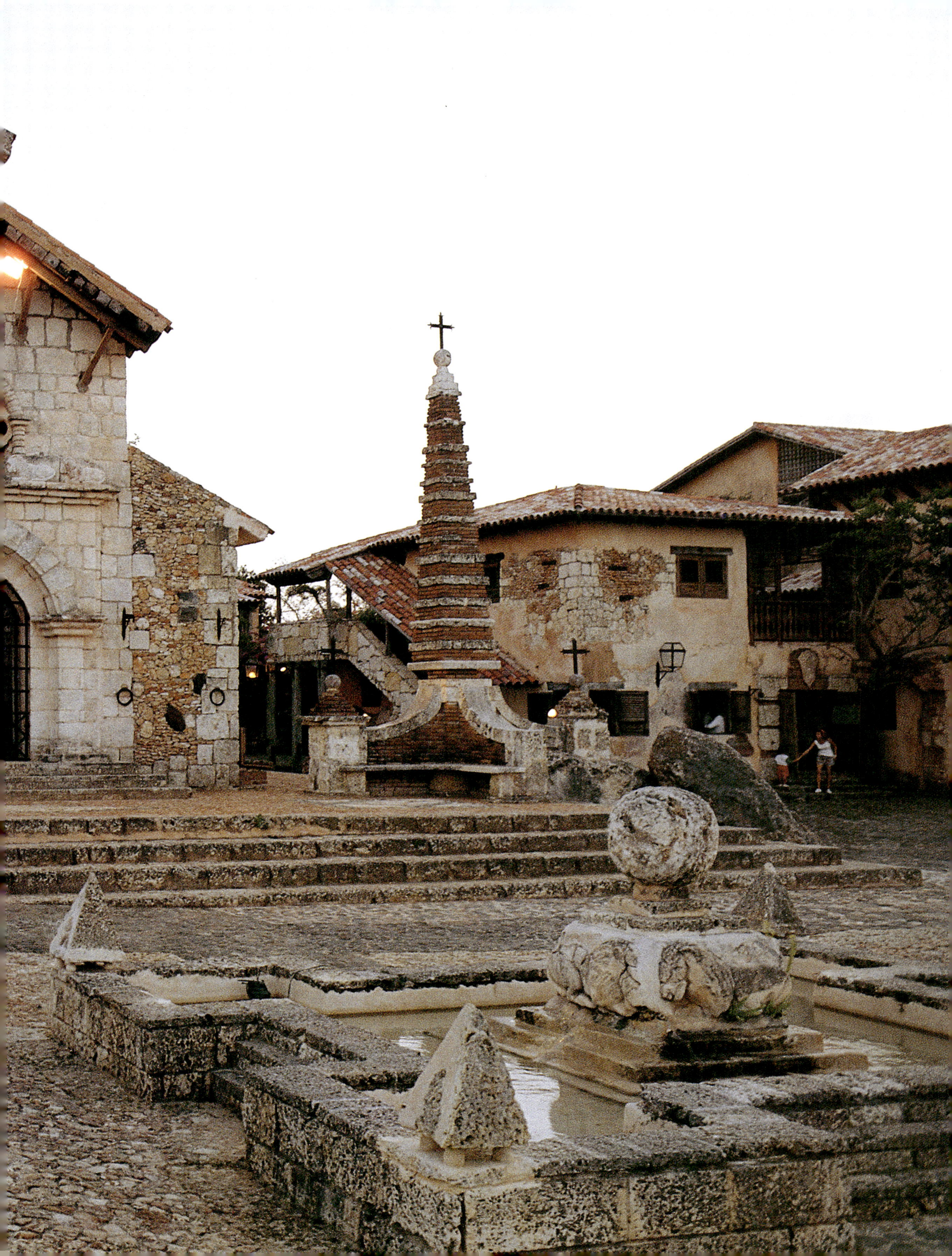

Altos de Chavón wurde nach Plänen des italienischen Filmausstatters Roberto Copa gebaut. Heute verwalten und finanzieren eine dominikanische und eine amerikanische Stiftung das Projekt. Ein Amphitheater für 5 000 Personen schafft das richtige Ambiente für große Musik- und Theaterveranstaltungen.

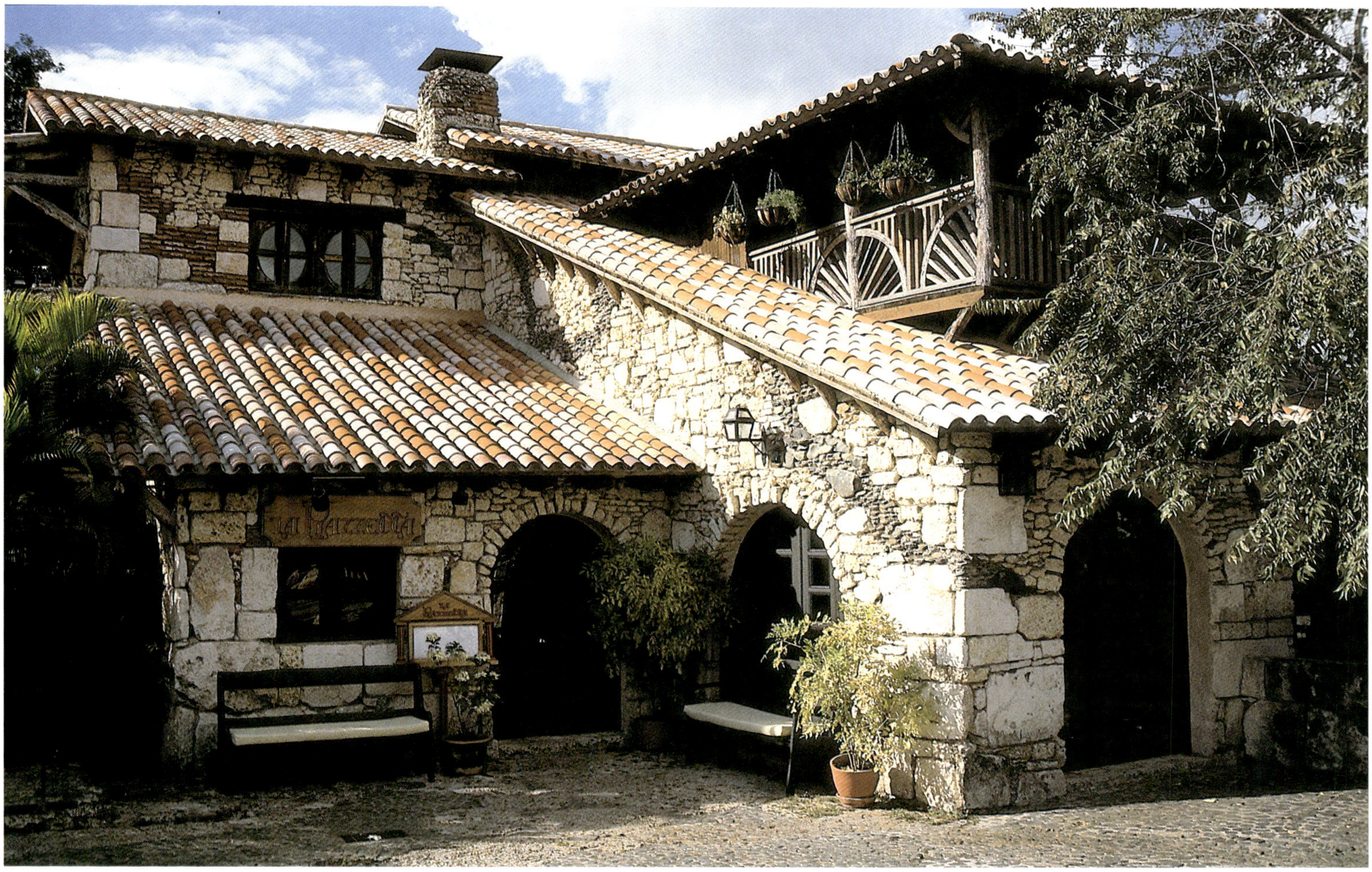

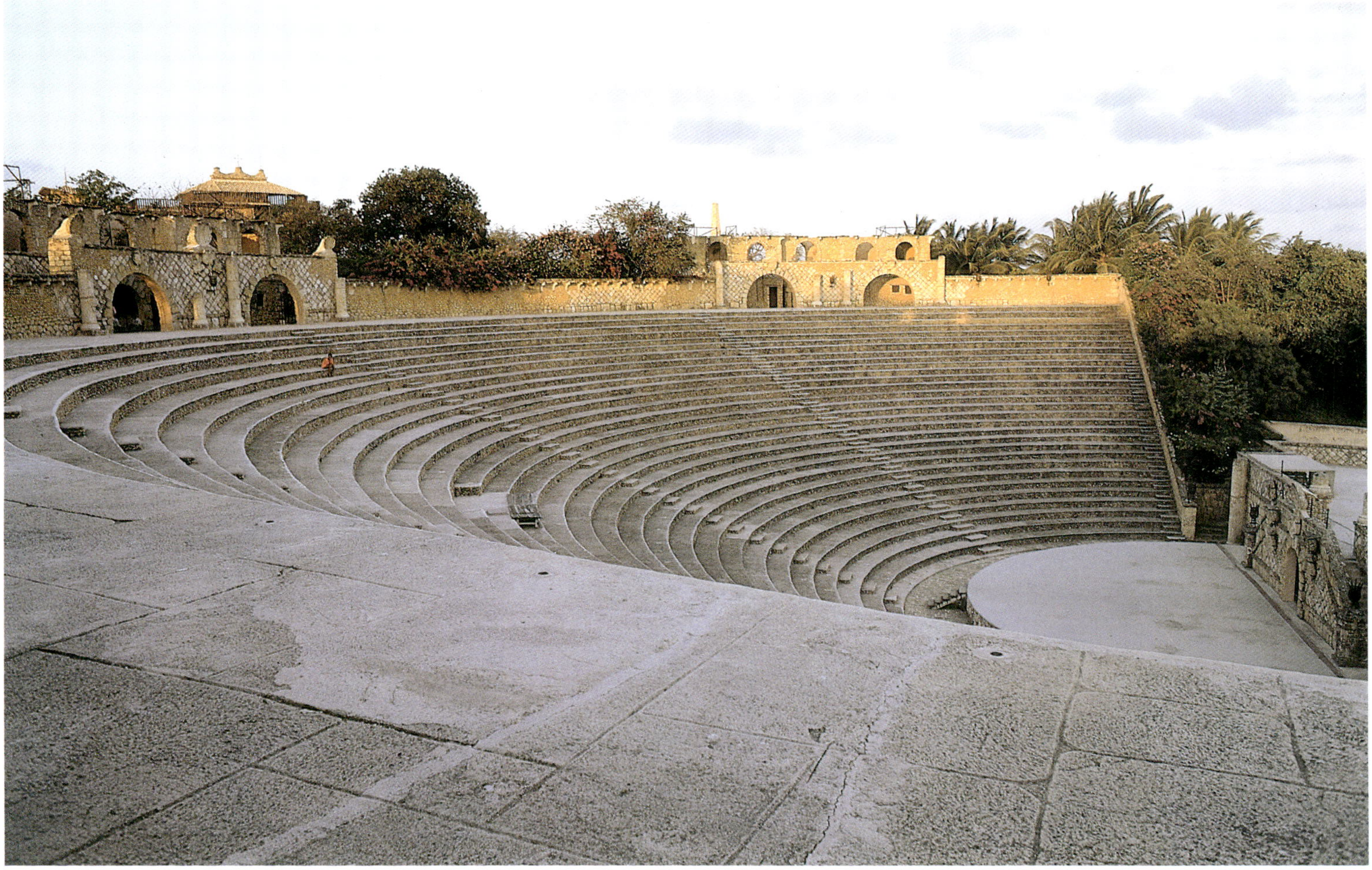

Bild rechte Seite:
Am Strand von Cabarete werden jährlich Windsurfing-Wettkämpfe ausgetragen.

Nachfolgende Doppelseite:
Die Halbinsel Samaná lockt mit traumhaften Stränden und einer mit Palmen bewachsenen Hügellandschaft.

Teig in vielen Fällen nicht die italienische Qualität erreicht. Auch chinesische Spezialitäten kann man ohne weiteres genießen, und wer das nötige Kleingeld besitzt, sollte sich in den verschiedenen Gourmet-Lokalen der Hauptstadt den Gaumen verwöhnen lassen. Wohlhabende dominikanische Familien essen hier gerne zu Weihnachten einen Truthahnbraten. Leichtes Geflügel gehört auf den Tisch der vielen nicht so betuchten Familien, die jedoch so oft wie es ihnen möglich ist, *carne de res* und *chivo,* Rind- und Ziegenfleisch, essen.

Die meisten Hotels bieten dem Touristen jedoch nicht nur eine internationale Küche. Sie sorgen zugleich für ein unterhaltsames Rahmenprogramm, um die Gäste bei Laune zu halten. Vielerorts beginnt das Animationsprogramm schon in den Vormittagsstunden: Eierwerfen, Kröten-Rennen und Volleyballspielen. Auch die Abendunterhaltung kommt vielerorts nicht zu kurz. Einige Hotels begnügen sich mit einer eigenen Stranddiskothek, andere bieten eine Karibik-Show: Mythen aus der Vergangenheit werden in diesem Rahmen touristisch aufbereitet, so zum Beispiel der Voudou-Kult, der haitianischen Ursprungs ist und im religiösen Alltag der Menschen heute kaum noch eine Rolle spielt. Um die Touristen zu unterhalten, schrecken viele Veranstalter vor keiner falschen Aneignung zurück.

Das Angebot an Wassersportarten hat in der jüngsten Vergangenheit enorm zugenommen. Wellenreiten, Windsurfen und Jet-Ski-Fahren werden an vielen Orten angeboten. Derjenige, der die Unterwasserwelt erobern möchte, kann an manchen Stellen der Nord- und Südküste Taucherkurse absolvieren. Neben diesen touristisch vermarkteten Sportarten gibt es das Dominospiel und den Hahnenkampf, die traditionellen Kampfsportarten der Dominikaner. Die körperliche Beanspruchung ist keineswegs vergleichbar, doch Geselligkeit und Spielfreude stehen hier ohnehin im Vordergrund. Daß der Hahnenkampf für die Dominikanische Republik ganz besondere Bedeutung hat, sieht man auch daran, daß der Hahn als Wappentier im Logo einer Partei geführt wird. Auch das Baseball-Spiel ist hier sehr populär. Auf vielen Plätzen kann man Jugendliche, aber auch ältere Menschen dabei beobachten, daß sie mit der großen Holzkeule nach einem kleinen Lederball schlagen. Große Begeisterung lösen in der Spielzeit von Oktober bis Januar die Spiele der beiden Spitzenmannschaften der Liga aus Santo Domingo und Santiago in weiten Kreisen der Bevölkerung aus. Insgesamt erfährt jedoch der Breitensport kaum eine staatliche Förderung. Deshalb gibt es – bis auf Baseballspieler, die auch in der US-Liga spielen und der in Miami lebenden Tennisspielerin Mary-Joe Fernandez – in der Dominikanischen Republik keine internationalen Sportgrößen.

Staatliche Zuwendungen in einem größeren Umfang erhalten dagegen die Keramikmanufakturen bei Bonao oder in Altos de Chavón. Für die Masse der Touristen werden viele Souvenirstücke – Limé-Puppen, Tonvasen und Schmuckkästchen – benötigt. Ein blühendes Geschäft mit dem Tourismus macht auch die Schmuckindustrie, wobei es dem Laien zunehmend schwerer fällt, zwischen Originalstücken und Bernstein-Kopien zu unterscheiden. In den Fachgeschäften wird man hier jedoch gut beraten und kann sogar eine besondere Rarität erhalten: Ohranhänger und Ringe aus *Acromonia quisqueyana.* Diese nußartige Frucht der Palme, auch *corozo* genannt, glänzt in poliertem Zustand wie schwarze Koralle. Ohne Rücksicht auf die bedrohte Natur werden hier Schmuckstücke aus echter Koralle oder Schildpatt angeboten, von deren Kauf man jedoch absehen sollte.

An vielen Stränden betreiben fliegende Händler mit Holzfiguren, die hin und wieder indianischen Skulpturen nachempfunden sind, einen regen Handel. Mit Sand polierte, farbig glänzende Riesenmuscheln finden sich ebenso im Angebot wie die schon erwähnten haitianischen Ölgemälde. Gerne offerieren die meist jungen Dominikaner von Hand bunt bemalte T-Shirts mit verschiedenen Schriftzügen wie Santo Domingo oder »No hay problemas in Sosúa« – es gibt keine Probleme in Sosúa. Dies weist bestenfalls auf den Umgang mit Touristen hin. Denn die Dominikaner pflegen einen freundlichen Umgang mit ihren Gästen, die ihren Urlaub in diesem Land möglichst lange in guter Erinnerung behalten sollen.

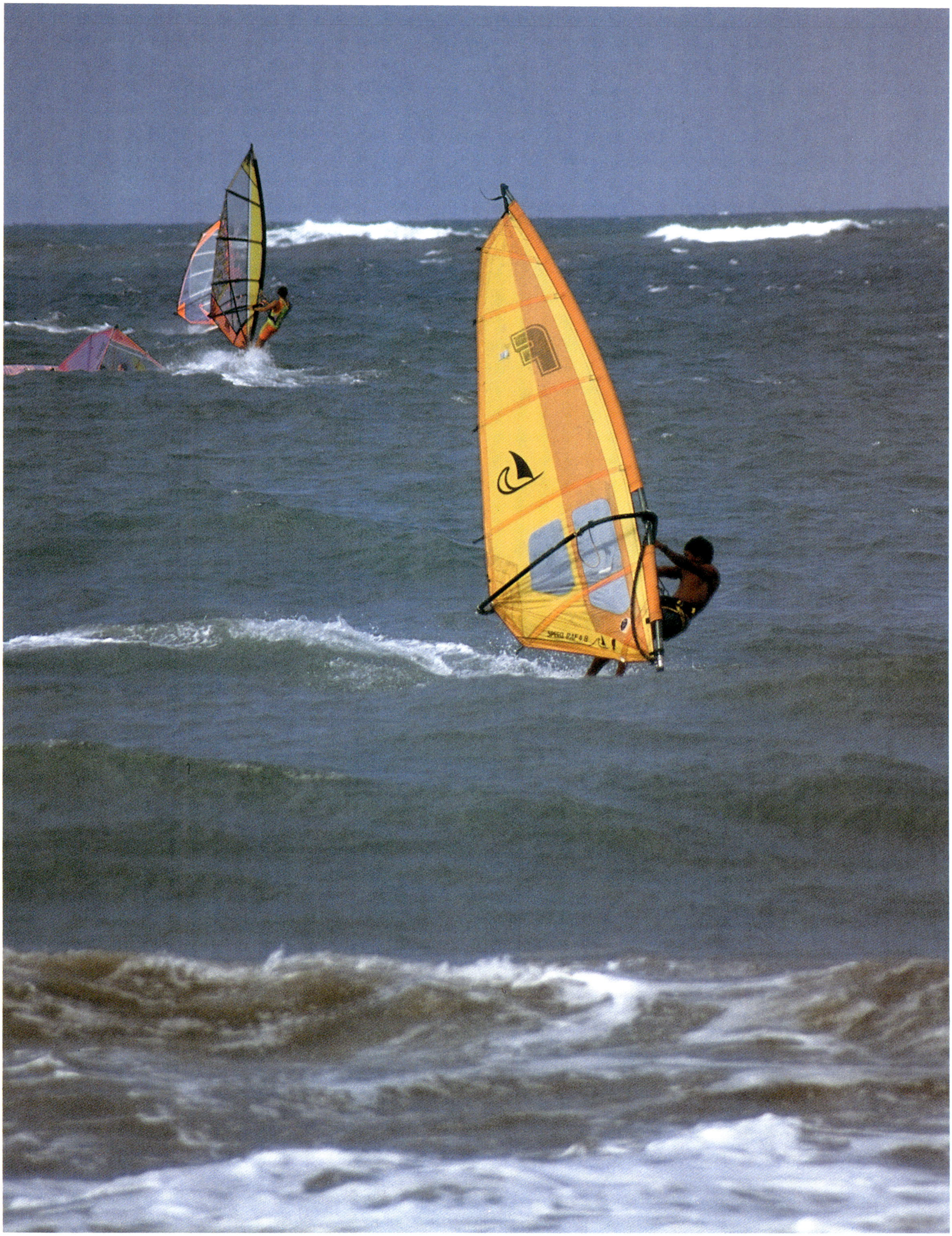

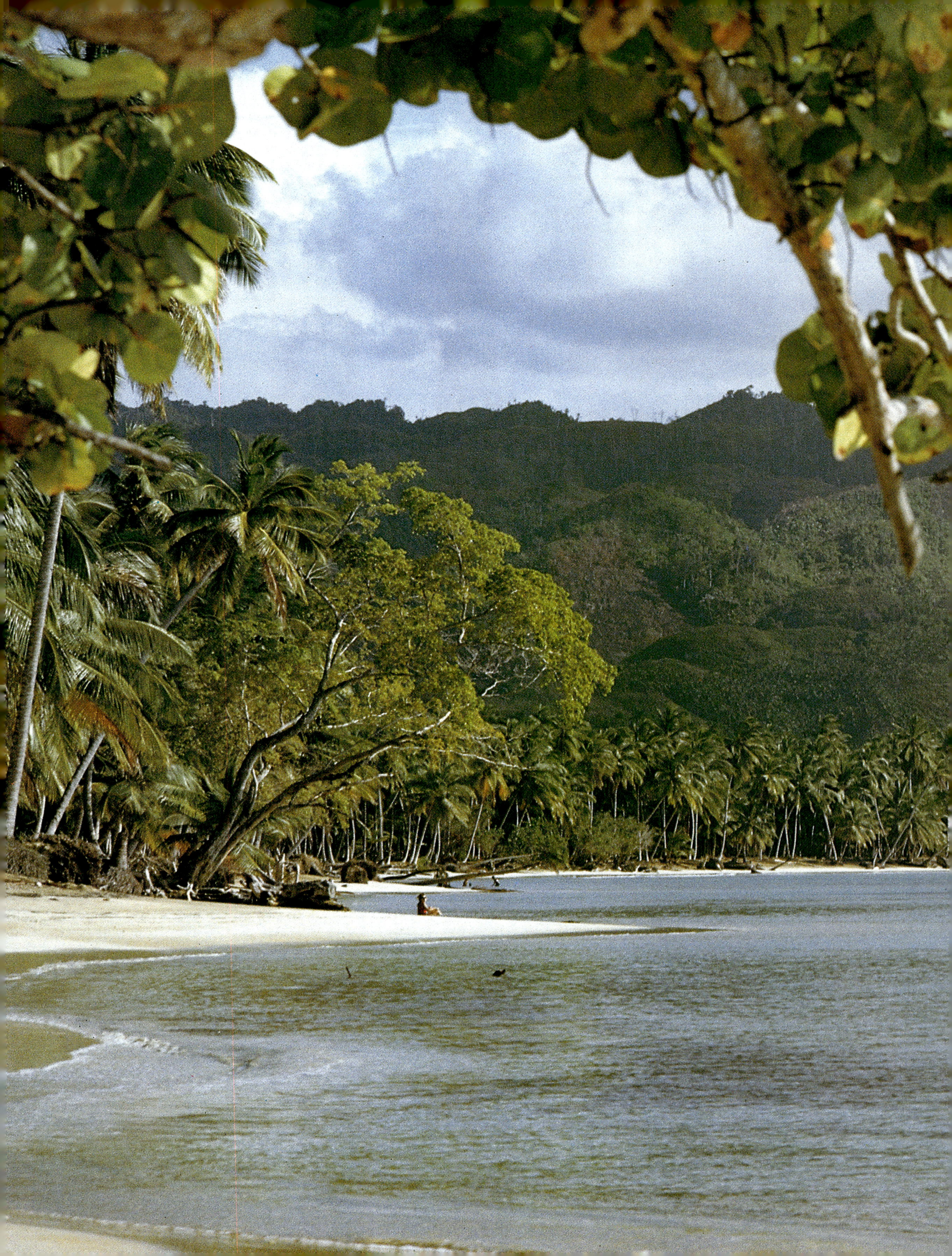

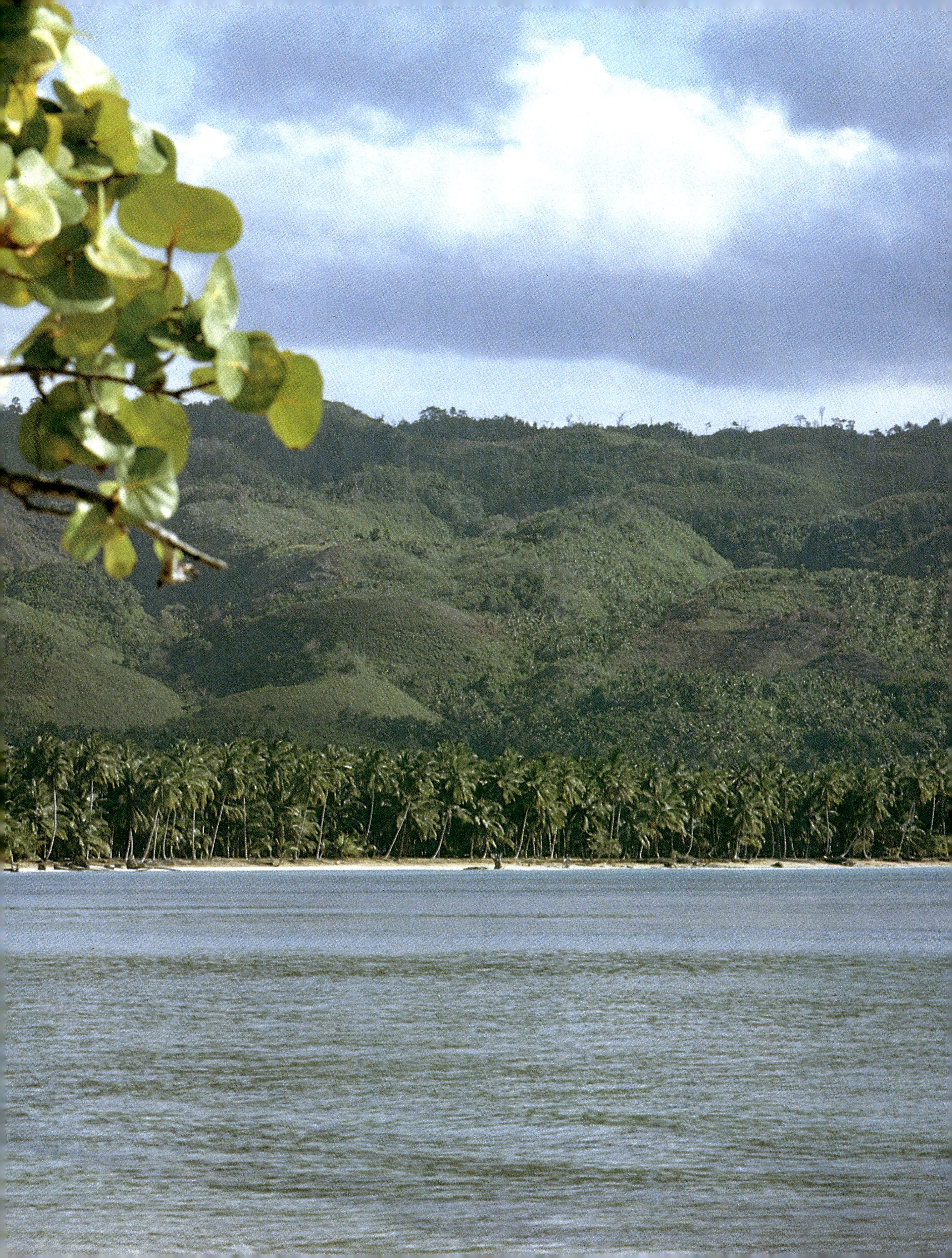

Reisetips und praktische Hinweise

Reisezeit und Kleidung – Die Hauptreisesaison liegt in den Monaten November bis April. Doch da sich die Jahreszeiten nicht grundlegend voneinander unterscheiden, wird das Land auch in den Monaten von Mai bis September besucht. Allerdings muß man in dieser Zeit häufiger mit kurzen, aber heftigen Regenschauern und einer Luftfeuchtigkeit bis zu 90% rechnen. Es ist daher empfehlenswert, leichte Sommerkleidung, vorwiegend aus Baumwolle, zu tragen. Da die Dominikaner sehr viel Wert auf ein gepflegtes Äußeres legen und in einigen Lokalen und Restaurants formelle Kleidung sogar vorgeschrieben ist, ist anzuraten, neben Shorts oder Sandalen als reiner Freizeitbekleidung auch andere Kleidung mitzunehmen. FKK-Baden wird in der Dominikanischen Republik nicht gern gesehen. Es wird bestenfalls an Touristen- und Hotelstränden toleriert.

Einreisebestimmungen – Bundesdeutsche benötigen für die Einreise ein Touristenvisum und einen noch sechs Monate über die Reisezeit hinaus gültigen Reisepaß. Dies gilt nicht für Österreicher und Schweizer. Das Visum ist bei der Einreise an den Flughäfen gegen eine Gebühr von 10 US-Dollar erhältlich. Es berechtigt zu einer einmaligen Einreise und gilt für einen Aufenthalt bis zu 60 Tagen. Eine Verlängerung dieser Erlaubnis für die Dauer von bis zu sechs Monaten kann bei der Einwanderungsbehörde, der Dirección General de Migración, im Regierungsgebäude El Huacal, Avenida Leopoldo Navarro in Santo Domingo zwischen 8.30 Uhr und 14.30 Uhr erworben werden. Bei der Ausreise wird eine Flughafengebühr von derzeit (1991) 10 US-Dollar pro Person erhoben. Außerdem sollte der Abflug etwa zwei bis drei Tage vor der Abreise bei der Fluggesellschaft bestätigt werden. Für Pauschalreisende übernimmt das in der Regel der Betreuer des Reiseveranstalters.

Zollvorschriften – Alle Gegenstände des persönlichen Bedarfs dürfen zollfrei eingeführt werden, das gilt auch für 200 Zigaretten und einen Liter alkoholische Getränke. Größere Gegenstände, wie ein Radiorecorder oder eine Foto- und Sportausrüstung, müssen jedoch deklariert werden. Bei der Ausfuhr ist zu berücksichtigen, daß unbehandelte Mineralien, Gold, Larimar und Bernstein, nicht ausgeführt werden dürfen. Das gilt auch – auf der Grundlage des internationalen Artenschutzabkommens – für Produkte aus Schildpatt sowie für die Schwarze oder Rote Koralle. Reist man über die USA oder Puerto Rico, so ist es untersagt, Pflanzen oder Lebensmittel mitzunehmen.

Gesundheit – Derzeit sind für Reisende aus Europa keine Impfungen vorgeschrieben. Wer sich jedoch länger in der Nähe der haitianischen Grenze aufhalten will, sollte sich vor Malaria schützen. An manchen Stränden ist es darüber hinaus empfehlenswert, sich allgemein gegen Insekten zu schützen, denn Moskitos oder *jejenes,* winzige Stechmücken, können schnell zu einer schmerzhaften Plage werden. Eine private oder zusätzliche Reisekrankenversicherung sollte man in jedem Fall abschließen, da europäische Krankenscheine nicht anerkannt werden. Auch wenn viele Ärzte und Zahnärzte eine sehr gute Ausbildung haben, darf man nicht vergessen, daß man sich einem Entwicklungsland befindet. Privatkliniken sind wegen ihrer besseren technischen Ausstattung in der Regel vorzuziehen. An den Hotelrezeptionen werden Vertragsärzte vermittelt, und man kennt dort auch die nahegelegenste Klinik. Die Behandlungen müssen vor Ort in US-Dollar bezahlt werden; denn erst nach der Reise werden die Kosten auf Antrag von der Reisekrankenversicherung erstattet.

Reiseapotheke – In der Regel sind die *farmacias* (Apotheken) in den größeren Städten gut ausgestattet, dennoch ist es ratsam, einige Mittel vorsorglich mitzunehmen, insbesondere solche gegen Durchfallerkrankungen, Infektionen, Insekten-Stiche sowie im Einzelfall kreislaufstärkende Mittel wegen der Hitze sowie ein Mittel gegen Erkältungen, denn manche Klimaanlage sorgt in den Hotels für extreme Kühlung. Heftpflaster und Sonnenhüte sollten ebenfalls zur Reiseausstattung gehören; ebenso Anti-Baby-Pillen, die keineswegs in allen Apotheken erhältlich sind. Das gilt übrigens auch für Kondome, deren Gebrauch trotz großer Aufklärungskampagnen der Regierung einem Großteil der Bevölkerung immer noch fremd ist. Die Ausbreitung von SIDA (Aids) nimmt zu, vor allem wegen eines sehr hohen Anteils nicht-professioneller Prostitution.

Geld – Die Landeswährung, der Dominikanische Peso, abgekürzt RD-Dollar, lag im Frühjahr 1991 gegenüber dem US-Dollar offiziell im Wechselkursverhältnis von 1 US-Dollar = 12,80 RD-Dollar. Wegen der hohen Inflationsrate muß jedoch mit einem weiteren Verfall gerechnet werden. Europäische Währungen und Euroschecks werden praktisch fast nirgendwo angenommen, so daß man US-Dollar und Travellerschecks in US-Dollar mitnehmen sollte. Allerdings sind auch einige Kreditkarten weit verbreitet: American Express, Visa, Eurocard und Diners Club werden insbesondere von Autovermietungen, größeren Hotels, Restaurants und Souvenirläden akzeptiert, jedoch nicht in Supermärkten und an Tankstellen.

Gewechselt wird das Geld in den Banken, in Hotels und in dazu legitimierten Wechselstuben, den *Casas de Cambio*. Werktags haben die Banken normalerweise von 8.30 bis 14.30 Uhr geöffnet; Reisepaß oder Führerschein müssen vorgelegt werden. Abzuraten ist vom Schwarztauschen auf der Straße, wo überwiegend Trickdiebe ein sehr gutes Geschäft machen, das strengstens geahndet wird. Der dominikanische Peso darf zudem weder ein- noch ausgeführt werden.

Verkehr – Die komfortablen Überlandbusse der Gesellschaften Metro und Caribe Tours sorgen für gute Verbindungen zwischen allen größeren Städten des Landes. Die Abfahrts- und Ankunftszeiten werden eingehalten und es empfiehlt sich, das Ticket eine halbe Stunde vor Reiseantritt oder, noch besser, am Vortag zu kaufen. Zwischen den kleineren Orten verkehren die *guaguas*, kleine Minibusse mit Holzpritschen, die immer auf den selben Routen fahren und auf ein Zeichen an jeder Stelle halten. Auf dem Land gehören insbesondere die *motoconchos*, Motorradtaxis, zu den Hauptverkehrsmitteln, auf denen man schon für drei bis fünf Pesos vom Strand bis zum Hotel gebracht werden kann. Innerhalb von Santo Domingo und den Großstädten des Landes verkehren vor allem die *carros publicos*, deren Richtung durch Handzeichen oder lautes Rufen des Beifahrers bekannt gegeben wird. Für 80 Centavos kann man sich in die zugegeben wenig bequemen Gefährte setzen, die wegen technischer Mängel auch schon einmal liegenbleiben können. Aber es verkehren immer mehrere Sammeltaxis auf einer Route, so daß ein Fortkommen in jedem Fall gesichert ist. Man sollte daher genügend Zeit einkalkulieren. Wer allerdings auf Nummer Sicher gehen will, kann sich auch per Telefon ein Taxi einer Taxigesellschaft bestellen, die dafür erheblich höhere Preise nimmt. Um dabei Mißverständnissen vorzubeugen, sollte man vor Antritt der Fahrt den Fahrpreis bereits aushandeln, der wegen der hohen Inflationsrate ständig wechselt.

Wer das Land abseits der touristischen Hochburgen erkunden möchte, nimmt am besten einen Leihwagen. In größeren Hotels, auch an den Flughäfen und in den Großstädten finden sich zahllose Autovermietungen, deren Preise allerdings verhältnismäßig hoch liegen. Für einen halbwegs verkehrstüchtigen Kleinwagen müssen pro Tag etwa 60 US-Dollar bezahlt werden; die Benzinpreise liegen bei 12 RD-Dollar pro Gallone, sind also umgerechnet etwa 50 Pfennig pro Liter. Im Frühjahr 1991 haben sie sich verdoppelt. Mancher Autovermieter verlangt einen internationalen Führerschein. Vor der Abfahrt sollte man klären, wie der Wagen versichert, in welchem technischen Zustand er ist und welche Mängel bereits existieren. Nur so kann man sicher sein, später nicht für die fehlende Stoßstange oder das nicht vorhandene Radio haftbar gemacht zu werden.

Als Autofahrer sollte man auf die Höchstgeschwindigkeit von 80 km/h achten. Sehr häufig werden Radarkontrollen durchgeführt. Auch bei allgemeinen Verkehrskontrollen sollte man den Verkehrspolizisten mit angemessener Höflichkeit begegnen und sich nicht darauf verlassen, daß sie bei Touristen immer ein Auge zudrücken. Wie in den ostdeutschen Bundesländern ist auch hier das Rechtsabbiegen bei roter Ampel erlaubt. Es bedarf einer Eingewöhnungsphase, um sich dem typisch lateinamerikanischen Verkehrsfluß mit seinen wackeligen Fahrzeugen, LKWs, Bussen, Motorrädern, Eselskarren, Pferden, Hunden und Hühnern anzupassen. Auch muß man auf die Schlaglöcher achtgeben, die häufig durch Regen, aber auch durch Beharken des Weges mit Spitzhacke und Schaufel, Tiefen bis zu einem halben Meter erreichen. Die Hupe ist zum Durchkommen wichtiger als Sicherheitsgurte, die ohnehin häufig nicht einmal eingebaut sind. Beachten sollte man auch die Bodenwellen oder -rinnen, die vor jeder Militärstation und an vielen Hoteleinfahrten installiert sind, um die Geschwindigkeit zu begrenzen und die nur im Schrittempo überfahren werden können. Tankstellen sind flächendeckend vorhanden, jedoch kommt es manchmal zu Engpässen in der Energieversorgung. Für solche Fälle halten viele Bewohner auf dem Land – *gasoline* (Benzin) oder *gasoil* (Diesel) in Galonen bereit, das sind etwa 3,8 Liter, die zu kräftig erhöhten Preisen zu erwerben sind.

Es ist zwar möglich, mit dem Wagen bei Jimani, Pedernales oder Dajabón nach Haiti zu fahren, doch wurde wegen politischer Unruhen in Haiti die Grenze in der Vergangenheit zuweilen geschlossen. Für Interessierte werden Flugreisen für etwa 300 US-Dollar angeboten, die nach Port-au-Prince führen. Hier sitzen verschiedene Chartergesellschaften, die nicht nur für gute Flugverbindungen in die Dominikanische Republik sorgen, sondern auch andere karibische Inseln anfliegen (Aeropuerto de Herrera, Santo Domingo, Telefon 6 87–02 23, 5 65–39 27).

Mit der Eisenbahn kann nicht gereist werden. Das Schienennetz bleibt ausschließlich dem Gütertransport von Zuckerrohr und Bananen vorbehalten. Auch fehlt eine Infrastruktur für Campingurlauber. Es ist möglich, mit Booten zu den kleinen Inseln Cayo Levantado vor Samaná und Isla Catalina vor La Romana zu kommen. An manchen Flußmündungen werden auch Boostouren durch Mangrovenhaine angeboten.

Hotels – Eine Klassifizierung der Hotels nach europäischen Maßstäben ist in der Dominikanischen Republik nahezu unmöglich. Man kann jedoch in einer groben Zuordnung drei Klassen unterscheiden: Hotels der Luxusklasse (5 Sterne) verlangen für eine Übernachtung pro Person in der Hauptsaison 100 US-Dollar und mehr, Hotels der gehobenen Mittelklasse zwischen 50 und 80 US-Dollar, Mittelklassehotels etwa 30 bis 70 US-Dollar. Daneben gibt es noch *cabañas,* das sind Ferienbungalows mit einer eigenen Küche, die zum Teil mit einer Klimaanlage ausgestattet sind.

Auch Hotels der Luxusklasse schützen nicht vor Stromausfällen, doch sie besitzen in der Regel ein Notstromaggregat. Beim Service wird man feststellen, daß man immer freundlich und zuvorkommend behandelt wird; aber auch hier wird ein anderes Zeitgefühl wirksam. Man sollte daher nicht die Geduld verlieren, auch wenn ein Wasserausfall erst am nächsten Tag behoben wird. Apropos Wasser: Das Leitungswasser sollte man nur zum Waschen und Zähneputzen oder zum Kochen verwenden. Zum Trinken kann man aufbereitetes Wasser, *agua cristal,* nehmen, das es im Supermarkt zu kaufen gibt.

Beim Benutzen von Elektrogeräten benötigt man Adapter für amerikanische Steckdosen. Die Geräte sollten mit 110 Volt bei 60 Hertz auskommen. Wenn der Strom nach einem *apagón,* einem Stromausfall, wieder zurückkehrt, können für Sekundenbruchteile Spitzenspannungen bis zu 3000 Volt erreicht werden. Daher sollte man in dieser Zeit die Geräte abschalten.

Die meisten Hotels arbeiten in der Regel mit verschiedenen Reiseveranstaltern, die Tages- und Mehrtagesausflüge anbieten. Es empfiehlt sich daher, neben Pauschal-Rundreisen, die vielen Angebote kleiner Tourveranstalter aufmerksam zu studieren. Diese reisen mit Kleingruppen von rund zehn Personen, während die Großveranstalter mit 30 bis 50 Gästen rechnen. So gelangt man in abgelegene Regionen und kann dort Landschaften und Menschen kennenlernen. Informationen erhält man in den aktuellen Tageszeitungen wie im *El Siglo, Listin Diario* oder *La Noticia* und *Ultima Hora,* darüberhinaus in den englischsprachigen Wochenzeitungen *The Santo Domingo News* und *The Puerto Plata News,* die speziell für Touristen Veranstaltungshinweise und Restaurantempfehlungen veröffentlichen. Deutsche Tages- und Wochenzeitungen sind nicht erhältlich. Doch in der Region von Puerto Plata soll noch in diesem Jahr ein deutschsprachiger Radiosender in den Abendstunden über Wissenswertes aus aller Welt informieren.

Hotels der Luxusklasse – Jaragua, Avenida George Washington 367, Malecón, Santo Domingo, mit sechs Restaurants, fünf Bars, Casino, Schwimmbad und Tennisplätzen, Tel. (8 09) 686-22 22.
Santo Domingo, Avenida Independencia, Ecke Avenida Abraham Lincoln, Malecón, Santo Domingo, Tel. (8 09) 532-15 11.
Eurotel Playa Dorada, Puerto Plata, mit verschiedenen Restaurants, Bars, Tennisplätzen, Schwimmbad, Motorrad- und Fahradverleih sowie einer großzügigen Golfanlage, Tel. (8 09) 586-36 63.

Hotels der Mittelklasse – Continental, Avenida Máximo Gómez 16, Santo Domingo, Tel. (8 09) 688-18 40
Jack Tar Village, Puerto Plata, Tel. (8 09) 586-38 00.

Apartment-Hotels – Bela Mar, Avenida G. Washington, Malecón, Santo Domingo, Tel. (8 09) 532-45 21.
Villas Las Palmas, Juan Dolio (westlich von San Pedro de Macoris), großzügige Ausstattung, Swimmingpool, Küche, zehn Minuten zum Strand, Tel. (8 09) 526-21 68.
Atlantis, Las Terrenas (Halbinsel Samaná), im nachempfundenen Kolonialstil mit großzügiger Ausstattung, unter deutscher Leitung, Tel. (8 09) 566-5941.
Villa Flor, Sosúa, mit Restaurant und Swimmingpool, unter deutscher Leitung, Tel. (8 09) 571-25 27.

Trinkgeld – Angesichts der hohen Inflation läßt sich die Höhe der *propina* nicht festlegen, doch man sollte sie ausschließlich in der Landeswährung und in angemessener Höhe zahlen, so wie man etwa für eine vergleichbare Leistung in Europa auch entlohnen würde. In Touristenzentren kommt es leider schon einmal vor, daß Gästen verschiedene Dienstleistungen – wie die eines Fremdenführers – aufgedrängt werden. Ein kleines Trinkgeld ist angebracht, hat man diese Leistung in Anspruch genommen, im übrigen ist es jedoch ratsam, solche Hilfeleistungen entschieden abzulehnen. Dagegen kommt es in abgelegeneren Regionen häufig vor, daß Einheimische ein Trinkgeld, beispielsweise für eine Starthilfe beim Auto, ablehnen. Hier bedankt man sich besser mit Naturalien oder kleinen Geschenken wie Kugelschreibern oder Zigaretten. So kann man nebenbei noch ein angenehmes Gespräch führen und niemand ist gekränkt.

Speisen und Getränke – Es gibt eine Vielzahl von Restaurants aller Klassen mit dominikanischer, aber auch mit internationaler Küche. In den etwas schlichteren *comedores* erhält man zu niedrigeren Preisen einheimische Gerichte. Mitunter werden auch italienische und chinesische Mahlzeiten angeboten. Diese *comedores* sind überall zu finden. Entlang der Hauptverkehrsstraßen im Land werden sie *paradas* genannt. Hier kommt ihnen die Funktion von Autobahnraststätten zu. Erhältlich sind dort auch Getränke in Dosen oder Flaschen. Manche haben sich bereits zu Fast-Food-Ketten vergrößert. Zu den größten im Land zählt der *Pica-Pollo,* der seine aus den USA importierten Hähnchen in den unterschiedlichsten Varianten anbietet.
Eine Vielzahl von Getränken verwöhnt den Gaumen der Touristen, angefangen von einfachen Fruchtsäften über Cola bis hin zu exotischen Mixgetränken und Cocktails, die mit dominikanischen Rum geschmacklich abgerundet werden. Vorsichtig sollte man mit Wasser und Eiswürfeln umgehen, will man sich nicht den Magen verderben oder eine Durchfallerkrankung holen. Gewarnt werden muß hier insbesondere vor farbigen Getränken auf gestoßenem Eis, die an den *vendedores,* fahrenden Imbißbuden, angeboten werden. Diese Händler verwenden in der Regel gefrorenes Leitungswasser und nicht die im Handel erhältlichen Eiswürfel aus aufbereitetem Wasser, die sich *hielo cristal* nennen und in den Hotels, Restaurants und den meisten Bars inzwischen selbstverständlich geworden sind. Besonders beliebt sind Fruchtsäfte aus heimischem Obst, *hugo de frutas,* die mit Milch gemischt als *batidas* angeboten werden. Damit man sich ein Bild von der Früchtevielfalt des Landes machen kann, seien hier die wichtigsten genannt:

Chinola ist bei uns als Passionsfrucht oder Maracuja bekannt. Diese Frucht wird vorwiegend in den Sommermonaten geerntet.

Guayaba ist im Geschmack recht herb. Man findet sie oft, zur Marmelade verarbeitet, auf dem Frühstückstisch.

Bananen, *guineos,* gibt es in verschiedenen Geschmacksrichtungen: Die roten Bananen sind herbsüß, die Honigbananen zuckersüß, während die Kochbananen, *plántanos,* kartoffelartig schmecken.

Lechosa oder auch *papaya* ist eine kürbisartige, große Frucht, die häufig als süßer Saft mit Milch getrunken wird.

Limoncillo wird an allen Straßenecken zum Lutschen angeboten. Unter der Schale befindet sich um einen großen Kern herum, ein faseriges, süßliches Gewebe.

Mango gibt es von Mai bis September in verschiedenen Arten. Gern wird hier die Riesenmango, *cabeza de niño* (Kinderkopf) genannt, gegessen.

Melón, die Melone in allen Varianten, gibt es oftmals als Beilage zum Frühstück.

Piña, die Ananas, ist eine der saftigsten und vitaminreichsten Früchte, deren längliche und süßeste Art *pan de azúcar* (Zuckerbrot) genannt wird.

Zitrusfrüchte, wie die kleinen Limonen, *chinas* (Orangen) oder die bis zu 500 Gramm schweren *toronjas* (Pampelmusen), sind sehr vitaminreich.

Coco, die Kokosnuß, deren Milch man als *coco frío* kalt zu trinken bekommt, liefert mit ihrer Paste aus dem Fruchtfleisch die Grundlage der *piña colada.*

Sport — Die Möglichkeiten, Sport zu betreiben, sind in der Dominikanischen Republik nahezu unbegrenzt. Wassersport kann an allen Stränden ausgeübt werden. Für Surfer ist Cabarete an der Nordküste ein wahres Paradies. Hier gibt es mehr als zehn sehr gute Surfschulen. Allerorten befinden sich Ausbildungsstätten, die Tauchlehrgänge offerieren; so bietet zum Beispiel die deutsche Tauchschule DIWA in Sosúa und Punta Cana Kurse an. Farbige Korallenbänke, Seeschwämme, Seesterne und eine Vielzahl verschiedenster Fische garantieren faszinierende Tauch- und Schnorchelerlebnisse. Auch Wasserski, Jet-Ski und Paragleiten werden angeboten.

Wer »trockenere« Sportarten liebt, kann nahezu überall Tennis oder Golf spielen; die Hitze sorgt allerdings dafür, daß man schnell in Schweiß gebadet sein wird. Von zahlreichen Hotels oder Reitställen werden ausgedehnte Reittouren angeboten, sowohl ins Landesinnere und in das Gebirge, in die Cordillera Central, als auch an den kilometerlangen Sandstränden entlang. Wanderfreunde kommen in der Gebirgsregion bei La Constanza und Jarabacoa mit ihren kristallklaren Bächen und Wasserfällen sowie kühlenden Kiefernwäldern auf ihre Kosten.

Souvenirs — In vielen *Mercados Modelos,* den Mustermärkten, aber auch in kleinen Läden oder Schmuckgeschäften, kann man zahlreiche Andenken oder kleine Geschenke finden. Gern werden sie als Souvenir mit nach Hause genommen. Fliegende Händler offerieren an Stränden Andenken, die *Dama Criolla* und andere Keramikprodukte, Holzschnitzereien wie die *Caritas taínas,* Korbwaren, Bilder und Schmuck aus Larimar oder Bernstein. Merengue-Schallplatten oder -Kassetten sollte man in der Dominikanischen Republik kaufen, da diese Musik in Europa noch kaum erhältlich ist. Das gilt auch für den ausgezeichneten dominikanischen Rum und die exzellenten Zigarren. Bei Einkäufen sollte man aber daran denken, daß verschiedene Produkte nicht ohne Grund durch das internationale Artenschutzabkommen besonders geschützt werden. Dazu gehören vor allem die Schwarze Koralle, Schildpatt, Krokodilleder, präparierte Seesterne und Kugelfische. Außerdem sollte man das Abholzen der Mahagonibäume nicht dadurch fördern, daß man Möbelstücke oder Schnitzereien aus dem wertvollen Tropenholz kauft.

Post / Telefon — Postkarten und Briefe sollen in zehn Tagen von der Dominikanischen Republik nach Europa gelangen; sechs Wochen Laufzeit sind jedoch nicht selten.

Telefone in Hotels und Restaurants sind in der Regel nur für Inlandsgespräche eingerichtet. Bei der Telefongesellschaft CODETEL kann man täglich zwischen 8 und 22 Uhr ins Ausland telefonieren und jeden Anschluß im Inland erreichen. Ein dreiminütiges Ferngespräch nach Europa kostet etwa 15 DM, jede weitere Minute rund 5 DM mehr. Die Ländervorwahl der Bundesrepublik Deutschland ist 011049, der Schweiz 011041, Österreichs 011043. Man wählt die Vorwahlnummer ohne die erste Null und schließt die Rufnummer des Gesprächspartners an. Zum Teil wird man noch über einen Operator vermittelt: In diesem Fall müssen Namen und die Nummer des Gesprächspartners genannt werden.

Fotografieren — Zwar erhält man auch in der Dominikanischen Republik ausreichend Filmmaterial, doch oft ist es nicht kühl gelagert worden. Daher sollte man sich vor Antritt der Reise ausreichend mit Filmen versorgen und sie in Aluminiumbehältern vor Hitze und Feuchtigkeit schützen. Nur wenige Fachgeschäfte wie Polanco-Color in der Avenida Mella in Santo Domingo können Filme einwandfrei entwickeln. Deshalb sollte man dies besser nach der Rückkehr erledigen.

Fotografiert werden darf alles. Die Menschen drängen sich manchmal geradezu ins Bild, zumindest in den Städten und Touristenzentren. Auf dem Land sollte man jedoch höflich anfragen, will man die Bauern und ihre Familien nicht verärgern.

Landschafts- und Pflanzenmotive reizen zum Fotografieren: Flamboyant- und Tabebujenbäume zieren viele Hotelgärten, aber auch die Hibiskus-, Oleander- und Ixorensträucher oder Orchideen bieten farbige Motive. Im Südwesten findet man Kakteen wie die baumhohen Cereus-Kakteen oder den Melonenkaktus, an der Stränden lassen sich neben den stattlichen Palmblättern der Kokospalme auch die Meermandelbäume und die Meertraube ablichten.

Museen — In einigen Museen kann sich der Kunst- oder Geschichtsinteressierte über das Land und seine Geschichte informieren. Diese Museen befinden sich fast ausnahmslos in Santo Domingo.

Casas Reales, die Königlichen Häuser, in der Calle las Damas, geöffnet von 9 bis 12 Uhr und 15 bis 18 Uhr, montags geschlossen.

Alcazar de Colón, der Kolumbus-Palast in der Calle das Damas, geöffnet von 9 bis 12 Uhr und 14.30 bis 18.30 Uhr, dienstags geschlossen.

Museo del Hombre Dominicano, ein volkskundliches Museum, liegt im Parque de la Cultura, geöffnet von 10.30 bis 17.30 Uhr, montags geschlossen.

Museo de Historia Natural, das Naturhistorische Museum, im Parque de la Cultura, geöffnet von 10.30 bis 17.30 Uhr, montags geschlossen.

Galería de Arte Moderno, die Galerie der Modernen Kunst, die Ausstellungen zeitgenössischer Kunst zeigt, liegt im Parque de la Cultura, geöffnet von 10.30 bis 17.30 Uhr, montags geschlossen.

Museo de Arte Prehispánico, das Museum Prähistorischer Kunst, in der Avenida San Martin 279, geöffnet montags bis samstags von 8 bis 12 Uhr.

In Puerto Plata lohnt sich ein Besuch im Museo del Ambar, dem Bernsteinmuseum in der Calle Duarte 61, in der Nähe des Zentralparks, geöffnet von 10 bis 17 Uhr, sonntags geschlossen.

Sprache — Die Amtssprache ist Spanisch, vereinzelt wird auch Englisch gesprochen, insbesondere in den Hotels; andere Sprachen beherrschen nur wenige. Ihrer Mentalität entsprechend duzen die Dominikaner auch Fremde sehr gern. Ihre Aussprache ist weich und rund. Im Spanischen wird das c wie k, vor i und e wie s ausgesprochen; das z gilt ebenfalls als s. Im folgenden einige wichtige Begriffe und Formulierungen:

Unterkunft:

Haus	casa
Wohnung	residencia
Zimmer	habitación, cuarto
Schlafzimmer	dormitorio
Bett	cama
Bad	baño
Dusche	ducha
Toilette	baño, los lavabos
Handtuch	toalla
Seife	jabón
Schlüssel	llave
Licht	luz
Bettuch	sábana
Kissen	almohada
Schrank	armario
Koffer	maleta

Allgemeines:

Herr	señor
Frau	señora
Mann	hombre
Frau	mujer
Junge	chico
Mädchen	chica
Freund	amigo
Freundin	amiga
ja/nein	si/no
ich bin	estoy
wir sind	estamos
ich habe	tengo
wir haben	tenemos
ich verstehe nicht	no entiendo
gut/schlecht	bueno/malo
früh/spät	temprano/tarde
Guten Morgen!	Buenos Dias!
Guten Tag!	Buenas tardes!
Guten Abend!	Buenas tardes!
Gute Nacht!	Buenas noches!
Wie geht es Ihnen?	Cómo está usted?
Danke, sehr gut.	Muy bien, gracias.
Mein Name ist ...	Me llamo ...
Ich wünsche, ich will ...	Quiero, deseo ...
Vielen Dank!	Muchas gracias!
Keine Ursache!	No hay de qué!
Entschuldigung!	Perdón!
Auf Wiedersehen!	Hasta la vista!
Tschüß!	Adiós!
Bis morgen!	Hasta mañana!
wo? wann?	dónde? cuándo?
groß/klein	grande/pequeno
Wie spät ist es?	Qué hora es?
Es ist ein Uhr.	Es la una.

Restaurant:

Frühstück	desayuno
(Mittag)essen	comida
Abendessen	cena
Speisekarte	carta
Tisch	mesa
Kellner	camarero
Milchkaffee	café con leche
Tee	té
Getränke	bebidas
Ei	huevo
Schinken	jamón
Käse	queso
Brot	pan
Toastbrot	pan tostado
Butter	mantequilla
Saft	jugo
Serviette	servilleta
Flasche	botella
Bier	cerveza
Tasse	taza
Glas	vaso
Gabel	tenedor
Messer	cuchillo
Löffel	cuchara
Eis	helados
Zucker	azúcar
Salz	sal
Pfeffer	pimienta
Reis	arroz
Suppe	sopa
Fleisch	carne
Hähnchen	pollo
Fisch	pescado
Rechnung	cuenta

Zahlen

0	cero
1	uno
2	dos
3	tres
4	cuatro
5	cinco
6	seis
7	siete
8	ocho
9	nueve
10	diez
11	onze
12	doce
13	trece
14	catorce
15	quince
16	dieciseis
17	diecisiete
18	dieciocho
19	diecinueve
20	veinte
21	veintiuno
30	treinta
40	cuarenta
50	cincuenta
60	sesenta
70	setenta
80	ochenta
90	noventa
100	cien (to)
200	dos-cientos
500	quinientos
1000	mil
2000	dos mil

Adressen

Vertretungen in der Dominikanischen Republik

Botschaft der Bundesrepublik Deutschland, Avenida Mejía y Cotes 37, Stadtteil Arroyo Hondo, Santo Domingo, Telefon 5 65–88 11.

Schweizer Generalkonsulat, J. Gabriel Garcia 26, Zona Colonial, Santo Domingo, Telefon 6 89–41 31.

Österreichisches Generalkonsulat, J. D. Valverde 103, Stadtteil Gazcue, Santo Domingo, Telefon 6 82–45 69.

Vertretungen der Dominikanischen Republik in der Bundesrepublik Deutschland

Botschaft, Embajada de la República Dominicana, Burgstraße 87, 5300 Bonn 2, Telefon 02 28/36 49 56.

Generalkonsulat, Heilwigstraße 125, 2000 Hamburg 20, Telefon 0 40–47 40 84.

Honorarkonsulat, Pacellistraße 7, 8000 München 2, Telefon 0 89–29 96 34.

Honorarkonsulat, Fuchhohl 59, 6000 Frankfurt 50, Telefon 0 69–52 10 35.

Honorarkonsulat, Tauentzienstraße 16, 1000 Berlin 30, Telefon 0 30–2 11 27 58.

Vertretungen der Dominikanischen Republik in der Schweiz und in Österreich

Honorarkonsulat, Eichhalde 20, 8053 Zürich, Telefon 0 15–3 31 03.

Honorarkonsulat, Leopold-Steiner-Gasse 12, 1190 Wien, Telefon 02 22–32 21 46.

Dominikanisches Fremdenverkehrsamt. Vertretung in Europa: Voelckerstraße 24, 6000 Frankfurt 1, Telefon 0 69/5 97 03 30. Secretario de Estado del Turismo, Avenido C. Nicolas Penson/Rosa Duarte, Santo Domingo, Telefon 6 88–55 37.

Literaturhinweise

Arciniegas, G.: Kulturgeschichte Lateinamerikas. München 1966

Beese, G.: Karibische Inseln. Köln 1989

Blume, H.: Die Westindischen Inseln. Braunschweig 1973

Buisseret, D.: Historic Architecture of the Caribbean. London 1980

Cumming, W. P.: Die Entdeckung Nordamerikas. Gütersloh 1978

Dominikanische Republik, Länderbericht. Hrsg.: Statistisches Bundesamt Wiesbaden. Stuttgart, Mainz 1988

Gewecke, F.: Die Karibik – Zur Geschichte, Politik und Kultur einer Region. Frankfurt/Main 1985

Heise, H. J./Zornack, A.: Der Macho und der Kampfhahn – Unterwegs in Spanien und Lateinamerika. Kiel 1987

Innes, H.: Die Konquistadoren. München 1978

Karibik. Geo Special. Hamburg 1985

Lachner, R.: Inseln der Karibik, Landschaft und Tiere. Hannover 1987

Lötschert, W./Beese, G.: Pflanzen der Tropen. München 1981

Lüden, C.: Sklavenfahrt. Heide 1983

Moderne Erzähler der Welt – Westindien. Tübingen 1984

Nohlen, D./Nuscheler, F.: Handbuch der Dritten Welt – Mittelamerika und Karibik. Hamburg 1982

Oppen, E.: Karibik. München 1981

Orland, E./Giardini, C.: Kolumbus und seine Zeit. Wiesbaden 1966

Pennington, P.: Die großen Entdecker. Klagenfurt 1980

Reise-Handbuch und Landeskunde. Hrsg.: Wilde, T., Singen 1991

Die Autoren

Erich Tönspeterotto, Jahrgang 1952. Ausbildung zum Bauzeichner. Arbeitete mehrere Jahre als Werbeassistent und Werbefotograf. Lebt seit 1989 als freier Fotograf in Lünen/Westfalen. Er ist für das Reisemagazin »Globo« tätig und Bildautor des Fotobandes »Mecklenburg-Vorpommern«, der bereits im Artcolor Verlag erschienen ist.

Robert G. Hein, Jahrgang 1965. Student der Rechtswissenschaften, Philosophie und Politikwissenschaften in Bonn. Freier Mitarbeiter am Institut für Politische Bildung der Konrad-Adenauer-Stiftung. Lebte von 1989 bis 1990 während eines Studienaufenthaltes in der Dominikanischen Republik.